時枝言語学入門　国語学への道

時枝言語学入門　国語学への道

附　現代の国語学　ほか

時枝誠記 著

書肆心水

目次

Ⅰ　国語学への道

Ⅱ　現代の国語学

Ⅲ　主要書籍序文ほか

時枝言語学入門　国語学への道

附　現代の国語学　ほか

凡例

一、本書では漢字は新字体で表記した。底本が新字体表記を原則としているものの、書中の一部で旧字体が使用されている場合にのみ旧字体で表記した。

一、底本が原則として捨て仮名（小字表記）を使用していないけれども、不注意で捨て仮名が混在していると見るべき場合は、通常の仮名に置き変えて表記し、意図的に捨て仮名を使用していると見るべき場合は、底本の表記のままとした。漢数字の表記法や著作物名を括る鉤括弧の使い分けをはじめとする不統一は原則として底本のままにした。『現代の国語学』はこれら表記上の整理に不十分な点が多く、また、捨て仮名であるか否かが判然としない活字も少なからずあるが、読解に支障ない場合には近接する範囲内で統一的に処理したところがある。異体字は、近接する範囲内でも底本の表記のままにした。底本において行を跨ぐがゆえに踊り字の使用が避けられている場合、本書では踊り字を使用して表記した。

一、第Ⅰ部には『国語学への道』（一九五七年、三省堂刊）の本文を収録した。底本には、著者による訂正・増補の記入が加えられた『時枝誠記博士著作選Ⅱ』（一九七六年、明治書院刊）を使用した。

一、第Ⅱ部には『現代の国語学』（一九五六年、有精堂出版刊）の本文を収録した。

一、第Ⅲ部に収録した主要書籍の序文ほかは、各著作刊行年の順に配列した。『文章研究序説』の底本には、著者による訂正の記入が加えられた『時枝誠記博士著作選Ⅲ』（一九七七年、明治書院刊）を使用した。（岩波文庫で刊行中の主要書籍からの収録は省いた。）

- 『日本文法口語篇』（一九五〇年、岩波書店刊）
- 『日本文法文語篇』（一九五四年、岩波書店刊）
- 『文章研究序説』（一九六〇年、山田書院刊）
- 『増訂版　国語問題と国語教育』（一九六一年、中教出版刊）
- 『国語問題のために――国語問題白書』（一九六二年、東京大学出版会刊）
- 『改稿　国語教育の方法』（一九六三年、有精堂出版刊）

I

国語学への道

はしがき

本書は、昭和二十二年九月に刊行された「国語研究法」を改題し、補訂したものである。前著は、初版の「はしがき」にも述べて置いたやうに「国語研究法」の書名で世に出たもので、当時の三省堂出版部の企画では、「国語叢書」の一冊として、国語研究の入門書に相応しい研究法を、私に期待したもののやうであつた。ところが、出来上つたものは、いはゆる研究法とは、およそ、かけ離れた、私の学問的な自叙伝ともいふべきものになつてしまつた。私としては、当時、国語学への研究法を書くのに、これ以外の方法が思ひ当らなかつた為であつたのである。今回、前著を再版するに当つて、大体、旧版の内容に従つて、更に補訂を加へ、それに相応しい書名を選んで、「国語学への道」と改めることとした。学問的な権威を思はせる「研究法」の名称よりも、国語学への一旅行者の、気ままな旅路を想像させるからである。

国語学への「道」は、決して一本ではない。旅行者の懐工合により、その時の感興により、健康の状態により、選ぶべき道も、方法も、ただ一つでないことは当然である。人が、右の道を進んだからとて、私がその道を選ばなければならない強制は少しもない。ここに、私には、私なりの道が生まれて来たのである。私には、自分といふものを離れて、学問への普遍妥当の道といふものは考へられない。そこへ行くと、学問も一つの創作であるといふ感じがする。

私は、私の学問の全き姿を、私の著書や論文を読んで下さる読者に、知つて貰ふことを切望する。それには、先づ、私自身が、私の学問の隅々までも知つてゐなければならないと思ふ。しかしそれは、簡単なことのやうで、実はさう容易なことではないのである。なぜならば、その為には、自分自身を、あらひざらひ、さらけ出さなければならない。ところが、自分自身といふものは、自分の偽らない姿を、明るみに出して見せることに臆病である。見栄坊だからである。本書では、私は、出来るだけ第三者的立場で、私自身を解剖しようと努力はして来た。しかし、そこには、私自身でも気附かないやうな虚勢や、ポーズが無いとは保証出来ない。

学者は、目を常に、自己に対立する外界の世界に放つてゐればよいのかも知れない。学問は、恐らくそのやうなものなのであらう。しかし、学問が成立する根源は、何といつても学問を成立させる学者、即ち人間にあると知るに及んで、本書のやうなものも、存在する意味があるであらうと考へるやうになつた。

学問といふものは、不思議なことであるが、また、考へてみれば当り前のことであるが、造形美術や建築のやうに、人間を離れて、客観的に、図書館や博物館の中に存在するものでなく、常に、学問をする者の頭の中にだけ、ただ、考へ方としてのみ存在するに過ぎないものである。してみれば、学問を支へるところの、ものの考へ方といふものが、学問にとつて、如何に重要であるかが分る。本書が成立する一つの理由は、またその辺にもあるであらう。

昭和三十二年八月

旧版のはしがき

本稿は、昭和十九年の春、一応脱稿したのであるが、当時、戦局は次第に重大となり、本稿の刊行も一時見合はせなければならない事情に立至つた。今日、出版事情の回復に伴つて、本稿もやうやく刊行の機運に恵まれることとなつたので、再び旧稿を取出して、これに整理を加へることとした。

本稿の内容が、旧日本といふ環境において書かれたものであるために、今日の日本には、不必要と思はれる若干の項目を含んでゐる。例へば、朝鮮に対する回顧の如きがそれであるが、昭和二十年八月十五日を境として、日本の状況が全く異なつたものになつたとしても、朝鮮の言語問題に対する関心と思索とが、私の学問体系の成立に、重要な契機を与へて呉れたことを考へる時、私はこれらの項目を削除するにしのびなかつた。

私が本書に述べたことは、「国語研究法」の名称において、多数の読者の予想し期待するものとは、全く相反し、一般研究者の手引きになるやうな普遍的な方法や実践的な指示にも欠け、かつ方法論としての体裁も持たず、全く私自身のことの記述に終始したものとなつてしまつて、恐らく、多くの読者は不満を感ずるであらう。私は、それらの抗議を充分に予期しつつ、しかも敢へてこのやうな体裁で、「国語研究法」を述べることについて、一言、釈明しなければならない義務を感ずるのである。それは、第一に、凡そ研究法の叙述には、種々の体裁のものが可能であると考へられるが、本書のやうなものも、その一つの体裁として存在することが許されるであらうと考へたことである。それは、私自身の具体的な研究法を示すことによつて、読者が、各自銘々の立場において、独自の研究法を編み出すことが期待されるからである。本稿では、研究法といふことを、研究資料の取扱ひ等の技術的な意味よりも、もつと、研究に対する根本的な態度、心構へをも含めて意味することとしたのである。第二に、私は自己の能力の限界を知るが故に、敢へてこのやうな体裁を選んだことである。嘗て京城帝国大学在任中、当時の安倍能成教授は、何かのことのついでに、私を評して、「君は人に云ふことの分らぬ男だ」と云つて叱られたことがあつた。私は、安倍さんの叱責を、まことに至言だと考へたのであるが、そのことが、私の学問研究の場合にも、全くあてはまることを告白しなければならないのである。私は、他の学者の論文や著書を読んで、穏健中正な見解を得ることに、まことに不得手である。私は、私の云はうとすることを、他の学説におかまひなしに、単刀直入に披瀝することしか出来ない。下手な集大成によつて、読者をあやまるよりも、卒直に私自身についてのみ語る方が無難であると考へたのである。このやうな自伝的研究法の体裁をとつたからとて、私は、このやうな研究法を、世の研究者達に強ひようとする意志は毛頭ない。ただ、本書が、いはばよそゆきの私の既刊の著書に対する批判の足場となるならば、望外の幸と考へてゐるのである。

昭和二十二年九月

一　研究者

学問が成立するには、対象と研究法の必要であることは、一般に知られてゐるが、人即ち研究者のことは、多くの場合に、余り問題にされない。学問において、人を問題にするといふことは、研究者が、自己自身を反省し、批判し、環境を考へ、自己の天分を計り、そこから学問の対象と方法とを規定しようとすることを意味する。（「国語と国文学」昭和二十一年一月号の巻頭に寄せた言葉。）

私が今まで公にして来た著書、論文は、概していへば、与へられた研究対象を、どのやうに処理するかを問題にして来たものであつた。学問研究といへば、国語の学問に限らず、万般の学問について、それは当然のことで、対象は、それぞれに異なつてゐようとも、これを観察し、処理するところに、一科の学が成立することに、相違があらう筈はない。ところで、本書で問題にしようとしたことは、それとは全然別のことで、対象に立ち向ふ研究者自身、即ち「私」を観察し、反省しようとしたことである。天文学の対象とするものは、天体現象であるが、天文学が成立するためには、天体を観測する望遠鏡が、欠くべからざるものであることは、いふまでもない。自分の使はうとする望遠鏡の性能や誤差を無視したのでは、如何に観察の方法が正しくとも、正しい結論を得ることは困難である。望遠鏡は、天文学者にとつては、彼自身の延長であつて、望遠鏡を問題にするといふことは、研究者が、研究者自身を問題にすることに他ならない。そのやうな自己自身の問題を無視して、他人がやるから、自分もさうしなければならないと考へたとしたならば、それは愚かしいことであらう。

自分自身といふものは、ある場合には、努力や期待では、どうにもならない運命によつて規定されてゐることがある。三段跳の選手になつて、オリンピックの競争場裡に出場してみようといふことを、私は夢想することは出来ても、私の体力は絶対にそれを許さない。これは、私の運命である。人は、ややもすると、自己の運命を知らないで、急流を徒渉する危険を冒すことがある。人生行路においては、運命が、屢々一切を決定する大きな力を持つてゐる。最も普遍的、客観的で、研究者の個性といふものが関与することが少くあるべき学問の世界においても、研究者銘々の運命が、それぞれの学問を規定するのであつて、万人に共通した、対象と方法などといふものは、ありえないのではなからうか。運命を自覚し、それに従順であらうとすることは、学問に対する一つの大切な態度であると思ふ。私は、京城大学に在職中、山間僻地に赴任しようとする卒業生に対して、次のやうな餞の辞を贈つたことがあつた。

「私は、自分が朝鮮に赴任したことを、私の一つの与へられた運命と考へ、出来るだけその運命に従順にならうと努力して来た。そして、私は、私の運命を完全に生かし切るやうな、そして、さういふ運命を負はされない者には、許されないやうな研究の道を拓かうと考へて来た。諸君は、今、諸君が大学で考へてゐたやうな研究を、或は継続することが出来なくなるかも知れないやうな不便な、そしてまた、文化の低い環境に赴任しようとしてゐる。諸君は、或は悲観的な、そして半ば絶望的な気持ちに駆られてゐるかも知れない。しかし、諸君は、学問の対象が、諸君の環境そのものの中に、また諸君の職務それ自体の中に、見出せるといふこと、また見出すべきであるといふことを、堅く信じなければいけない。そして、常に朗かに研究を続けていつていただきたい。」と。

余りにも運命や環境を重視するならば、或は、学問上の当然の問題をも、突破する勇猛心を失ふ結果になりはしないであらうかといふやうなことも考へる。また学問には、それぞれ皆、今日的な問題があつて、それを回避することは、結局、その学問の正統から落伍することになるのではなからうかといふようなことも考へる。しかし、これを国語学の場合について考へて見るのに、何を研究しなければならないかといふことは、半ばは、その学問が今日までに到達した歴史が、それを示すであらうが、半ばは、研究者が、自己の環境と運命とを考へ、自己に訴へて来る切実な問題に耳を傾けるところに見出されるものと私は考へる。

現代の国語学は、明治以後に摂取されたヨーロッパの近代言語学の課題と方法とを継承して、その上に築かれたものである。それは、一つの出来上つたものとして、我々に与へられることとなつた。多くの研究者は、自己の胸中に涌きあがる問題に、耳を傾ける余裕を与へられないほどの強力な至上命令として我々に迫つた。学問するといふことは、この与へられたものを完全に理解し、これを我が国語の上に適用し、実演することに他ならなかつた。何を、どのやうに研究するかといふことは、既に決定された事実であつて、それを改めて問ふ必要はなかつたのである。明治以後における、国語の系統についての研究、国語の歴史についての研究は、近代比較言語学、史的言語学を忠実に継承しようとしたもので、それの完成こそは、国語学を世界的視野と、水準に引き上げるものとされたのである。この研究対象と研究課題との設定は、既定の事実として与へられたものであつて、決して、研究者自身によつて選ばれたものではなかつたのである。ここに、学問に対する根本的態度から見て、明治以後の国語学が、極めて変則的なものであつたといふことが、云へるのである。このやうにして、一応は、学問の世界的水準に到達し得たとしても、それは、沐猴にして冠すると同様で、ただ、学問の衣装を、身に纏つたに過ぎないのである。学問の根本義は、自ら対象を設定し、研究方法を案出することにあるといはなければならないのであるから、さうなると、どうしても、研究する主体自身から出発しなければならないこととなるのである。明治以来の国語学の方法論上の歪みといふものは、それが、とつて範とした印欧言語学（インド・ヨーロッパ言語学或はインド・ゲルマン言語学とも）を、言語研究の普遍的なものと過信し、国語学を、その特殊部門と判断したことに基づくのである。いはゆるヨーロッパ近代言語学なるものは、主としてインド・ヨーロッパ語族を対象として研究された言語研究の体系であつて、それは、極めて広範囲に亘る言語を対象としてはゐるものの、その研究課題から見ると、印欧語族の間に存する著しい類縁性、即ち対象そのものの特殊性に導かれた特殊言語学といはざるを得ないのである。この特殊言語学の課題と方法とを、あらゆる言語研究の指導原理であるかのやうに考へたところに、学問研究の根本的な錯誤があつたのである。印欧言語学の課題と方法とが、印欧言語の対象的性格から導き出されたものとするならば、国語学の課題と方法も、また、国語学の対象とする国語の実情から、割出されなければならないのは当然である（第七項参照）。

このやうにして、はじめて、国語学が、一つの学問として発足する地盤を獲得することが出来るのである。国語学の課題を、その対象の性質、実情に求めるといふことは、各研究者が、自らの眼で対象を凝視し、ここに沈潜し、対象を限定して行くことであつて、これを他に求めることではない。学問には、いつも何か整然たる研究法が備つてゐるやうに考へるのは、旅程表が与へられれば、旅行が出来ると考へるにひとしい。もし、研究者が、研究法と学問の体系とについてのみ知識を持つてゐて、少しも対象である国語そのものに対して沈潜し凝視することがなければ、それは学問に対する態度としては、本末顚倒である。そのやうな態度に対しては、甚だ極端な、また誇張した云ひ方かも知れないが、学問の体系や研究法に対する一切の知識を捨てても、先づ、対象を求め、対象を凝視する我が心のありかたを追求したい。対象に対する研究者の心の燃焼こそ、学問のすべての出発点だからである。

旅行をする場合を考へてみよう。先づ、第一に、旅行の目的地と、そこに到達する方法――汽車で行くか、飛行機で行くか――が、問題になる。しかしそれだけでは、旅行は成立しない。大切なことは、旅行する本人自身の問題である。例へば、健康状態とか、経済状態とかがそれである。旅行の目的地と方法と旅行者との三者の間には、密接な関連があつて、それぞれを孤立的に考へることは出来ないが、旅行者自身のことは、時に、目的地と方法とを、全面的に規定してしまふことがある。それらを無視した旅行は、不成功に終るか、時に危険が伴ふ。私が今問題にしたいのは、旅行の主体である旅行者自身のことである。

学問は、いふまでもなく、人間行為の一形式である。さうであるならば、人間行為に必要なあらゆる規範は、学問においても、また当然規範視されなければならない。即ち、学問にあつても、正直であること、厳格であると同時に、寛容であり、謙譲であること、また、細心であると同時に、大胆であること、自己の行動において、人生的、社会的責任を自覚することが、如何に大切であるかを知る。学問は、結局、対象に対する全人格的志向といふ基盤の上に成立するものである。このやうに考へて来れば、私ごときには、到底学者としての資格がありさうにも思はれない気持ちに駆られるのであるが、そこにこそ、学問が、対象に対する単なる技術的操作に終るものでない理由が見出せるやうな気がするのである。

二　国語への関心

　私の国語への関心の跡を辿る時、勢ひ、それは私の少年時代にまで溯らなければならない。そして、私と国語との奇しき結縁を思ふと、そこには私の亡き父（誠之（もとゆき）、昭和九年五月十七日歿、享年六十四歳）の面影が浮んで来る。今の場合、私事を述べることは甚だ心苦しいことではあるが、父は私の生まれる直前から、私が中学を終へて岡山の高等学校に入る頃まで、殆ど二十年の永きに亙つて、横浜正金銀行の行員として、インド、アメリカ合衆国等の海外の支店に在勤してゐた。その間、時たまの帰朝や内地在勤の時を除いて、殆ど私とは家庭生活を共にしたことが無かつた。だから、上野公園でパノラマを見、十二階に昇つて東京を俯瞰し、その頃珍しい西洋料理を食べさせて貰つたことや、祖父の埋葬の日に、終日墓地に立たされた御褒美に、日頃の念願であるヴァイオリンを銀座の十字屋で買つて貰つて、さて四絃の調律をどうすべきかに父も当惑したことなどが、父に関する唯一無二の思出である程だつた。しかし、私も中学に進むやうになり、父が東京に残して行つた若干の蔵書を通して、また、これを整理したり、埃を払つたりしてゐる内に、私は、次第に父の好む処を何時とはなしに知るやうになつた。父は自ら自負してゐたやうに、銀行員としては珍らしい読書家であつて、私の大学在学中の父の家庭における生活は、殆ど読書に終始してゐたやうである。しかも、読書の範囲は、何の為にあいふ方面の書物を読むのか了解に苦しむやうなものにまで及んでゐて、寝衣を着替へる間も、書物から眼を離さうとしなかつた。私は、今でも父の勉強振りには敬服し、自分の遠く及ばないことを恥ぢてゐる。父の読書は、素人らしい気まぐれな浅薄なものであつたとはいへ、父の書斎に私が訪れた時などは、何時も新らしい話題が繰りひろげられ、奇想天外な創見を如何にも愉快さうに私に語つて呉れたことには、私はひそかに驚嘆したのである。その父が、大正の初年頃、国語問題に没頭し、自ら国語改良論を執筆してゐた時がある。若い銀行員の人達が訪ねて来られた時は、相手が、興味あらうが無からうが、そんなことにはおかまひなしに、国語改良論を一席弁じて、終電車の時間が来て、漸く放免になつた人達も二、三には止まらなかつたやうである。国語改良論を裏附けるために、ありふれた言語学書にも目を通し、サンスクリットやアラビヤ語等にも手を染めて、その該博な知識を誇りつつ私を煙に巻いた。明治の文明開化の空気を呼吸し、アメリカの合理主義、便利主義、物質主義の生活を存分に体験した父の国語改良論に、その当時、私も知らず知らず感化を受けて、タイプライターを熱心に独習してローマ字文を綴つたり、仮名ばかりの作文を提出して中学の国語の先生から叱られたりしてゐた。創見を誇る父の国語改良論も、云つて見れば極めて簡単な理論に基づくもので、国語の要素を㈠ physical element ㈡ psycholosical element に分ち、㈡は国語の文法語格に関する語で、国語の不易な部分であり、㈠はその他の語で、自由に変改し得る部分である。よつて国語においても、㈠の要素に大変革を加へて、これを新時代に即応せしめようとするのである。父は、これを Neo Japanese と称し、過去においては、国語はその physical element に沢山の漢語を取入れたが、今日においては、漢語を駆逐して、その代りに世界的な流通力を持つ英語を採用すべきであると説くのである。road first! 然る後足駄にすべきか靴にすべきかの問題は自然に結着するといふのが父の持論である。漢語をそのままにして置いて、ローマ字採用を主張するのは、泥濘に草履をはくことを力説するに斉しい。今日、英語は世界の共通語であり、日本と英語国（米国、カナダ、豪洲等）との国際的環境から見て、漢語を英語に置き換へることによつて、全然、国語の本質に手を触れることなく、しかも世界的言語として、日本語を世界の檜舞台に押し出すことが出来る。言語は思想伝達の道具に過ぎないのであるから、国語の本質的部分に拘はらない physical element に大変改を加へて伝達の機能を充分に発揮させることは必要なことであり、現代の国語は、その一部に既にこれを実行してゐるのであるから、新国語は意識的にこれを助長させるに過ぎないものであるといふのである。次に、父の所謂ネオ・ジャパニーズの雛形を示して見れば、

Wazuka twenty years ago, Constitutional Government no moto ni, first Diet ga hirakareta toki, prince Ito ga kare no “Commentaries on Constitution” ni Ministers wa directly niwa Emperor ni mata indirectly niwa people ni “responsible de aru”; mata “Ministers no responsibility wo decide suru power wa Diet kara withheld sarete aru” to iishi koto wa generally ni acknowledge sareta. （大正二年一月ニューヨーク新報掲載、雑誌ローマ字第九巻第一号付録、川副桜喬氏論文に引用。）

父は、また、言語の性質から見て、国語に対する漢語の融和性よりも、寧ろ英語の融和性の方が濃厚であると断じて、当時ニューヨークで流行した“Every body's doing it now”といふ Rag time 調の俗謡のコーラスにカッポレ調を附けて次のやうなものを作つて示した。これも、云はば Neo Japanese の一の試みと見ることが出来る。

Champagne Kpporé

(一)

カッポレ　カッポレ　Champagne　でカッポレ
Rag time　で　カッポレ　ヨイトナ　ヨイ〳〵
夜明け近いのに　dance　が　盛る
これが　New York　の　gay life
ヤッチョルネ　ヤッチョルネ
ドイツモ　コイツモ　ヤッチョルネ

（二）

豊年じゃ　満作じゃ
　See that rag time couple over there
　Watch them throw their shoulders in the air
小腰をフワリと一寸抱いた
　　抱いたセッセ
抱いたかいなに科はない
　It's a bear, it's a bear
　　アリャ　何でもセー

（以下略、昭和二十年四月十四日の空襲による火災で、父の遺稿はここに収めて置いたものを除いて全部消失《ママ》した。）

かういふやうな国語改良論が、日本にあつて教育を受けつつある私に、そのまま素直に受入れられる筈はなかつた。父の改良論に疑を持ち、国語の将来がこれでよいのかといふ気持ちが頻に涌いて来たのは、中学の上級に進むやうになつてからである。国語は、私に対して大きな問題を投げかけ、次第に、私の心から離れることが出来ないものとなつてしまつた。丁度その頃であつた。国語読本の中で、上田万年先生のかの有名な国語愛護についての大文章を教へられる機会が与へられた。恐らく、他の中学生の誰もが感じ得ないやうな感激を、私はあの流麗なそして熱情の籠つた文章の中に見出し、心の戦きを禁ずることが出来なかつた。先生は云はれた。

言語はこれを話す人民に取りては、恰も其血液が肉体上の同胞を示すが如く、精神上の同胞を示すものにして、之を日本国語にたとへていへば、日本語は日本人の精神的血液なりといひつべし。日本の国体は、この精神的血液にて主として維持せられ、日本の人種はこの最もつよき最も永く保存せらるべき鎖の為に散乱せざるなり。故に大難の一度来るや、此声の響くかぎりは、四千万の同胞は何時にても耳を傾くるなり、何処までも赴いてあくまでも助くるなり、死ぬまでも尽すなり、而して一朝慶報に接する時は、千島のはても、沖縄のはしも、一斉に君が八千代をことほぎ奉るなり。もしそれ此のことばを外国にて聞くときは、こは実に一種の音楽なり、一種天堂の福音なり。

また、

かくの如く、其言語は単に国体の標識となる者のみにあらず、また同時に一種の教育者、所謂なさけ深き母にてもあるなり。われわれが生まるるやいなや、この母はわれわれを其膝の上にむかへとり、懇ろに此国民的思考力と、此国民的感動力とを、われわれに教へこみくるるなり。

また、

されば言語の上には、われわれが心中に一日も忘れかぬる生活上の記念、殊に人生の神代とも謂つべき小児の頃の記念が、結び附き居る者と知るべし。われわれが幼なかりし頃、終日の遊びにつかれはてゝ、すや〳〵眠りにつかんとせし折、その母君は如何にやさしき声にて、ねよとの歌をうたひ給ひしか。頑是なき小児心に、わるふざけなどして打ち回りし時、われわれの厳しき父君は、如何にをごそかに教訓をたれたまひしか。さては隣家の垣によぢて、栗の実をひらふに余念なく、或は春のうらゝかなる野辺に、秋さん冬さん諸共に、蓮華草などつみあるきたる、すべて当時よりつかひ来たる言葉は、当時の人名当時の地名と諸共に、何共いはれぬ快感をわれ〳〵に与ふるなり。

先生は国語の尊厳、国語の慈愛を懇々と説き去り説き来つて、更に、

嗚呼世間すべての人は、華族を見て帝室の藩屏たることを知る。しかも日本語が帝室の忠臣、国民の慈母たる事にいたりては、知るもの却りて稀なり。況んや日本語の為に尽しゝ人をや。

と、国語のために尽すことの如何なる意義があるかを述べられて、国語における楠氏一族、また水戸光圀卿の出現を強く希望せられた。（先生の右の論文は先生の論文集「国語のため」第一に収められてゐる。）

もはや、私は国語のことを離れて、将来の私の方向を考慮することが出来ない程の気持ちに駆り立てられた。私は当時サンフランシスコに在勤してゐた父に向つて、自分は将来国語の研究に一身を捧げたいから許して貰ひたいといふことを書き送つた。父は直に返事をよこして、私の心境を、正成の遺志を継いだ正行に比すべきだと賞め讃へて呉れた。やがて中学を終へた大正七年の四月、父は用務を帯びて帰朝し、私は、直接父と上級学校への志望の選定について相談する機会が与へられた。ところが意外にも、父は、私が専門の国語学者として将来立つといふことに、絶対の反対を主張し出した。後になつて考へれば、そこには子に対する親としての当然の考へが覗はれるのであるが、父の意見としては、自分がやつて来たやうに、趣味として、また、実務の余暇にやるべきで、専門に文科を選ぶことは、特殊の天才でも持ち合せない限り危険千万であると云つて、文科出身者の誰彼の生活を例に挙げて、極力私の素志を翻へさせようとした。事は極めて現実的な問題に直面し、青春の希望に燃えたつた私の心は全く暗澹とならざるを得なかつた。高等学校に提出すべき願書を前に置いて、父も私も次第に激越な口調となり、議論は果しなく続いて、夜も白々と明けてしまつた。私の将来のことは、遂に未解決のまま引き下ることになつた。間もなく父は再び任地に帰ることとなつたが、私は、自分の将来については再び父と語らうとはしなかつた。横浜埠頭で父の乗つた船が港外に出て行くのを見送つても、私は私の将来について、父の勧告に従ふ気にはなれなかつた。このやうにして、その後私は岡山の高等学校に学ぶことになつたが、私の決意を誰彼に云ひふらすといふことはなくても、心の内では依然として素志を翻すことは考へられなかつた。その頃愛読した頼山陽や吉田松陰の伝記も、私の国語に捧げようとする熱情を弥が上に駆り立てて、私は国語に殉ずる一個の国士を以て自ら任じてゐたのである。大正十一年の春、再び東京へ帰つて来た。その頃、既に東京に在住してゐた父も、もはや私の針路について反対をしようともしなかつたし、私もとりたてて相談することもなく、東京帝国大学の国文科に入つてしまつた。

三　東京大学国語研究室と上田万年、橋本進吉両先生

大正十二年九月の関東大震災で、すつかり焼け亡びてしまつた文学部（前の文科大学）の赤煉瓦二階建の本館は、幾多の思出を湛へたやうな古風などつちりとした建物であつた。階下の一番左端に国語研究室と、それに並んで上田先生の研究室があつた。研究室の入口では、先づ靴を草履にぬぎかへねばならない。室の床は絨緞で敷きつめられてゐたのである。それが陰気な室の空気を弥が上にも荘重にし、樟脳の強い香が鼻をついて、国語学といふものは、これ程までに古典的な香がするものかと新入生の私は驚いた。橋本先生は、当時研究室の助手として、一番奥の机に席を占めて居られた。入室者には入室票が与へられて、入室の都度これを先生の側の箱の中に入れることになつてゐた。忘れると副手の伊藤さんがやつて来て、極めて小さな声で「入室票を出して下さい」と囁いて行かれる。橋本先生の厳重なおいひ附けであつたのである。我々はこのやうにして、入室当初から厳重な研究室の掟を教へられ、室内では、高声な談話はもちろんのこと、打寛いだ気分は、全然見ることが出来なかつた。我々の仲間では、国文学研究室は学生の集会所で、国語研究室は勉強の場所だとされてゐたのである。このいかめしい室では、周囲の書物が、のしかかつて来るやうな威圧を与へて、ゆつたりした気持ちでは、我々新入生は本が読めなかつた。否応なしに体を端正に構へ、手を膝に置いて本に向はざるを得なかつた。大震災の直後、研究室の跡片附けに大学に通つた頃、昨日までは我々を威圧した書物が、見るかげもなく焼け出されて埃と水を浴びて放り出されてゐるのを見て、私は、それらの書物に始めて云ひ知れぬ親しさを覚え

て、一冊づつ丁寧に埃や泥を拭つてやることが出来た。人間の感情といふものは不思議なものだと思つた。後に橋本先生は、研究室で焼亡したと推定される貴重図書を、詳細に記録して、国語と国文学誌上に発表されたことがあつて、永年いつくしみ育てられた研究室の図書に対して、先生が死んだ我が児に対するやうな気持ちを持つてゐられたのを、我々はしみじみと感じたのであるが、当時の私は、国語研究室の資料の価値などは全く分らずに過ぎてしまつた。それよりも、私にとつて嬉しかつたことは、震災後の図書の整理といふことが縁になつて、橋本先生とは終日そのお側にあつて国語学のことについてお話をうかがふ機会が与へられたことであつた。食後の休憩時、帰宅の道すがら、私は全く何の遠慮もなく先生を独占して、心に浮ぶ何から何までを、先生にぶちまけて、お尋ねすることが出来たといふことは、いづれの大学の講義においても、いづれの研究室の研究会においても、無かつたことではなからうか。昔、ギリシャのソクラテスは、弟子達と散歩しながら、哲学上の問題を議論したといふことであるが、私の今の場合は、正しく、そのソクラテスの弟子達と同じ幸運に恵まれたことを思つたのである。橋本先生からは、まだ国語研究室が焼亡する以前、印寛五百里さんの肝入りで、上田先生の研究室で輪講会が開かれることになつて、始めて御指導を受けたことがある。印欧語学のいかめしい書物がぎつしりつまつた上田先生の研究室で、毎週一回集まることにして、山田孝雄先生の日本文法講義を読むことにしたのである。（註一）その時は、他に金田一京助先生も参加され、一字一句もゆるがせにしない厳密な検討が行はれた。私は、その時始めて書物を読むことの如何に厳しいものでなければならないかを知つたのである。その時の先生は、やはり研究室における先生として、学問の厳格さを深く教へられたのであるが、かうやつて研究室を離れて先生から自由に教を受ける機会に恵まれたことによつて、その後、私は毎週一、二回は欠かさず先生のお宅に参上して、先生の御迷惑など、とんちやくなく、夜更けるまで色々とお話をうかがふやうになつた。その後、私は京城大学に赴任し、時たま上京して先生とゆつくりお話する機会が与へられた時、先生は、しみじみ次のやうに語られた。「大学で講義をするやうになつてから、研究室で学生達とゆつくり話をする機会を作りたいといつも思つてゐたのだが、僕も段々年をとつたせいか、此の頃は学生も敬遠するやうになつたよ。」と語られた。「先生、でもあの頃は、無躾にお宅をお訪ねして、随分御迷惑をなされたでせう。京城では、私のやうな青二才に対してでも、学生が、学問上の話をすることに何か遠慮するやうで、同学のものの少い処では時々たまらなく淋しくなることがあります。」私には、先生が淋しさうにお話なさつたことが、あり得べからざることのやうに思へてならなかつた。

私は、ただ私の必要の点についてのみ、先生の蘊蓄を貪り取らうとして来たので、大震災後、国語研究室が東洋文庫の一隅に借住ひをしてゐた頃、数人のものが集まつて、先生から古典保存会本(註二)の将門記を読んでいただいたこと以外に、先生の御研究の眼目である書誌学や、国語史についての御指導を受ける機会を遂に逸して、京城へ赴任してしまつたことを返へす返へすも残念に思つてゐる。

研究室や教室が飽くまで古典的であつたのに反して、上田先生の講義が、如何に清新なものに感じられたことであつたか。国語学や言語学の「い」の字も知らぬ私にとつて、国語学といふものが、如何に泰西の近代科学に連るものであるか、国語学や言語学を研究するのに、人類学や生理学や解剖学や音響学や、さては心理学や倫理学や哲学などの研究が、如何に必要であるかといふことが教へられた。先生は殆ど講義のノートといふやうなものを所持せられず、小さい紙切れだけを持たれて教室に臨まれる。そして、私達は、先生の講義を聴いてゐる内にも、あれも勉強せねば、これもやらねばといふ気持ちに駆られた。先生の講義を通しては、古典的と考へられた国語学が、近代科学の清新な装をして、我々の前に登場して来るやうに感じられたのである。当時の私は、研究室で国語の古い資料からデータを集めることよりも、哲学や倫理学や心理学の本を読むことによつて、国語学の周辺の学問を通して、国語学といふ学問の牙城を突きとめたい気持ちに駆られてゐた。姉崎教授の宗教学の講義に出たり、桑田博士の民族心理学の講義を聴いたり、更に遠く理学部の鳥居博士の人類学の講義にまで聴講に出かけたりした。国語の歴史的研究や方言研究に、全く意を安んじて沈潜し、国語資料に全く没頭し切つてゐるかのやうに見える今の若い研究者から見れば、私の研究方向は或は無益な彷徨であり邪道であつたかも知れない。しかし、これもやはり国語学の建設途上の一階梯であり、経過せねばならない小路であつたかも知れない。上田博士の御講義ばかりではない。当時の国語学書を繙いた人は、国語学の関係諸学科或は補助学科といふことが、やかましく説かれてゐることに必ず気が附かれたであらう。これも一つには科学性の稀薄であつた国語学に、近代学問の基礎を与へようと努力された、先師達の心づかひであつたに違ひない。私はそれを虚心坦懐に受入れたまでである。そして問題を最も自明の公理にまで引き下して、そこから考へ直さうと努力したのである。

（註一） この輪講会はいつ始まり、いつ終つたか、今、私ははつきり記憶するところがないが、私にとつて極めて有意義な会であつた。最近、当時輪講に用ゐた山田孝雄博士著「日本文法講義」（戦災で焼失）を読返して、そこに次のやうに記された附箋を見た。それは単語の類別に関する私案を記したものである。

一、表象を表はす言葉——客観の世界の表現——名づくるといふ作用が明瞭になつてゐる。

二、情意を表はす言葉——主観の世界の表現——心的内容そのものを表現する。

また文法の定義について、山田博士の「国語を思想に応じて運用する法則を文法といひ、その文法を研究する学科を文法学といふ。」（同上書五頁）とあるに対して、「思想の秩序的発表の法則を文法といふ。」或は「思考過程を言語形式によつて発表する時の一般法則」といふやうに私案を述べてゐる。

（註二） 将門記の輪講会の年月も確かに記憶してゐないが、篁五百里さんが助手の時代に、その斡旋によつて開かれたもので、多分大正十五年頃から昭和の初年に亘つたものであらう。かなり多数の人が入替り参加したやうで、池田亀鑑氏、森本治吉氏、筑土鈴寛氏なども列席されたことがあるやうに記憶してゐる。私は昭和二年四月、朝鮮に赴任し、その後もこの会が継続し、更にそれが後に平家琵琶の研究会へと継続発展したやうに聞いた。それは先生の音声史研究と密接な関係があるのであらうが、それには、遂に参加し、御指導を受ける機会に恵まれずに終つてしまつた。京城に赴任後、東京帝大の講義題目によつて、先生の御研究の片鱗をうかがひ知る度に、東京在住当時のことが悔まれてならなかつた。いつの年であつたか、上京の際、先生の御伴をして箱根に遊んだことがあつた。先生は路傍に石碑を見出される度に、必ず立止まられて丹念にそれを読まうとされた。私は先生の背後に侍して、まるで教室の演習のやうな気持ちで拝聴した。私は平常の渇望を癒された思ひがしたのであるが、今日、国語資料の厳密な取扱ひについて、また、尋ぬべき師のいまさぬことは淋しいことである。

四　「日本における言語意識の発達及び言語研究の目的とその方法」

国語学の周辺をさまよひつつあつた私にとつて、突如として起こつた関東大震火災は、私の方向を、更に決定的にしてしまつたやうである。私は自著「国語学史」（昭和十五年十二月岩波書店刊）の「はしがき」に当時のことを次のやうに書いてゐる。

わけても帝都を中心とした大正十二年九月の大震火災は、幾多の学問的宝庫を烏有に帰したのであるが、復興の声に立ち上つたものは、たゞに都市改正の計画や、高層建築の設計のみではなかつた。校本万葉集が焼残りの校正刷から刊行されるといふ話、古典保存会が貴重古典籍の影印に、更に全力を尽すであらうといふ話、「国語と国文学」が最初の斯学の専門雑誌として生まれるといふ話は、当時学生であつた我々に、大きな刺戟を与へずにはおかなかつた。荒涼たる都市、物情騒然たる空気の中で、明日の学問の復興の為に、静に書物と対峙したことは悲壮でもあり、また大きな感激でもあつた。物皆蘇るといふ気運の中で、私も亦一切の末梢的な研究を捨てて、学問上の根本問題を思索する様に駆立てられた。それは国語研究の根本に横はる「言語の本質は何か」の問題であつた。

国語学の周辺をさ迷ひつつあつた私にとつて、「言語の本質は何か」の問題は当然帰着すべき到達点であつたに違ひない。心理学に助を求め、論理学によつて解決しようとし、自然科学対文化科学の問題から、国語学の帰属すべき科学の分野を求めて、遂に解決し得られぬ疑問を、私は卒業論文の中に次のやうに述べてゐる。私にとつて切実な当時の問題を、当時の言葉のままに記すことにしよう。

国語学上の種々な分野、例へば文典上の問題、音韻、文字、仮名遣の問題、或は思想と言語との関係、或は方言及び言語の歴史的変遷の問題に対して穿鑿しようとする時、私に対して先づ解決を迫る処の問題が現はれて来る。それは「言語とは何ぞや?」の問である。この問題を解決せずしては、私は今や一歩も末節の探究に進み入ることを許されない。例へば、音韻を論ずる場合においては、音韻は言語の音韻を意味するので物理学上の音響を取扱ふのではない。この両者は明かに相違してゐるといふ。しかし経験の対象として取扱ふ時、何処にその根本の区別を認むべきであるか、私はその判断に苦しむ。(中略)また或る学者はいふ。言語の内容即ち思想の方面は心理学によつてこれを研究し、言語の外形即ち音韻は音韻学によつて研究すべきものであると。(中略)私には猶疑問が残される。かくして出来上つた言語学は、要するに心理学と物理学との寄せ集めに過ぎないのではなからうか。言語の本質は果して説明出来るであらうか。(中略)或るものは云ふであらう。「言語の本質は言語を研究して後始めて明かになることであつて、初めより『言語とは何ぞや』の問ひを発することは、順序を誤つたものではないか。」と。しかし問者は「研究して始めて明かになるべき」その研究の対象は、何ものを捉へてこれを観察せんとするのであらうか。(中略)問者は言語を研究しようとして、言語以外のものを、知らずして研究して居つたといふ惧はなからうか。(中略)考へて見るならば、我々の用ゐてゐる「言語」そのものの概念が、極めて朦朧としてゐることに気が附く。

言語学の周辺を探索しつつ、遂に私は「言語」なるものが極めて朦朧として、不明瞭な対象であるといふ自覚にまで到達したのである。ここにおいて、私は明かに国語学の学問としての性格を問題としつつ、翻つて、国語学の対象そのものに眼を転ずるに至つたことを知るのである。そこで私は、次に、言語の本質について、大胆な仮説的断案を下したのである。

この問題を考へて、私は言語は絵画、音楽、舞踊等と斉しく、人間の表現活動の一つであるとした。然らば言語と云はれるものは、表現活動として如何なる特質を持つものであるかを考へて、始めて、言語の本質が、何であるかを明かにすることが出来るであらうといふ予想を立てたのである。

田辺元博士は、自然科学の対象の性質について、その著「科学概論」（二一六頁）の中で、対象の統一が空間的に分界せられ、多少の時間的同一の属性を保持するものとして、それは、夫々個物として認識せられ、観察を容易ならしめてゐることを述べて居られるのを見た。これに対して、言語はどうであらうか。私はこれを次のやうに考へたのである。

然るに精神科学或は文化科学の名によつて包括さるる一群の対象は、明かなる如くであつて実は漠然として把捉し難いものであることを感ずる。今、言語の場合を考へて見るのに、言語と称せられる経験は何であるか。観察の対象は何であるか。紙の上に書かれた文字であるか。耳に入り来る音声であるか。脳裏にある思想であるか。我々は観察の焦点を向けるべき方向に迷はざるを得ない。かくの如き対象の認識の困難なことは、言語研究史の上に明かに現はれてゐる。ある者は文字を以て言語と心得、ある者は音声を以て言語とし、ある者は言語を以て一つの独立した実在の如く考へて居つた。しかも猶これらの研究は、我々の常識的に有する「言語」といふ言葉すら、完全に説明して居らぬやうに思はれる。

思ふに言語の本質は、音でもない、文字でもない、思想でもない。思想を音に表はし、文字に表はす、その手段こそ言語の本質といふべきではなからうか。言語学の対象は、実にその process を研究すべきものではなからうか。

ここにおいて、言語学の対象は、音響学の対象とは明かに区別せられるであらう。言語学者が音声を取扱ふのは、音声そのものが対象の如く見えて実は然らず。音声を仲介として思想の表はさるる process である。

この思索の過程を、更に具体化する為に、私は次のやうな細目を立てて見た。

一　言語表現と其の他の表現活動との関係

二　言語表現の本質

三　自然科学と精神科学とに対する言語学の関係
四　言語学の基礎学
五　言語学と国語学との関係
六　国語学の対象
七　国語学の研究法

勿論、この細目は、当時私の頭に浮んだ研究過程の羅列に過ぎないものであつて、今日、顧みて、実際に即せぬ多くの項目を見出すであらうが、ともかくも、かうして一応の見通しをつけて見たのである。もし、このやうにして進んだならば、略々私は、音声が言語において如何なる地位を占めるべきものか、また、思想が言語と如何なる関係にあるか、要するに言語に対する意識を、確実にすることが可能であると考へた。しかしながら、この研究に入る前に、考へねばならぬことは、従来の言語研究者が如何なる意識を、言語に対して持つて居たかと云ふことである。彼等の跡を辿ることは、また将来の言語意識を建設すべき基礎である。従来の言語学説の集積は、要するに各研究者の言語に対する意識の発現に外ならないと考へて、私は右の計画の前に左の二問を加へることとした。（拙著「国語学史」のはしがきにも同様のことを述べてゐる。）

一　日本における言語研究者の言語意識の発達、言語研究の方法及び目的
二　欧米における言語研究者の言語意識の発達、言語研究の方法及び目的、欧米言語学の国語学に及ぼしたる影響

これらの研究計画の全過程を総括して「国語学の対象及び研究法」と命名し、私は、これを携へて橋本先生の御意見を伺ふこととしたのである。指導教授であつた上田先生は、当時国語学界の長老として、我々から見れば、近づき難い存在であつたのに対して、橋本先生は、何といつても研究室にあつて、我々学生の味方と考へられたからである。先生は、この計画を一覧されて、このやうな厖大な計画が到底この一年の間に出来るものではないから、先づ、問題を「日本における言語研究者の言語意識の発達」といふことに限つてはどうかと注意せられた。私も、先づ右の問題から手を

附ける計画であつたから、今回は、問題を全然右の事項に限定して研究に着手する旨を申し上げた。先生は、更に言葉を継いで、日本の言語研究は今日から見て余りありがたいものではないから、多くを期待せず、捨て読みをする積りで取りかかることが肝腎であることを云はれた。勿論、日本の言語研究の理論が、今日の言語学のそれに比して極めて幼稚なものであるとは考へられるが、今の場合、それは問題でなく、そのやうな幼稚な考へ方がどうして出て来たか、また、それがどういふ風に発展して行つたかを、ただありのままに追求して見たいといふことを申したところ、先生は、私の計画に賛意を表せられ、それとなく激励の言葉を与へられた。私は、私の研究の出発点が定まつたことを喜び、勇気百倍、ただ一途に私の計画を進めることを考へた。

さて、いよいよ研究にとりかかることとなつて、当時大学の図書館、研究室は焼亡し、焼残りの図書も、整理のために学生の使用が全く許されない時に、私に唯一の研究資料と研究の場所を与へて呉れたのは、東京麻布飯倉の南葵文庫と、京都帝国大学の蔵書と、その図書館とであつた。南葵文庫は大学の震災に対して、特に紀州徳川家の好意によつて、大学図書館に移管されたものであり、その完備して閑寂な図書室は、恐らく他にその類を見出せないものであつた。私は、毎日の大部分をこの図書室で暮すことに限りない幸福を感じた。京都大学へは、橋本先生の御紹介によつて、大正十三年の秋、約一ヵ月半程御厄介になり、新村、吉沢両先生には、図書の借出その他について一方ならぬ御世話にあづかり、私は研究の面ばかりでなく、始めて過した古都の秋を心ゆくばかり味ふことが出来たことを感謝した。

国語に対する意識の展開を明かにすることによつて、私の国語観を確立し、それを以て私の国語研究に対する出発点としようとした私の方法論は、今にして思へば、当時、私の読んだイエスペルセン氏の言語学史から受けた恩恵によるものであることを記して置かなければならないと思ふ。イエスペルセン氏著「言語」（Language. 1922 刊）については、大藤岡勝二博士の言語学概論の講義の中で紹介され、この書を、丸の内ビルディング内の丸善出張所に見出したのは、大震災の直後であつた。私は、本書の第一編言語学史を、先輩の筧五百里氏と一緒に毎週一回づつ輪講し、深い感銘を受けたことを、今にして忘れることが出来ない。私は、この書によつて始めてヨーロッパの言語学史を学んだのであるが、私の受けた深い感銘は、さういふ知識に関することではなくして、著者が言語学史を言語に関する問題史として取扱つた態度についてであつたのである。言語の神秘を探り、言語の正体を思索しようとした古代人の言語に対する憧憬は、言語研究以前の、そして更に根本的な言語への志向として、現代人の心にも甦らせねばならない。学問研究が、方法論的に一の技術に固定しようとする時、我々は再び立返つて、対象に対する素朴な心の燃焼から出発することは大切なことである。私はイエスペルセン氏と共に「言語の本質は何か」の問を発することから始めようとしたのである。そして、その解答を各時代の先覚に求めようとしたのである。国語学を国語に対する自覚反省の体系と見るならば、私が今求めようとするところのものは、そのやうな自覚反省の展開史であり、即ちそれは国語学の歴史であり、いはゆる国語学史である。私は現代国語学の体系を、国語学史の展開の最先端に求めようとしたのである。ここに、私の国語学の方法論が存在するのである。国語学の方法論は、このやうに国語学史の伝統を辿ることにのみあるとは考へられないにしても、その重要な方法が、ここにあると私は信じたのである。国語に対する自覚反省の跡を辿り、国語意識の展開を国語学史と考へて来る時、私は、勢ひ、従来世に現れてゐる国語学史に対して厳正な批判の眼を向けざるを得なくなつた。従来の国語学史に対する批判、否定によつて、私の国語学史を編成しようとしたのである。昭和三年、伊藤慎吾氏が「近世国語学史」を著した時、私は本書の解説批判に托して、私の抱く国語学史観を述べた。（昭和四年三月、国語と国文学第六巻第三号。）

第一に国語学史の叙述の主眼点は、何処までも学説の展開であり、国語に対する自覚反省による国語意識の展開の歴史であるから、この展開の有様を忠実に跡附けることが主要な任務であつて、現代の言語理論を以て、過去の研究に筆誅を加へることであつてはならない。春秋の筆法が歴史叙述の正しい方法でないと同様に、それは、当然国語学史にもあてはまる。従来、世に出た国語学史は殆どすべてが、この誤を犯してゐるが故に、国語に対する真の自覚反省の歴史となることが出来なかつた。

第二に、我が国語研究の歴史は、それ自身に独立して、単独の研究として発達して来たものでなく、他の研究即ち国学或は歌道に随伴して発達して来たものである。この国語研究の国学への依存の関係を無視して、国語研究を、一個独立の科学として批判を加へようとすることによつて、国語学史は第二の過誤を犯し、国語学史の如実の姿を見失ふと同時に、そこに取上げられた重要な問題の幾つかを、看過することになつた。

私の国語学史は、敢へて新奇をてらふものではないので、その根本思想は極めて平凡なものであつた。これを譬へていふならば、赤子がやうやく独り歩きをするやうになつた時、成人の歩き振りと比較して、そのよちよち歩きを笑ふやうなことを止めよといふのに外ならない。寧ろ昨日よりも今日の上達を認め、更に明日の進歩を助長させることを願はうとするのである。

この平凡極まる歴史叙述の原理に立つて、私は、我がてにをは研究の源流の中に、幼稚な品詞分類法の萌芽よりも、係結の法則即ち文における首尾呼応の現象の発見を、真淵の五十連音図に、活用図を認めるよりも、音義学的研究の萌芽を、用言の活用研究の真意が、語と語との断続の研究にあることなどを認め得て、我が国語研究史を、ヨーロッパ言語学の理論或は問題を以て批判することは、あたかも葡萄酒を以て日本酒を批判するにひとしいものであることを知るに至つた。そして、これら国語学史上の問題は、いはば日本語の特質の投影として、国語認識の重要な足場であることを次第に自覚するに至つた。

日本人が、日本語をどのやうに見たか、また、日本語を通して、言語をどのやうに思索したかといふことが、明治の時代の到来と共に一切忘れ去られ、捨て去られたといふことは、国語学にとつて惜しいことでならない。日本語を通して言語学に寄与すべかりし可能性が、一切断ち切られて、逆に西洋人が西洋語を見た理論を以て、国語を律しようとすることが新しい国語学の方法論となつたのである。国語学史と国語学、そして西洋言語学と国語学、これらの関係について慎重な考慮を回らすといふことが、国語学にとつて極めて大切なことと考へられて来たのである。古い国語研究の跡を顧みるといふことは、古きを尋ねて新しきを知るとか、短を捨てて長を取るとか、国粋主義か国際主義かといふやうな、単なる人生観の問題でなく、学問の方法論として極めて大切なこととなつて来たのである。

五　中等学校の国語科の教壇

今日までの永い研究室生活を振返つて見て、得難い経験と考へられることは、大学卒業と同時に、中等学校の国語教師として教壇に立つたことである。それは、研究生活とは全く懸離れた生活であつたからといふ意味ではなく、そこでは、国語が全く生きた切実な問題として与へられたからである。今までは、文献の中に静かに眠つてゐる国語に、私はただ呼びかけてゐるに過ぎなかつたのであるが、ここでは、国語は、私と生徒との間に、電流の様に火花を散らしてゐる。大震災後の東京市の復興計画の一として新に創設された第二東京市立中学校（昭和十八年上野中学と改称）に、藤村作、垣内松三両先生の御推薦によつて、私は一国語教師として勤務することとなつた。創設まだ日が浅いこととて、二年生がやうやく出来たばかりで、私は、その年入学した一年生の組主任となり、国語と文法とを受持つこととなつた。始めて貰ふ俸給と、「先生、お早うございます。」といふ元気のよい毎朝の生徒の挨拶に胆を冷しながら、私は、永年の学窓生活から、一八〇度の急転回をすることとなつた。「中学教師の生活はぬるま湯に入つたやうなものだ。出れば寒いが、入つてゐても格別気持ちよいものではない。」と同僚の先輩から聞かされても、成程さうかなあと思つただけで、すべてが新しい生活であり、この生活をただ私の全生活として、過去の研究生活など思ふ暇はなかつた。校長高藤太一郎氏（現在私の舅にあたる）は、教員生活と研究生活の両立を説いて、我々若い教員を叱陀激励されたが、私はその言葉にすがつて、過去の研究生活を、いくらかでもここに持ち込まうと考へるよりも、教育といふ新しい角度から、生徒を眺め、国語を考へて見たい慾望に駆られた。担任の国語、作文、文法についてはいふまでもなく、学校行事の遠足、行軍、夏期聚落、さては武道の練習、学芸会の催に至るまで、私は絶えず生徒と共に行動し、彼等を知ることに興味が集注されたが、国語教授といふことが、全く未知な世界であつたことには、私は非常な不安を感じた。その頃、垣内松三氏の「国語の力」に接したことは、全く暗夜に燈を得たやうな思ひであつた。私は感激を以て熟読し、その難解な叙述の中にも、何か清新な光が漂つてゐるのを感じたのである。これを国語教師の無二の指針として、読み、かつ、これを実演することに努めた。西尾実氏が同僚の先輩であつたことも、後年同氏の著書に親む機縁となつた。垣内氏や西尾氏は、しきりに解釈と国文学研究との関連を説いて居られるのであるが、私は、これを国語学の領域に持ち込んで、言語の対象把握は、解釈によつて始めて可能であるといふやうなことを考へるやうになつたのも、その根底は、恐らく両氏の学説、更に、私の国語教授の体験から来たものであらうと考へてゐる。国語の教授とか理解とかを通してなされる国語の具体相の把握といふことが、今まで全くさういふ実践を離れて、文献の中に眠つてゐる国語を眺めて、研究の対象としてゐたことと如何に相違するかを考へるやうになつた。「生きた言語」それは決して、古語とか現代語とかの時代の新古によつて云はれるものでなく、解釈によつてあらゆる言語は生命を与へられ、生きた言語となるものであることを知るやうになつた。国語教育、それは言語に息吹を与へることに外ならないのである。

これは極く近頃の話である。文部省の関係筋から、国民学校、中等学校の国語科を通してする科学思想の普及は、いかにすればよいかといふ質問を受けたことがあつた。勿論、これは、戦後において、科学思想の普及といふことが叫ばれるやうになつた風潮に即応する一の提案であつて、提案者の意図するところは、必ずしも明瞭ではないが、もし、国語教育と科学思想の普及といふことを連関させるとするならば、如何なる意味においてこれを連関さすべきかについては、国語教育当事者において、充分考慮する必要がある問題であると考へた。私は今この問題を国語教育関係者に提出すると共に、私自身の見解を次に述べて置かうと思ふ。

(一) この問題は、国語科を通してする科学的態度の教育であつて、科学知識の普及といふことを意味するのではないから、従つて、科学的教材を豊富にすることを、意味するのでないことは明かである。それは、理科、博物科の任務とするところである。

(二) 児童生徒をして、方言採集をさせたり、児童語を記録させたりすることは、理科、博物科の昆虫採用《ママ》や鉱物採集に類して、それらが一見科学的処理を通して科学思想の普及に役立つもののやうに考へられるが、これは現行の国語科そのものを通してする科学思想の普及といふこととは、距離が遠いものである。それは全く別個の作業である。我々は出来るだけ、現行の教授課程そのものを科学的に生かすことが必要である。

(三) 国語科の主たる任務は、言語、文章の理解並に鑑賞であつて、科学思想の訓練が主でないことは明かである。もし、科学思想の普及といふことを国語科に持ち込むといふことになれば、それは、言語、文章の理解並に鑑賞に際して、客観的、批判的態度をとることを訓練することに外ならない。私は、国語科を通してする科学思想の普及といふことを、右の点に置くべきであると考へるのである。

右の結論に対して、少しく説明を加へて置くならば、従来の国語教育は、与へられた教材に対する理解、鑑賞については、充分な努力が払はれて来たと考へられる。しかしながら、そのやうにして成立する理解、鑑賞が、如何なる根拠によつてなされ、また、それが正当であるか否かについての反省が、果して充分であつたかは疑はしい。そこに理解、鑑賞に対する科学的態度、批判的態度が、要求されねばならない根拠があるのである。科学的態度といふことは、必ずしも国語科の第一義的任務ではないが、これなくしては、真の理解、鑑賞といふことは成立し得ない。従来の国語教育に関する学問的考察は、主として教へる側の、教へることについての科学的反省であつたが、教へられる側の、教へられることに対する科学的反省といふことも当然あつてよいことである。私は、国語科を通してする科学思想の普及といふことを、大体以上のやうに考へるのである。それらの方法については、ここでは省略することとする。

六　朝鮮の思ひ出 (一)

昭和二年春四月、私は、恩師諸先生の御推輓によつて、当時、創設後間もない京城帝国大学の助教授として、彼の地に赴任することとなつた。出発前、東京で、京城大学法文学部長代理の安倍能成教授にお目にかかり、赴任に際しての注意やら訓戒をいただいたのであるが、その際、同教授からいただいた言葉は、私の終生、忘れることの出来ないものであつた。「辺土の地に君が赴任するにつけても、『俺は行つてやるんだ』などといふ気持ちは、毛頭持つてはならない。」といふ意味のことであつた。私には、夢、そのやうな不遜な気持ちは無かつたにしても、創立一年、草創の帝国大学に、国語学の講座担任を約束されて行く私の心の奥に、浮々した得意な気持ちが、私の知らない間にひそんでゐなかつたとは、断言出来ないかも知れない。安倍教授の訓戒には、確かに冷水を浴びせかけられた思ひをした。私は粛然とならざるを得なかつたのである。私の採用に、奔走の労をとられた高木市之助教授が、ある機会に、食ふに困らない私が、朝鮮まで出かけて来る決心をするかどうかが懸念されたといふことを語られたことがあつた。これも、当時の私の心境とは、全く別のものであつた。私には、幸か不幸か、私を引き留める慈母の愛情といふものを感ずることが出来なかつた。むしろ、天涯の孤客となることを想像しただけでも、心が勇躍するのを禁ずることが出来なかつた。日本の文化とは懸絶した朝鮮の環境が、私のその後の研究に、有利であるか否かについて考へる余裕すらも、当時の私は持ち合せなかつた。家を離れ、故郷を離れる喜びで、私の気持ちは一杯であつたのである。

赴任の道すがら、畿内の名所旧跡に名残を惜み、更に伊勢の内宮外宮に詣で、松坂では、鈴屋翁の遺跡を訪ねた。伊勢の一角に立籠つて、天下の学界に君臨した宣長翁の偉風を偲びつゝ、私の幼い心にも、「宣長の如くありたい」などと、あらぬ夢を抱いたりした。さすがに、下関の燈下を、関釜連絡船の甲板の上から眺めた時は、感傷的な気持ちに駆られないではゐられなかつた。

朝鮮に赴任するにつけて、自分の将来の研究方向についていろいろ考へた。土地の状況環境がもたらす研究への制約なども考へられたが、しかし、私は、朝鮮を中心にして、そこから考へられるいろいろな問題を、それからそれへと探し求めた。私の前には、未知の世界が希望と共に横はつてゐるのである。高等学校の先輩であり、半島出身の尹泰東氏の東京の宅を訪れては、諺文の読み書きや、朝鮮の事情を教はり、朝鮮問題に関する図書をトランクに収めて、私は一個の国語学徒たらんよりも、朝鮮問題の研究者たらんばかりの意気込みで東京を出発した。顧みれば京城在住十六年余り、私は朝鮮について何一つ研究することもなく、また国語学徒として朝鮮文化のために何の貢献をもなすことなく、再び東京へ舞戻ることになつたことを申訳なく思つたのであるが、それは決して朝鮮を忘れたのでもなく、また朝鮮に愛想をつかしたのでもなかつた。朝鮮に在るといふこと、そして朝鮮について考へなければならない義務を負はされてゐるといふことは、我々の同僚の誰もが、恐らくさうであつたのであらうが、非常な重荷であつたのである。朝鮮を去つた時、この重荷から解放された気楽さを喜んだと同時に、当然直面しなければならない重大な責任を逃避したやうな悔を感じたのである。京城大学の国語国文学会は、昭和十八年五月、創立十五周年を迎へて、その記念講演会を催すと同時に、私のための送別の意味をも兼ねて呉れた。その席上、私は私の在鮮中の研究生活と、朝鮮における言語政策、言語問題との関係について語り、私の怠慢を謝すると同時に、私の学究生活が、やはり朝鮮における言語問題と密接な関係があり、朝鮮における言語問題を考へるためには、私は退いて象牙の塔を守らざるを得なかつた理由を明かにした。朝鮮における言語問題は、為政者が統治の方便と考へたり、当時、モットーとされた内鮮一体といふことの手段と考へられたりしたこと以上に、根本的な問題を含んでゐると考へられた。これらの問題は、現今の国語学の到達した範囲では、到底処理し切れぬ問題であつたのである。学徒として、責任ある見解を発表しようといふ以上、学問的裏附けなくしては不可能なことである。もしそれを敢へてするならば、それは勢ひ曲学阿世とならざるを得ない。

昭和二年、私が朝鮮に赴任した年の秋であつた。京城大学国語国文学会が組織されて、その発会式を兼ねて、第一回の講演会が催された。高木市之助教授は「山家鳥虫歌」を中心として、近世の民謡について講演され、私は「国語政策について」と題して、私としては最初の国語の実践部面についての問題を取上げて見た。憶ふに、朝鮮といふ特殊環境が、私を強く刺激したことであつたことなのであらう。どういふ内容のことを話したか、今その原稿を探し出すことが出来ないために、詳かにすることが出来ないが、朧気な私の記憶に残つてゐることは、次のやうなことである。明治以来の国語学の中心課題である国語の歴史的研究は、国語の自然の推移の跡は明かにし得ても、明日の国語を如何にするかといふ規範の根拠は、そこに求めることは出来ないのではなからうかといふ、従来の国語学に対する不満を消極的に述べたものであつた。これについては、その頃、私が興味深く読んだイエスペルセン氏の次のやうな学説が、私の頭の中にあつたからである。

現代の言語学者はいささか眼界が狭いやうな感がする。この欠陥は私に云はせるならば、彼等が言語の価値批判の問題から遠ざかつたためではないかと思ふ。如何なる標準に従つて或る語を正しいとし、また正しくないとするかといふ問題は、現代の学者は恐らくこれを避けようとするであらう。その他現在行はれつつある言語変化は喜ぶべきことであるか否か。また国際語なるものが作られ得るか否か。私は思ふ、これらの問題もまた科学的研究を経べき価値あるものである。（「言語」第一編言語学史中より抄訳。）

昭和四年の秋、留学から帰つて研究室に腰を落ちつけるやうになつてからは、言語政策の問題については、少くとも真正面からこれを取上げることはなかつたが、私を絶えず苦しめ、解決を迫つたのはこの問題であつた。今にして、私はつくづく思ふのであるが、学問の展開といふことは、専ら思索に基づくものであるべき筈でありながら、やはり思索の展開を推進し、その原動力となるものは、体験であるといふことである。私が、朝鮮に在住する機会を持たなかつたならば、恐らく言語問題について、かくまでに切実に考へる機会は与へられなかつたのではなからうかといふことである。それは、母語を愛護する精神と、朝鮮における国語としての日本語との関係についての問題であつた。

既に述べたやうに、上田万年博士の国語と国家に関する論説（第二章参照）は、明治の国語学を推進し、当時の国語学者は、皆博士の熱情を熱情として、国語研究に精進して来た。私としても同様で、この熱情こそ国語学徒の生命であると信じた。そして朝鮮においても、このことが妥当するものと考へ、半島の言語問題解決の鍵も、またそこにあると信じてゐた。

国語は国民の精神的血液であり、国民はこれによつて団結することが出来る。
国語には、人生の神代ともいふべき小児の時代の記念が結びついてゐる。
国民は母の乳房と同時に、母の膝の上で国語を教へられる。

上田博士は、国語をこのやうに観ぜられ、またその故にこそ、国民は国語を愛護しなければならないことを絶叫されたのである。ところが、私が朝鮮に来て実際に経験したことは何であつたか。朝鮮の人々にとつて、日本語は如何なるものであるか。彼等にとつて精神的血液が何であり、小児の時代の記念が何であり、そして、彼等にとつて、母の言葉が何であるかを知つたのである。もし上田博士の言を半島において強調するならば、それは必然的に朝鮮語の愛護といふことを第一にせねばならない。しかしながらまた、一方において、一視同仁の理念の下に、日本語の普及習熟といふことは、教育の第一の事業でなければならないと考へられた。この矛盾は如何にして解決することが出来るのであらうか。上田博士の国語観に誤があるのであるか。それとも国語としての日本語の普及といふことに誤があるのであるか。これは極めて重要な問題である。特に朝鮮において、言語の研究に従事するものにとつて、軽々に見解を発表することの出来ない重大な問題であつたのである。しかも、現代の国語学は、これに対して何等適切な解答を与へることが出来ないといふことを知るに及んで、私は、何よりも先づ、現代の国語学に反省を加へなければならないことを、痛感するに至つたのである。

七　東京大学国語研究室会における談話——国語学の方法論に対する一の提案——

昭和四年八月、私は一ヶ年半の留学を終へて帰朝した。その頃、東京帝国大学の国語学の講座は、既に上田万年先生の停年退職の後を承け、橋本進吉先生が講座を担任せられて、国語学界に一転機が画せられることが期待されてゐた。研究室では、橋本先生主宰の下に、新に国語研究室会が組織せられ、学生卒業生の研究発表を中心に、活発な活動が開始されることを、帰朝早々助手を勤めて居られた筧五百里さんから聞いた。そして、私にも何か帰朝に際しての話をせよといふことであつたが、文字通りの遊学をして来た私には、研究や調査について語る資格がなかつたので、在外中に考へ浮んだ私自身の将来の研究計画について、感想めいたことを述べることでその責を果すこととした。以下当時の談話の草稿のままを掲げることとする。標題は「新しき国語学の提唱」となつてゐて、若い日の気負うた気持ちが、気はづかしく感ぜられるが、私のその後の研究の、一の方向の出発点を示したものとして、ここに記録することとした。

新しき国語学の提唱（昭和四年九月二十六日国語研究室会）

先日、筧さんから、国語研究室会で何か話をせよといふことでありましたが、私はヨーロッパに参りまして、別にこれといふ纏つた研究や調査をした訳でもなく、また、僅か一ヶ年半ばかりの滞在期間に、欧州言語学界の趨勢が呑み込めるものとも考へられませんから、今日は研究とか学界の紹介とかいふ方面のお話でなく、私が将来国語研究にどんな風に進んで行かうかといふやうな、私自身の希望や計画めいたことをお話して、皆さんの御意見や御批評をも伺ひたいと思つて居ります。

このお話も、実は帰朝しました時、橋本先先のお宅にあがつて残らず喋つてしまつたもので、先生には甚だ御迷惑なことでございますが、その時喋りました事柄に、今日は少々理窟をつけて引き伸ばしまして、皆さんの忌憚ない御批評を得たいと考へて居ります。欧州に出発しますまでは、ヨーロッパの言語学の問題とか方法とかいふものは、国語研究に従事する私たちにとりましては、一の規範として教へられもしましたし、また自分でもさう考へて居りました。ところがヨーロッパに滞在して居りまして、実際の生活を体験するやうになりましてから、ふと前とは変つた考へが浮んで参りました。この漠然とした考へをつきつめて参りましたところが、次のやうな結論に到達したのであります。

国語学の問題や方法は、何も、西洋言語学のそれのみを、追ふ必要はないのではなからうか。それよりも国語の事実に直面して、その中に問題を求め、方法を考へるべきではなからうか。西洋言語学の問題や方法を移して、以て国語学の規範とした啓蒙時代は既に過ぎ去つたのではなからうか。

といふのであります。ところで何故に言語学の問題や方法、例へば、系統論とか、歴史的研究とかいふ問題を、そのまま国語研究の上に適用する必要はないかと申しますと、西洋言語学の対象であります西洋諸言語と、国語学の対象であります国語との間には、その歴史の点において、また、言語の性質の点において、非常に大きな差があるといふことを認めなければならないからであります。これまでの西洋言語学の問題や方法といふものを考へて見ますと、それは、言語研究上普遍的、また必然的なものではなくして、それは、特殊な対象に応じて、起こつて来たところの特殊のものであるといふことが出来ると思ひます。私はパリで暫くの間、フランス人の家庭に、あるスペイン人と同宿してゐたことがありましたが、食卓の会話には、屢々スペイン語、フランス語の比較論に花が咲き、また、そのスペイン人が、あるイタリヤ人と、お互に自国語で会話をしながら、しかも立派に用を弁じたといふ話や、南フランス生まれの下宿のマダムは、習つたことはないけれども、スペイン語の会話の話題は大体の見当がつくといふやうな話は、言語学の座談会ならざる、この下宿屋の晩餐の卓を賑はして居りました。

こんな例でもお分りのやうに、イタリヤ語、スペイン語、フランス語等の諸言語、即ちいはゆるロマンス語系統の諸言語が、相互に酷似して居りますことは、ロマンス語言語学者から教へられるまでもなく、下宿屋のマダムでも、言語学とは全く縁のない人々でも、これを問題にすることが出来るやうな、極めて卑近な事実であることが分ります。小ロマンス語学者は、市井の中にざらに居るのではないかと思ひました。同様なことは、ドイツ語、オランダ語、英語といふやうなゲルマン語系統の諸語の間にもいへるかと思ひます。英国のインド統治が始まり、やがてインドの古語であるサンスクリットが欧州に紹介され、印欧言語学建設の端緒が開かれたといふ言語学史上の事実も、我々が、遠く離れた日本で考へてゐるよりは、もつと平凡卑近な事実に対する着目であつたと申していいのではないかと思ひます。学問は決して天来の啓示ではないのであります。欧州言語学は、要するに欧州諸言語の間に類縁性とか、親族関係の事実が濃厚であり、著しいといふことに基づくものであり、たまたまサンスクリットの発見が、これらの事実を学問的に立証するに役立つたといふ風に申して差支ないのではないかと思ひます。

翻つて国語について考へて見ますと、明治初年、始めて言語学が我が国に紹介されて以来、国語学は、常に欧州言語学の後を追つて歩いて来ました結果、比較言語学の方法論も、そのまま我が学界に移されて、一時、国語の系統論、所属論がやかましく論議され、或はウラルアルタイ語系に属するといはれ、或はインドゲルマン語系に、或は南洋語系に、或は支那語系といふ風に、所属の問題が研究され、もし、この問題を解決せねば、国語学界の恥辱であるといふ風に考へられて参りました。しかしながら、この欧州言語学で取扱はれた系統論の問題は、我が国語学にとつて、それ程緊要な問題でありませうか。フランス語がスペイン語、イタリヤ語等の同族語に取りかこまれて、地理的にも歴史的にも、そこに一つの系統を形成してゐるといふやうな事情と、我が国語の事情とは全く相違してゐると見なければならないのではないかと思ふのであります。

そこで、私は、国語学はこのやうな人真似をするよりも、先づ国語の事情を直視し、ここにおいては、何が最も著しい事実であり、また何が重要な問題であるかを探索しなければならないのではないかと考へたのであります。我々は過去において、余りに国語の事実そのものを直視することを忘れ去つて、事実より理論を抽出するのでなく、他から与へられた理論を以て、事実を律しようとする傾向はなかつたでせうか。

ところで、我が国語学にとつて、何が重要な事実であるか、従つて、何が緊要な問題でありませうか。日本語の過去並に現在を見通して、一つの大きな事実といへば、それは、何よりも先づ、国語が漢字漢語の影響を絶対的に受けたといふことであります。このことは、国語の事実そのものを虚心坦懐に視るものは、誰しも直に気が附くことであります。国初以来、それは一般に信ぜられてゐる時代よりも、或はもつともつと古いかも分りません。朝鮮語といふ国語に極めて似た親族語との関係などとは比較にならない程の関係を、国語は支那語との間に持ち続けて来ました。私は、この平凡にして、しかも著しい事実を、国語学の重要な、また、興味ある、西洋言語学には類例の少い問題として考へて見たいと思ふのであります。

それならば、一体何処にこの問題の興味があるかと申しますと、第一に考へられることは、日本語と支那語とは、全然別系統の言語であるといふことであります。西洋言語学が、常に類縁性、親近性といふものを辿つて法則を求め、一つの学問の体系を作つて来たのに反して、我が国語学は、日本語と支那語といふ、別系統の言語の接触といふ事実に対して、科学的考察を試みねばならないのであります。この研究は欧州言語学には例の少い一つの新しい問題を提供するばかりでなく、我が国語の真相全貌を明かにするためにも、どうしても取上げなければならない問題であるといへると思ひます。

この二つの言語の接触によつて起こつた国語上の現象は色々ありませうけれども、二、三の例を挙げて見ますならば、古くは、漢字の仮借的使用法即ち真仮名の発達であります。これは、支那、朝鮮等にも既に存在した事実ではありませうが、我が万葉集等において著しく発達したのは、要するに我が国語が支那の言語と本質的に相違してゐることから起こつて来たものといへませう。更にこの真仮名から平仮名、片仮名が創作され、漢字の構成法に準じて和字が作られるといふやうな事実を見ますと、漢字漢語が如何に優勢に我が国語の中に侵入して来たかが分ります。更にまた音訓を交へた重箱読、湯桶読の類の存在すること、或は乎古止点、送仮名法の発明の如きも、漢語を国語に融合させた努力の現れと見ることが出来ます。とにかく、我が国語が、漢字漢語を取り入れるためにとつた努力といふものは実に莫大なものでありますが、しかも今日国語が著しく煩雑に見えるのは、その重要な原因が、両言語の言語的性質の相違が余りに甚しかつたことに存するやうに思ひます。

明治初年以来、国語の煩雑であることを認め、国語の将来を憂へる人々の間に、仮名の会とか、ローマ字会とかいふものが組織されて、我が国語の記載法を、西洋の如く音標式にしようといふ運動が起こりましたが、国語の煩雑といふことは、ただ理由なくここに至つたものでもなく、また、国民が国語に冷淡であつたためでもなく、要するに、前に申しましたやうに、我が国語の要素の中に、全然別系統の言語の要素が入つて来て、それが単純な外来語の侵入といふやうな程度でなく、かなり重要な国語の本質的部分までをも動揺させたためであらうと考へられます。そこで、この国語の煩雑を云々する前に、どうしても我々はこの国語の歴史的事実、それは西洋言語学にはないところの、別系統の言語の接触混淆といふ事実を冷静に分析解剖して研究せねばならないのであります。

第二に考へられますことは、第一の事柄に関連して直に注目されることでありますが、それは、西洋諸言語は音文字の国であるのに、支那は勿論、我が国も主として意文字を用ひてゐる国であることであります。これは大に注意せねばならぬことだと考へました。音文字の国の言語学を、直に国語研究の指南車とすることは出来ないのみならず、国語研究には文字の上においても、西洋言語学にはない問題を考に入れてかからねばならないのであります。音文字が言語の上に働く役目は、比較的簡単でありませうが、意文字が働く役割は複雑多岐であります。例へば「五月雨」と書いて「サミダレ」と読み、「草臥」と書いて「クタビレ」と読む類は意文字にして始めて出来ることで、ここに、国語の興味ある発展をなさしめたと同時に、これを煩雑にさせた大きな理由があると思ひます。この文字の方面の研究は、国語学の重要な部門と考へられるのでありますが、従来の国語学は、音韻研究には相当の頁を割きながら、文字の作用に至つては、殆ど何も説いてゐないのは、言語は、音の上において取扱ふべきものであつて、文字の上で取扱つてはならぬといふ言語学の掟に囚はれて、国語の事実を無視したためではないかと思ひます。

この弊と考へられる一つの例を申しますと、我が国における辞書の編纂法であります。辞書の役目は色々ありませう。書くために文字を探し出す節用集の類の如きがありますが、今日の大辞書は、主として書物を読むために用ひるので、辞書は、過去現在に用ひられる言葉の登録並に意味の説明が主な役目であります。そして、この辞書に登録される言葉は、実際過去並に現在の文献の上に実在する形において登録されねばならない筈でありますが、現在の辞書を見ると、それが必ずしもさうはなつてゐないのであります。例へば、「海月」「案山子」といふ文字を、何と読み、如何なる事であるかを知らうとするには、これを「クラゲ」「カカシ」と読むことを知つてゐるのでなければ、これを求めることが非常に困難であり、ある場合には不可能であります。一体、文献に現れる我が国語の存在には二つの形式が考へられます。一つは音文字である仮名として存在し、一つは意文字である漢字の上に存在してゐることであります。しかも、多くの場合、それが純粋の国語であつても、漢字の上に存在することであります。ところが、多くの辞書は、この国語の実際の姿を全く変へてしまつて、悉く、これを仮名の形に直して登録するといふ方法をとつて居ります。これは、云はば人間を裸体にして並べたやうなもので、これでは現実に家庭や町で会ふ人とは余程異つたものとなり、探す人は何処の誰と見きはめることが非常に困難になつてしまひます。仮名による国語の排列は、その外形だけはアルファベット式排列の西洋語辞書と近似してゐても、その本質において、全然相違したものであることを知らなければならないのであります。西洋においても、文献に実在する語彙の姿をそのまま登録するといふことは当然やつて居ることでありまして、中世フランス語の大辞書の如きは、綴字が浮動してゐて、一語に数種の綴方のある場合は、丹念にこれを蒐集して、皆その条下に排列してゐるのを見ました。

右述べました私の二つの感想を、最後に纏めて申しますと、国語の歴史は西洋諸国語のそれとは自ら異つたものでありますから、その特質を明かにすることによつて、西洋言語学とは別個の言語学を生み出し得るのではないかといふ予想と、ローマ字ならざる意文字が、主要な要素となつてゐる言語の研究には、文字の言語に働く作用役割といふものを充分に研究してかからねばならないといふことであります。以上甚だ纏まらぬことを述べましたが、皆さんの御意見を伺ひたいと思ひます。

八 「漢字漢語の摂取に基づく国語上の諸問題」

前項に述べた滞欧中の感想を、昭和四年十一月、京城大学へ帰任後、再び同大学国語国文学会の席上で繰返し、同時に、私はこの直観的の感想の拠つて来たる所以を考へた結果、それには次のやうな理論的根拠のあることを見出した。

(一) 国語学の方法及び問題を、西洋言語学のそれを離れて、国語自体の現象の中に求めることは、先進科学の方法や問題を無視して、唯我独尊を主張することではなくして、言語学の立脚する真の科学的精神に忠実であることであり、この精神を生かすことである。言語学の皮相な結論にのみ追随することが、言語学に忠実である所以ではない。ここに国語学と言語学との関係を明かにすることが出来ると同時に、科学的といふには未完成な明治以前の国語研究を、今日以後の国語学の出発点とする根拠をも理論づけることが出来る。それは、単なる日本的言語学の樹立といふやうな偏狭な態度を意味するのでなく、寧ろ、そこにこそ、国語学が言語学の一翼を負担する真の意義が生ずる。

(二) 学問研究の根本的態度は、方法論の穿鑿よりも、先づ対象に対する凝視と沈潜でなければならないといふことと。言語学の方法に忠実であらうとするならば、それが教へる理論や方法を一先づ措いて、対象を凝視し、対象に沈潜することから始めなければならない。

私はこの信念に基づき、これを実行に移すために、昭和五年四月の新学年の講義として、「漢字漢語の輸入に基づく国語学上の諸問題」といふ題目を掲げることとした。この講義案は、凡そ本問題について取上げられる諸事項を、出来得る限り網羅することに努めたのであるが、以下、未整理のままにこれを記して置かうと思ふ。大体の結構は、序論と本論三篇よりなり、第一篇は国語学上に及ぼせる影響、第二篇は国語に及ぼせる影響、第三篇は国語政策の上より見た漢字漢語となつて居り、私の研究の順序は、大学在学中の国語学史の調査を完成さすために、国語学上に及ぼせる影響を先づ考へることとしたために、講義題目もその点に重点が置かれるやうになつたが、究極の目的は、これによつて国語史の特質を明かにすることにあつたのである。

漢字漢語の輸入に基づく国語学上の諸問題

序　論

一　本問題研究の意義

一　言語の分類と日支両国語の分類上の位置

一　日支両国語の特質とその接触の意義

一　日支交通史

イ　漢字漢語の伝来

ロ　典籍の伝来と漢字漢語の学習

一　日本漢文学史と本問題との関係

一　国語学と本問題との関係

一　国語史と本問題との関係

本論第一　国語学上に及ぼせる影響

一　漢文訓読法
一　音韻文字の研究
一　音図の作製
一　てにをは研究
一　活用研究
一　品詞分類の研究
一　字書韻書の編纂
一　注釈法に及ぼせる影響
本論第二　国語に及ぼせる影響
一　漢字漢語の普及の状況
一　文字使用法の変遷
一　仮名の創作
一　字音の変遷、国語の音声に及ぼせる影響
一　語彙文法上に及ぼせる影響
一　文体上に及ぼせる影響
本論第三　国語政策の上より見た漢字漢語
一　漢字漢語及び固有国語に対する各時代人の意識
一　漢字漢語に対する各時代の政策及び教育

この講義は、昭和五、六両年度に亙つて継続したのであるが、一つには、この問題が極めて困難であつたことと、二

つには、第四章に述べた、私にとつては先づ解決しなければならない言語の本質に関する問題が残されてゐたために、暫くこの問題を打切ることとした。その後、山田孝雄、岡井慎吾両博士によつて次のやうな業績が発表された。

漢文漢語の影響によりて生じたる国語の諸相　昭和八年三月　改造　山田孝雄
日本漢字学史　昭和九年九月　岡井慎吾
漢文の訓読によりて伝へられたる語法　昭和十年五月　山田孝雄
国語の中に於ける漢語の研究　昭和十五年四月　山田孝雄

これらによつて、私は頻りにこの問題に誘惑を感じたのであるが、もしこの問題を国語の歴史的現象として捉へるとするならば、国語史観の樹立こそ先決問題であり、更にそれは言語の本質に関する問題の解決によつて、始めて可能であると考へられた。その後、昭和十九年、文部省日本諸学振興委員会は、日本諸学の建設に資する研究に対して助成金を交附することとなり、私は本研究の題目を「漢字漢語の摂取に基づく国語上の諸問題」として提出し、補助を仰ぐこととなつた。その研究の成果に関しては、僅に昭和十九年六月の同委員会国語国文学部会で総論的なことを発表したに止まつたことは、時局の然らしめたところとは云へ、私の怠慢のためである。しかしこの問題の国語学上における方法論的意義については、今日といへども私はこれを忘れてゐるのではない。最初「国語学上の諸問題」として考へたのは、当時私の興味が国語学史にあつたため、先づその方面から手を染めることを考へたまでであつて、中心課題は、やはり「国語上の諸問題」にあるべきは当然である。

右のやうな研究課題が、国語史研究の一環となるべきことが、自覚されるやうになつたのは、次のやうな研究過程を経過した後である。

言語学と言語史学との関係　昭和十九年十月、橋本博士還暦記念「国語学論集」の中
国語史研究の一構想　同二十四年十・十一月、国語と国文学

国語生活の歴史　　　　　　　　同二十六年九月、国語教育講座第一巻

国語学原論続篇第六章言語史を形成するもの　　同三十年六月

特に、国語学原論続篇においては、従来の溯源的国語史研究を、自然史的類推に基づくものとし、真に文化史的国語史研究は、国語への異質的言語の注入において見なければならないこと、従つて、それは、樹幹図式としてでなく、河川図式として成立するものであることを考へるやうになつた。ここにおいて、国語史研究は、政治史、絵画史、宗教史等の文化史の研究と、同一歩調において研究せらるべき見通しが立てられることとなつた。

九　国語学演習「中古語研究」の方法と「古典解釈のための日本文法」

私は、京城大学在職中、数年間に亙つて、「中古語研究」といふ題目の下に、学生諸君と共に、源氏物語、枕草子等の中古文学の作品を解読する作業を継続して来た。この演習は、私の「国語学史」より「国語学原論」への橋渡しであり、また、国語学の国文学研究への隷属的分野（国学における国語研究の立場にひとしい）の再発見として、後の解釈文法の成立に連なるものである。

私の国語学への方法は、国語学の対象である国語そのものを凝視し、これに沈潜し、そこに国語上の諸問題を探索しつつ、これを学問的に体系づけることにあつた。その準備的研究として、国語は過去において如何に見られて来たか。そして、今日、国語はこれを如何なるものとして見るのが正しいかを明かにする方法として、従来の国語学史上の業績を、国語に関する学説史としてよりも、国語に対する意識の発展史として把握すべきことを主張し、その発展を歴史的に考察することから始めた。このやうな国語学史の研究が、国語学の重要な方法論として考へられたことは、既に第四章に述べたところである。従つてそこには、当然、国語意識の発達についての史的調査と同時に、その意識の対象である国語そのものに対する沈潜凝視の努力が、これに併行すべき筈であつたのであるが、これまでの私の研究は、ありのままにいへば、専ら国語意識の発達といふ面にのみ注がれて、それと実際の国語との関係、換言すれば国語意識の志向対象である国語そのものと、それより導き出された国語学的理論との間に、必然性があるか否かについては、未だ問ふ暇を持たなかつた。もつと端的に、かつ具体的に云ふならば、私は国語そのものに目を覆うて、そこから帰納された国語の理論にのみ、ひたすら目を向けてゐたのである。従つて、本居宣長の「詞の玉緒」については考究しても、それの研究対象であつた八代集以下の言語そのものに直面することを怠つてゐた。言語意識の発達、或は言語に対する自覚といふことは、少くとも我が国においては、主として古典講読や解釈の結論であり、その副産物であつて、国語学と古典解釈の密接不離な関係を思へば、明治以前における国語研究の実際は、これら古典についての講読や解釈と、それの結論である国語理論とを相関的に観察してこそ、始めて国語研究の真相に触れることが出来るのである。さういふ意味において、私の国語学史研究は甚しく片手落であつた。もつと私は国語そのものを凝視し、これに沈潜しなければならない筈であつた。以上のやうな方法論はともかくとして、何よりも当時の私に、空虚な感を抱かせ、不安な気持ちを与へたものは、国語についての一応の理論は理解出来たにも拘はらず、古典そのものを読む力が殆ど出来てゐなかつたといふことであつた。万葉集、源氏物語、枕草子のやうな代表的な古典が、通読はおろか、辞書に頼つてすら、これを読みこなし得ないといふことは、国語の研究に従事しようといふ私を、絶えず不安に駆り立てたのである。昭和五年の新春を迎へた時、私は、我が古典の随一であり、難解の評のある源氏物語を読み始めようと決意した。先づテキストとして、金子元臣氏の「定本源氏物語新解」を用ゐることとし（この本は善本ではないにしても、当時単行本として出た唯一のものであり、かつ梗概頭註もあつて便利なものであつた）、疑はしい語はカードに収め、随時彼此対照しながら、意味の的確な理解を求めつつ巻を進めることとした。昭和五年一月、桐壺を出発して、同八年三月、夢浮橋を終るまで、公私の用に幾度か中絶されながらも、三年余りの日時を費してこの古典を読了した喜びは今に忘れることが出来ない。巻を進めるに従つて、語彙も集積され、用例も整理されて、その都度意味の考定に思ひを廻らし、進んでは中古文の構造を通して国語の構文法の特異な点を考へるやうになつた。講読の進むにつれて、如何に古人が古典の読解に思ひを潜めたかの苦心の跡も、我身の体験に引き較べて如実にこれを知ることが出来るやうになり、就中、語彙蒐集の点において、私の仕事が「雅言集覧」の如きものに、行けども行けども遠く及ばないことを知るに及んで、如何にこれを畏敬するに至つたか。この読解の仕事を通して、私は、私の国語学史研究に新しい立場を加へることの必要を感ずるやうになつた。同時に、国語学史の研究は、単に過去への回顧的興味を以てなされるものでなく、将来の国語学建設への重要な足場となるべきものであることを、はつきりと意識するやうになつた。古人の国語に対する自覚の最終点が、実に我々の国語意識の出発点であるべきこと、現在及将来の国語学の建設は、古人の国語研究を乗り越える処に始めらるべきことが痛感せられるに至つた。そして、他方において、私は絶えず、私の国語研究の最初に予想せられた、言語は心的内容の表現過程そのものであらうといふ、言語に対する一つの本質観を実証することを忘れなかつた。源氏物語の読解は、私の今までの国語学史研究に活を入れるものであると同時に、国語学史より国語の本質の闡明への一大通路を開拓すべきものであることを信ずるに至つて、私は、この二年間従事して来た「漢字漢語の輸入に基づく国語学上の諸問題」の講義を一旦打切り、源氏物語の演習を大学の教壇で開始することの計画を立てた。爾来私は東京帝大へ転任するに至るまでの十幾年間、殆ど毎年「中古語研究」の題目の下に、専ら源氏物語の読解を継続することとしたのである。後に述べる「国語学原論」の理論の内容をなすものは、専らこの京城帝大における中古語研究の産物であつたと云つてよい。十幾年の間、入れ替り立ち替り、私の講義を聴講した学生諸君が、特にこの演習に興味を持つて、私の国語への思索を刺激して呉れたことを深く感謝するのである。

　毎年の開講に際して、私は先づ次のやうな、演習に対する態度を学生に示すこととした。

(一)　流布本の尊重――このことは別の言葉で云へば、手近に与へられたものを学問の出発点とするといふことである。古典の講読において、例へば源氏物語を読むといふやうな場合、原作者の自筆本とか、或はそれに近い原典を手に入れることが出来ればそれに越したことはないが、さういふものを手にすることが出来ないからとて、我々は学問に対する熱意を失つてはならない。またさういふものをテキストとすることが出来ないからとて、さういふ研究を価値低いものと考へてはならない。我々は如何なるものでも、身近にあるものを取上げて、学問の資料とすることに躊躇してはならない。これは何も朝鮮といふ環境からさういふことをいふのではない。身近にある資料を生かす術を知らなければ、如何に価値ある資料が与へられても、これを完全に生かすことは出来ないであらう。流布本を通して原本を推定しようとする態度こそ、寧ろ学問の出発点なのである。流布本尊重の態度は、これを逆に云へば、流布本を原本と誤認しない態度であり、文字の形骸を直に言語そのものと速断しない態度である。であるから、源氏物語の講読に際しても、諸君は原本に近い善本を手にすることが出来ないことを虞れるよりも、流布本を通して原本を読まうとする切実な要求を燃やすことを忘れてはならないのである。早い話が、「いづれの御時《おほんとき》にか、女御《にようご》、更衣《かうい》、あまたさぶらひ給ひける中に」といふ金子本の冒頭文を通して、それが現代の活版本としての特異な記載法への変形であり、原作者はそれとは全く異つた文字記載をなしたであらうことを、想像することを忘れてはならないことである。

（二）　演習は学問的訓練——与へられたものを通して、原物を推定する作業、与へられたものを原物に還元する作業は、知識の習得を目的とする一般の講義と異なり、その場その場において、与へられたものを処理する訓練、いはば臨床的訓練によつてなされる。演習は常識的に考へられてゐるやうに、単に文章に読方を附け解釈を施す作業でなく、このやうな訓練を積む道場と心得てほしい。

講義を通してする知識の授受は、出版事業が容易になつた今日においては、必ずしも講義によらずとも、著書を通じて、より正確に獲得出来ることであるから、少くとも今日においては、大学教壇の特権とはいふことが出来ない。演習を通してする学問的訓練こそは、恐らく今日において、大学以外では殆ど不可能なことである。

（三）　資料の定位——国語学演習として源氏物語を読まうとする時、ややもすれば陥り易い誤つた態度は、これを単なる語学的資料として取扱ふことである。もつと具体的にいふならば、例へば、平安時代の「係り結び」の事実を立証するための資料として用ゐるやうな態度である。もし、このやうな態度でこの作品に臨むならば、源氏物語を資料とする意義は殆ど消滅してしまふのであつて、他にもつと有効な資料があれば、それを用ゐる方がよいといふことになる。源氏物語を用ゐるからには、これを、飽くまで源氏物語といふ作品を読むことであるといふことを忘れてはならない。文学的作品を、完全に文学的作品として把握するために、語学的操作が如何なる役割を持つかといふことを考へることが大切である。一語の意味の研究にしても、これを作品から取出して考へることは無意味である。むしろこの語を、この作品の中に浮彫にして示すところに語学的研究の意義がある。（この問題は、後に「国語学原論続篇」第六章四で研究対象としての文献として取扱つた。）

㈣　文の解釈と文法研究との関係――作品に対する文法的操作について、一般に相反する二つの考へ方が行はれてゐる。文の正確な解釈には、文法的知識と文法的操作が絶対に必要であつて、これらの知識に基づかない文の理解鑑賞は、一個の独断的鑑賞に過ぎないとする説と、文法的理解は、文の真意を傷つけるものであつて、真の文の味はひは、到底文法的理解によつては、成就することが出来ないものであるとする説とである。この両者の説には、それぞれ一面の真理はあるけれども、解釈と文法的操作との関係についての誤解が認められるのである。私は、この両者の関係を、次のやうに考へてゐる。文法研究或は文法的操作といふことは、文理解の必要な手段であるといふよりも、文法的操作或は説明そのものが、文の理解を表現するものでなくてはならない。換言すれば、文法的理解は文の鑑賞と相表裏をなすものである。このやうな関係にあるが故に、文法的説明を俟つて、その上に或はその後に、理解鑑賞が成立するといふ関係のものではないのである。例へば、「花も咲かなむ」といふ文は、「花も咲いて欲しい」と口語訳することによつて理解が成立するやうに考へられてゐるが、この口語訳においては、文語における品詞が、口語においては他の品詞に置き換へられてゐる。即ち「なむ」といふ助詞が「欲しい」といふ形容詞に置き換へられてゐるのであつて、従つて文語そのままの理解であるとはいふことが出来ない。口語訳は、結局、翻訳の域を脱することが出来ないのである。更に、口語に伴ふ現代的感情或は陰翳といふものを考慮に入れるならば、口語訳が原文の理解を表はすといふことには限度が存するといはなければならない。これに反して、「なむ」は「誂へたのむ助詞」であると説明し、理解することによつて、始めて原文をそのままに理解したことになるのである。即ち文法的操作は、そのことが既に端的に文の理解を表現することとなるのである。しかしながら、文法的操作が、原文の理解鑑賞を端的に示すものとなるためには、今日の文法研究の態度方法に根本的な反省を加へる必要がある。それは、現代文法の諸範疇は、いはば、文の理解とは乖離した文法的理論といふやうなものを基礎にして立てたものが多いので、文法的説明そのものが屢々文意の理解とは相背馳してゐることが多い。このやうな文法を以てしては、到底文意の理解と文法的説明との間に一致を求めることは出来ないのであつて、さういふ点から文法無用論も生ずるのであるが、それは文法が解釈に無用なのではなくして、現代の文法研究が、未だ文を的確に解釈するまでに理論的に整備されてゐないためであるといつてよろしい。真に文意の理解に有効な文法は、先づ文意の理解に基礎を置くところの文法体系でなければならない。

例へば、「古池や蛙飛び込む水の音」といふ句を、文法的に操作する場合に取られる方法は、多くの場合「……水の音は哀れなり」といふやうな述語を補ひ、これを主語述語の結合した論理的関係の表現に改めて理解することを求める。しかしながら、このやうに補足された文は、原文とは全く別のものとなつてしまつてゐる。従つて原文の鑑賞と凡そ距離のあるものと考へられるのは当然であつて、文法的操作が原文の味はひを殺してしまふといふ批評の生ずる所以である。文法研究は、何よりも、「……蛙飛び込む水の音」といふ表現をそのままに説明するところのものでなければならないのである。我々の源氏物語の演習は、従来の文法研究の実演の場所ではなくして、解釈鑑賞を通して新しい文法体系の樹立を目指すと同時に、それによつて、また、与へられた文を解釈しようとするのである。

㈤　文の解釈の本質――常識的には、文の解釈とは、文中の不明難解な文字に読方をつけ、意味の明かでない語に説明を与へることであると考へられてゐる。しかし、このやうな仕事が一体どういふことを意味するのであるか。解釈とは、どのやうな事実であるのか。この演習にあたつて、諸君はもう一度根本的にこの問題を考へるべきである。そこから出発して我々は解釈といふことを、その本質において生かさなければならない。解釈の本質を探つて行けば、勢ひ言語文章の本質が何であるかの問題に行き当る。言語文章の本質観に従つて、解釈といふことは、文字がその内に包蔵してゐる音とか意味とかを引き出す作業だとも考へられるであらう。私は久しい以前から、言語文章の本質は、話手或は書手である言語主体が、自己の表現しようとする事物・事柄即ち表現の素材を、音声或は文字を媒介として、外部に表出する過程、即ち表現行為の一形式であらうと考へて来た。であるから、文の解釈或は文を読むといふことは、文字面を通してこれを言語主体の音声、或は表現の素材である事物に還す仕事であると考へてゐる。解釈は即ち文字を話手の思想に還元することであり、表現過程を逆に辿ることであると考へてゐる。解釈といふ仕事は、表現主体に立返るといふことによつて完成するのであるから、解釈者は常に己を空しくして、表現主体といふことを念頭から去つてはならない。言語の本質を無視したり、等閑にすることから起る結果は、極めて些末なことにも現れて、文の理解を不徹底にすることがある。例へば、修飾語といふ名称によつて、これを一般には、事物を限定、修飾する語であるとしてゐる。しかしそれは、文を、表現主体を離れて出来上つたものとして観察するところから来る概念規定であつて、もし、これを表現主体の表現行為として見るならば、いはゆる修飾語は、修飾或は限定といふ作用に基づくものではなくして、表現主体の表現意図からいふならば、表現の素材を、更に詳かに云ひ表はさうとするものである。「白い雪」「暗い夜道」における「白い」「暗い」等の修飾語は、「白くない雪」「暗くない夜道」に対比して、これを限定したり修飾したりする語ではなくして、今、表現しようとする「雪」「夜道」の持つてゐる属性概念の抽出であると見なければならない。

私は、自分の専門的立場から、この演習を、私の抱く言語本質観を立証するための手段として、取扱ふかも知れない。しかしそれは私の立場であつて、必ずしも諸君に強制すべき事柄ではない。しかし、もし解釈に疑義が生じた場合、諸君はいつも言語文章と解釈の本質に立返り、そこから再び問題を考へ直して行くだけの徹底した態度を持つことが必要である。

(六)解釈法の批判——源氏物語の演習において、もし、巻々を選定するとしたならば、私は先人の比較的手を附けなかつた巻々よりも、古来の学者が苦心を払つて多くの註釈書が成立してゐる巻々を寧ろ選ぶであらう。例へば、桐壺より須磨、明石に至る巻々を、それは解釈が容易であるといふ理由よりも、これらの巻々を読むことによつて、自ら甲論乙説に接する機会を得ることと、それらの学説を比較検討することによつて、自己の解釈に客観的な足場を獲得することが出来るからである。何故に甲論を是とし、乙説を非とするかの批判的立場を明かにすることは、解釈において極めて重要なことである。これは、私の国語学史の研究とも密接な関係があることであつて、それについては次の章に述べることとする。

以上のやうなことを大綱としてこの演習は十余年に亙つて継続されたのであるが、その間の語学的成果については、今、これを一々列挙することを省略して、凡て拙著「国語学原論」に譲りたいと思ふ。

この演習から導き出された言語についての種々な考察は、「国語学原論」(昭和十六年十二月)に見られるやうなものに纏められることになつたが、この演習そのものは、その後、「古典解釈のための日本文法」(昭和二十五年十二月、至文堂)として公にされるやうになつた。その間、どのやうな経緯を辿つたかといへば、昭和十三、四年の頃であつたであらう、私は四十の手習にもひとしいピアノの練習を思ひ立つたことがある。私は、幼児が習ひ始めると同じやうに、バイエルの教則本のそもそもの最初から、忠実に一節一節を教へられ、また練習した。そのやうな練習過程が、私には非常に楽しいものであつた。音楽を楽しむといふよりも、一歩一歩、階段を昇つて行くことに楽しみを感じたのかも知れない。そして、私は、西洋音楽の練習方法に、日本音楽の場合とは、全く異なつた方法があることを知つた。それは、具体的作品に入る前に、基礎的なテクニックを、段階的に、系統的に習得することを目指す。そのやうな基礎的な一のテクニックの練習をとつてみても、それはそれなりに、充分楽しめるやうに考案編集されてゐる教則本に私は魅せられた。この方法は、古典の読解の場合にも当然適用されるべきものと考へたのである。古典の読解の場合ばかりではない。言語の習得のあらゆる場合に、この方法が適用されるべきであると信ずるやうになつて、私は、戦後の経験主義、興味中心の国語教育に甚しく反撥を感ずるやうになつた。私は、これを、分析主義、能力主義の教育として打出したのである。西洋でも、音楽の練習は、往々にして楽しいものであるよりも、厳しい苦しいものとされてゐるといふことを聞いてゐる。そのやうなリゴリズムを喜ぶのは、私の偏つた性癖かとも反省して見たのであるが、考へてみると、教育は、そもそもの出発点から分析的であり、修練的であり、それなくしては、教育そのものが成立たないのではないかと思へるのである。大切なことは、むしろ、そのやうな分析的、能力的な修練に楽しみと喜びとを感ずることが出来るやうな心構へを教へることが教育の出発点ではないかと思ふのである。

私の「古典解釈のための日本文法」は、その後、解釈文法と名づける多くの類書が出現することを促したもののやうである。しかし遺憾なことには、私の基本的な考へ方である、教則本的システムと、文法学習は、文と文脈との理解を目指すべきであるといふ考へ方は、多くの場合に、見捨てられてしまつたのではないかと思ふのである。

一〇　岩波講座「日本文学」中の「国語学史」より単行本「国語学史」へ

国語を研究の対象として、そこにどのやうな問題があるかを求め、これを一個の学問の体系に組織し、国語の完き姿を浮彫にして示すためには、何よりも先づ、国語そのものを凝視し、これに沈潜することが必要であることについては既に述べた。この際、国語を凝視する眼は、既成概念に煩はされない、言語の本質、国語の特質をよく洞察し得る、何ものにも曇らされない眼でなければならない。しかし、このやうな凝視の態度は、単に己一個の眼を拭ひ、己一個の心構を払ひ清めることによつて出来ることではない。虚心坦懐であると自信しても、学問の時代的傾向や、一般思潮の動向によつて動かされることがないとは断言出来ない。ここにおいて、私は、己を空しくする一つの方法として、また、我々が国語を、また言語を如何に見るべきかの指針を得るための一つの方法として、国語を凝視して来た眼を、歴史的に迹づけようと試みた。これが、私の国語学史研究の意義であつた。そして、また、私の国語研究の第一階梯でもあつたのである。従来国語学史と呼ばれたものを、単に学説の系列としてではなく、国語に対する意識の発展、国語に対する自覚の歴史として系統立て、そこに、国語そのものの投影を見出さうとしたのである。国語学史をこのやうに国語意識の発展史と考へることは、確かに従来の国語学史に対する一つの新しい見方には違ひなかつた。しかしながら、国語学史をこのやうに見ることは、なほ国語学史の一面のみを見て、他の面を忘れたものであることをやがて知るやうになつた。将来の国語学の出発点を、従来の国語研究の到達点に求めようとするには、どうしても従来の国語研究のありのままの姿を明かにしなければならない。こう考へて来た時、私は、古来の国語研究の成立の地盤といふものを殆ど無視して来たことを知つた。明治以前の国語研究は、決して、近代の言語学のやうに科学的興味、或は単に真理の探求のためにのみ建設されたものではなかつた。それは、専ら古代精神の理解のためか、或は正雅な表現をなすための手段として研究されたものである。即ち解釈のための言語研究、表現のための言語研究といふことが、古い国語研究の真の姿であつたのである。それは、決して一個の独立した科学として成立したものではなかつたのである。近世において、国学への依存の形で発達して来たといふことは、近世国語研究の一つの特色であつたといふべきである。そして、何故に国語研究がこのやうに、歌学とか、儒学とか、仏学とかのやうに、独立の学問を形成し得なかつたかを考へるのに、それは、言語がその本質において、人間生活に対して手段的な機能を持つてゐるからである。手段的なものを、手段的なものとして研究することは、手段的なものを独立的存在のものとして研究することより、科学的でないとはいふことが出来ない。私はそこに、日本における国語研究の科学性を見出さうとしたのである。かくして私は、京城赴任以来、努めて国語研究を古典解釈の中に復帰させ、詠歌作文の中に位置を求めて、全体的なものに所属せしめつつ、その中における関連的位置において、国語研究を考察しようとした。この態度、方法を、私は凡ての学問研究において、極めて大切なことであると考へてゐる。学問は確かにその方法において分析であり、抽象である。しかしながら、それは究極において全体を構成する段階であるに過ぎないのではなからうか。全体を見失はない分析であり、抽象であつて、始めてそれは意義があると思ふ。分析の外に総合があるのでなく、分析即総合となり得るのは、このやうな立場で始めて云ひ得ることであらうと考へた。これは学問の哲学的考察から演繹的にさういふのではなく、具体的な国語学史の取扱ひの上からそのやうに考へるのである。このやうにして私は国語学史の再編成を企てて、その第一着手として、次のやうな研究を発表した。

古典注釈に現れた語学的方法

——特に万葉集仙覚抄に於ける——（京城帝大法文学会論纂、日本文化叢考の中、昭和六年九月）

この論文の意図を私は次のやうに述べてゐる。

此の小稿において述べようとする問題には、左の二つの意義が含まれてゐる。

一は、我が国語研究史上に於いて、久しく古典研究の方向とは無関係に、単に語学的研究の事実として、抽象的に列挙せられ、説明せられて居つた国語研究の事実を、その本来の姿であるところの古典解釈といふ一つの文献研究の基本作業に復帰せしめ、古典を読まうとする根本的欲求を想定して、語学的研究の自然の発達を、古典解釈との有機的関係において考察しようと試みたこと。

二は、我が中世に現れた、万葉集の一註釈書をとつて、そこに試みられた語学的解釈法の種々相を、読む心の働きの方向に整理を加へ、従来殆ど試みられなかつた、古典解釈に対する総合的な批判的研究の一段階を作らうと試みたこと。

従つてこの小稿は、単に万葉集の訓点・釈義のみを目的とするものではなくして、日本に於ける文献総体を目標とするものである。解釈法の批判的研究とは、従来試みられた解釈法が、不知不識の間に堕ちて行つた誤の経路と、その理由とを明かにし、また、将来なさねばならぬ新しい解釈方法を提出することの任務を持つものである。

右の記載に含まれてゐる二つの意義の中、第一のことは、既に述べたやうに国語学史の本来の面目の再構成であるが、第二の意義は、このやうな国語学史の性格から必然的に導き出されるところの効果に関することである。解釈法の批判については、前章に述べたことであるが、それは要するに、国語学史に含まれてゐる問題を、今日において、発展させようとしたことになるのである。

次の論文も大体同様な意図の下に執筆されたものである。

契沖の文献学の発展と仮名遣説の成長及びその交渉について（佐佐木信綱博士還暦記念論文集日本文学論纂の中、昭和七年六月）

かくして、岩波講座「日本文学」中の国語学史（昭和七年八月刊）は、大学卒業論文以後の、私の国語学史に対する考へ方の転換を盛り込んだものであつて、同書はしがきにもこのことに触れてゐる。

（上略）近世国語学については、それが所謂国学体系の内に有機的に位する正当な位置を要求する為に、此の論稿の大半を費してしまつて居る。（中略）過去の国語研究の位置を考へて、先づ認めねばならない事は、それが上代並に中古文献の研究と密接な関係にあつたといふことである。従つてそれは、上代中古の国文学研究史と切り離すとの出来ない関係があつた。過去の国語研究の受けた冷遇は、延いては国文学の基礎的研究に寄与する語学研究の意義をも無視してしまつた。これは、過去の語学研究に対する悲しむべき偏見であつたと同時に、国文学研究にとつても大きな方法論上の損失でもあつた。読者は、此の小稿に於いて、語学研究が国文学の研究体系の中に占むべき当然の、而も誇張せられたものでない位置と、過去の語学研究がその有する特殊なる位置、即ち国学への依存関係にも拘はらず、その開拓した独自の語学の世界は、決して歪められたものでない、のみならず自然の考察の過程であり、それが今日の国語学にとつても、亦最も緊要な問題を提供して居るといふことを知るであらう。

近世国語研究の態度に合理性を認めて、これを肯定したことは、従来の国語学史の見方に対する抗議を意味するのであるが、それよりもなほ重要なことは、言語の対象化といふことは、解釈作業によつてのみ可能であり、解釈過程において、国語学上の諸問題を把へた国語学の伝統を是認したことで、以後の私の国語研究の最も重要な基調となつた。

日本文学講座中の国語学史は、再転して単行本国語学史（昭和十五年十二月刊）となつた。この間、私は国語学史上の諸問題を出来得るかぎり助長発展させることに努力すると共に、国語そのものに直面しつつ、そこに問題を探索することに専念した。前項に述べた国語学演習「中古語研究」は、実にその手段であつたのである。それらの研究の成果は、殆ど後の著述「国語学原論」に包摂されてゐるのであるが、そこに盛られた種々な学説、見解の拠つて来たるところを国語学史中に指摘することに努めた。講座本国語学史は、国語学史そのものを問題にすることによつて生れたのであるが、単行本国語学史は、国語に対する私の見解の体系化に平行して生れたものである。勿論両著の内容において著しく相違してゐる訳ではないが、もし、内容を仔細に比較点検されるならば、それらの用意に気附かれるであらうと思ふ。単行本のはしがきに、私は、

現在、専ら国語学史を基礎にして国語学の展開に微力を尽さうとして居る私にとつては、本書の内容は、私の国語研究の最初に提出された問題（言語の本質は何かの問題を意味する）に対する解答であつて、極めて幼稚な旧業に属するものであるが、従来の国語学史の面目を改めたところも少からずあると信ずると同時に、私の現在の研究の出発点を明かにする上からも、これを世に問ふ必要を感じたのである。

と述べてゐるのは、以上のやうな意味に基づくのである。単行本国語学史は、国語学原論の序説乃至前編としての位置を占めるべきものとなつたのである。

一一　言語観についての宿題と「国語学原論」の成立

言語が、どのやうなものであるかを問ふことは、言語学、特に十九世紀以来の印欧言語学においては、無用のことと考へられたといふことは、イエスペルセン原著の「言語」の第一篇言語学史の中に述べられてゐることである。言語が何であるかは、言語研究の究極において下される結論であつて、言語学者は、ただ言語の現象を忠実に観察し、正確に記述し、そして説明すればよいので、かくすることによつて、言語が何ものであるかの結論は自ら下されるであらうと考へられて来たらしい。まして、国語学においては、国語の現象を、言語学の理論方法に基づいて研究することが主要な任務であつて、それ以上のことを問ふのは、国語学の範囲を逸脱するものと考へられて来たのである。国語学は言語学の一分科であるに過ぎないのである。もし俗な云ひ方をするならば、国語学は言語学の下請負に過ぎないのである。国語学の位置をこのやうに考へることは正しいことなのであらうか。国語学において、言語がどのやうなものであるかを問ふことが、果して僭上の沙汰なのであらうか。国語研究に出発した当初の私にとつては、言語が何であるかについて問ふことは、方法論上正しいか否かを顧みる暇のないほどの切実な問題であつたのである。その間の事情は、既に第四章に詳かにした。私が、特に言語が何であるかを問題にするに至つたのは、方法論的に見てこのやうな問題を先づ提出することが不適当であるといふ考へ方に対する反撥よりも、言語研究において、白紙的態度で臨んでゐると称する西洋言語学の中に、無意識に予定せられた一つの言語観即ち言語は、音声と意味との結合体であるといふ言語観の存することに対する反撥であつたのである。実際は、ある色彩を持つた立場であるにも拘はらず、自らは白紙的立場であると誤信してかかるほど危険なことはないのである。この危険を除く方法について、私は国語学原論の中で次のやうに述べてゐる。

この危険を除く処の方法は、言語研究に先立つて、先づ言語が何であるかを予見し、絶えずこの考へが妥当であるか否かを反省しつゝ、これに検討を加へて行くことである。言語研究の道程は、いはゞ仮定せられた言語観を、真の言語観に磨上げて行く処にあると思ふ（国語学原論 四―五頁）。

右のやうな見解に基づいて、私は西洋言語学の根底にある、言語は音声と意味との結合体であるとする考へ方に対して、言語は話手の心的内容を外部に表出する表現行為であるとする考へ方を、これに対立させて、以後、この言語に対する考へ方が正しいか否かを、種々な言語的事実に当つて検討し、また、実証することは、私の夢寐にも忘れることの出来ない中心課題であつたのである。大正十三年の頃であつたか、東京帝大山上御殿において、私は親しく神保格氏から、欧州言語学の最新学説として、フェルディナン・ド・ソシュールの言語学説を紹介された。丸善に注文した原著が到着して、それ以後、東京より朝鮮へ、私は常に本書を身辺に置いて、批評を書入れることを怠らなかつた。昭和三年小林英夫氏の訳書が出版されたために、容易にその学説を理解することが出来るやうになつた。私の独自の見解が、多くの場合に、ソシュール学説への批評の形で発表されるやうになつたのは、全く右のやうな因縁に基づくのである。しかしながら、私の抱く表現行為としての言語観は、元来西洋言語学説に対する批判として考へ出されたものでなくして、日本の古い国語研究によつて暗示されたものであつたために、これを国語学史について全面的に検討することは、先づ第一の仕事であつた。既に前章に述べたやうに、国語学史の研究は、種々な問題を派生したのであるが、私の中心課題が言語観の探求にあつたことに変りはなかつた。一方、源氏物語の演習を通して私の求めたことも、私の予想する、言語は心的内容を表出する表現行為に外ならないとする、言語観を立証することに他ならなかつた。一方、この考へ方の絶対であることの確信は、漸く私にとつて動かすことの出来ないものとなりつつあつたにも拘はらず、これを科学的に立証し、これによつて国語学を全面的に体系づけるには、なほ幾多の問題が残されて居つて、前途に乗越えねばならない難関の数々を覚悟せねばならなかつた。昭和八年十二月、雑誌「コトバ」は、新興国語学といふ主題の下に、菊沢季生氏の「新興国語学の再建」と題する巻頭論文をめぐつて、諸家の意見を求めた。私もその驥尾に附して、「国語学の体系についての卑見」と題して、私の抱く言語観とそれに基づく国語学の体系の素描を、極めて臆病に発表する機会を得た。それは、菊沢氏が極めて大胆に云ひ切つた言葉、

　言語には二つの要素がある。――外形たる音声と内容たる意義と。それ故、国語を分析的に見れば、先づこの両方面がある事に注意せねばならぬ（コトバ一七頁）。

に対する私見を述べたものである。即ち、

　菊沢氏は、言語をその要素――音声と意義――に分析して、研究の根本とされようとします。それも一の見方であり、一の方法でありませう。併し私には、言語が一つの表現活動であり、理解活動であるといふ本質観が先づ頭にこびりついて居るのを感ずるのであります。此の本質観は、私に音声、意義といふ言語の二面観をとらせることを躊躇させます。

　言語を観察するに当つて、我々が公理として認めてよい只一つのことは、言語は、表現理解の一形態であると云ふこと以外には私には考へ得られないと思ひます。言語を音声と意義とに分析して考へることは、宛も「波」を水と風とに分析して考へる様なもので、遂にそれは「波」の本質を捉へることが出来ないと同じやうな不安が私につき纏ふのであります（コトバ八五頁）。

昭和十二年三月、雑誌「文学」に「文の解釈上より見た助詞助動詞」と題する論文を発表したことは、私にとつては、背水の陣を布いたも同然であつた。その前に、「文学」編輯部から依頼を受けて、それまでに鬱積してゐた私の考への

何処に焦点を置くべきかに迷つてゐる内に、次号予告に発表されてしまつた関係上、止むなく四苦八苦の思ひで、辛うじて脱稿し得たものである。主題は、助詞助動詞と他の品詞との相違を、その表現過程にあると考へ、それに関連する種々な問題を考へたものである。助詞助動詞と他の品詞との間には、かなり根本的な相違があることは、以前から注意してゐたことで、これに、第一次表現、第二次表現といふやうな名称を与へて区別して見たりしてゐたのであるが、具体的には、それが何の別に基づくかは、容易に理解出来なかつた。ここに大きな示唆を与へて呉れたものは、本居宣長の門下である鈴木朖が与へた規定である。朖は、語をてにをはと三種の詞（名、作用の詞、形状の詞）とに分ち、詞は物事をさし表はしたものであり、てにをはは詞につく心の声であるとした。もしこれを、今日の言葉を以て云ひ表はすならば、詞は表現素材の概念化、客体化による語であり、てにをはは話手の直接表現による語であるとすべきである。この単語分類の基準の設定は、その中に多くの問題とすべき事項を含んでゐるのである。言語を研究対象として把握するためには、解釈作業を前提としなければならないこと。助詞助動詞に属する語の範囲の問題、助詞助動詞と接尾語との本質的相違の問題、更に根本において、話手である言語主体の問題等を含み、私は勢ひこれらの問題を解明する必要に迫られた。前記の論文に引き続いて、私は、「心的過程としての言語本質観」を、昭和十二年六・七月の「文学」誌上に発表した。堤の水は、遂に切つて落された。もはや私は敢然として、この激流を泳ぎ切るより外に生きる道がないことを自覚した。

　右の論文の冒頭には、私の悲壮な決意を物語る次のやうな言葉が記されてゐる。冷静を欠いた、舌足らずの言葉であるが、当時の心境の記念までに恥を留めておかうと思ふ。

> 私は読者に何ものかを与へようとして居るのではない。私は、只卒直に、私自身のものを、心から語りたかつたのである。読者は、本論の冒頭から結尾まで、決して批評の手を緩めてはならない。

　私をして此の大胆な立言を敢へてさせた理由は、その一は、私が言語学に就いて無知だからである。その二は、私の国語に関する僅かな研究の実践である。第一の理由は申訳にもなる。第二の理由には、私の学問的生命が賭けられて居る。

ここまで書いて来て、私は自分ながら、空恐ろしい感じがして来た。そこで、私は次の一文を末尾に附け加へて、ほつとした安心の気持ちを得たのである。

私はいつでも溯源的に出直す用意に欠けてゐはしない。

死出の装束を纏つた獅子奮迅の姿、それは昭和十二年から十六年に亙つて、殆ど毎月論文を執筆した私の姿であつた。かくして大正末年以来の宿題であつた「言語は何であるか」の問題に対する一応の解答が出来上つて、「国語学原論」の一書が成立するに至つた（昭和十六年十二月）。本書には、「言語過程説の成立とその展開」なる副題が副へられてあつて、本書成立の由来と意図が示されてゐる。

一二　「国語学原論」中に示唆する新しい諸問題

国語学原論は、今次大戦争の勃発したその年、その月、即ち昭和十六年十二月に刊行せられたために、学界の本格的な批判を経ずして今日に至つてゐる。そのことは、本書のためにも、また、私のためにも不幸なことであつた。勿論、本書の個々の見解については、局部的に、批評を寄せられた向もあり、特に東京転住後は、講義に出席した学生諸君からは、屢々熱心な質問や批判が与へられる機会も多くなつたので、何れはそれらによつて、更に反省再考の機を得ることを期待してゐるのであるが、それよりも先づ私の見解に対して、それが充分一般の批判に堪へ得るやうに解説説明を施して置くことを、私の責任と考へてゐる。さういふ意味で、本書の如きものが何等かの役に立ち得れば幸である。

国語学原論は、もとより国語学の全体系を示すところの国語学概論でもなく、また、国語そのものの全貌を体系づけるところの国語概説でもなく、全く原論の名称が示すやうに、国語学の成立する根底となるところの言語観の成立及び展開を説いたものである。従つて原論の学説は、私の国語研究の結論ではなくて、今後の研究の基礎工作を意味するに過ぎないのである。如何なる問題を捉へ、如何なる領域を展開し、そして国語の全貌を学問的体系の下に如何に描き出すかといふことは、全く今後に残された問題である。

言語主体の問題——言語は、言語主体の表現行為として、或は理解行為として成立し、この過程そのものにおいて言語を観察しようとするこの理論によつて、読者は、恐らく今まで経験しなかつたやうな、言語に対する広い視野を獲得することが出来るであらう。

その重要なものの一は、言語主体に関する問題である。言語はいつ、如何なる場合においても、言語主体なくしては成立し得ない。言語主体は、言語の必須の成立条件である。従つて、言語のあらゆる現象は、凡てこれを言語主体の問題に還元し得るのである。言語を音声と意味との結合体として見る立場においては、言語主体は、僅かにこれらの結合体を運用する言語活動においてのみ、問題になり得ることであつて、しかも言語活動は、言語学本来の研究対象ではないのであるから、かかる言語観においては、言語主体は全く問題になり得なかつたのは事実である。ところが我々の直面する言語現象において、もし言語主体を除外しては、品詞分類の基準すら立てることが出来ないのである。言語主体の概念の設定によつて、先づ弁別し得る重要な事実は、言語に対する主体的立場と観察的立場との相違である。前者は言語の実践者、行為者の立場であつて、我々の研究の対象となる凡ゆる言語は、皆、この主体的立場の所産である。これに反して、言語を観察し、記述し、説明する立場は、即ち後者の立場である。我々の研究は、観察的立場において、主体的立場を考察してゐるものであるといふことが出来るであらう。言語主体、更に進んで主体的立場の概念を明かにすることによつて、更に言語主体の価値意識、規範的意識の問題に触れることが可能となり、更にそれらの意識の実現のための技術の問題に及んで、それらが、国語変遷の有力な要因となるべきものであることが予想せられるのである。ここにおいて、私は紆余曲折の長い道中の後に、漸くにして明治以来の国語学の重要な課題である国語史研究に、新しい発足点を見出すことが出来るのである。既に述べたやうに、言語の本質探求といふことにおいて私は国語の史的研究その他に対立する別個の学派的なものを、建設することを設計して来たのでは決してなかつた。それどころか、私は寧ろそれらの研究を遂行するに必要な、その基礎となるべきものを探し求めて来たのが、この二十年に及ぶ長い道中であつたのである（追記参照）。

国語問題と国語教育――言語における主体的立場を、国語学の対象とすることによつて、国語問題及び国語教育は、当然国語学の対象として考察せられることが可能となつて来る。国語問題は、国語の主体的な実践的理念を問題とするといふ意味で、主体的立場以外のものでなく、国語教育も、また国語生活の遂行、国語伝達の技術に関することで、これまた国語の主体的立場以外のものではないのである。このやうに考へることによつて、従来甚だ曖昧であつた国語問題及び国語教育に対する国語学の立場が明かにされるであらう(追記参照)。

言語の社会性——総じて私の言語研究は、これを主体的言語学と呼ぶに相応しいであらう。そして、特に私が言語学における社会学派と呼ばれてゐるソシュールの学説を批判の対象として、社会的共有財産に譬へられた「ラング」の概念を斥けようとしてゐるところから、私が言語の社会性を無視するか、少くとも軽視してゐるかの解釈が生ずるのは当然であるかも知れない。しかしながら、主体的言語学に対立するものは社会的言語学ではなくして、言語を音声と意味との結合体と考へる構成的言語学である。言語の社会性といふことは、主体的言語学における主体的表現行為或は表現過程の属性として当然考へられなければならないことである。言語の主体性といふことは、個々の具体的な創造的な言語行為についていはれるばかりでなく、普遍的な主体一般についても当然いはれなければならない。従つて私のいはゆる主体的言語学を、個人心理学的であるといふのは当らないことである。言語における社会性といふことは、この言語主体の一般性について云はれることであると私は考へる。言語主体は、生理的機能の主体と異り、本能的ではない。それは文化的であり、人間の社会生活の制約を受けるものとして、これを社会的であるといふことが出来るであらう。言語が社会的共有物であるといふ意味でこれを社会的といふのは、極めて素朴な見解でしかあり得ないのである。これらの問題については、原論はなほ極めて序論的にしか取扱つてゐない(追記参照)。

言語表現の目的機能の問題——主体的概念から導き出される更に重要な問題は、言語の目的についての問題である。ここに目的といふのは、構成的言語学でいふ、資材としての言語を運用する際の目的でなく、主体的表現行為としての目的である。構成的言語学においては、言語の目的といふことは、全く問題になり得ないことであるが、主体的言語学においては、表現行為を規定し、制約する主体的意識として、目的観念は極めて重要なものとなつて来る。かつまた、言語を表現活動、表現行為の一と考へる時、それは当然他の音楽、絵画、舞踊等の表現活動と比較せられることによつて、その特質が明かにされるであらう。言語は一般に思想内容の伝達を目的とするものであるといはれる。思想内容の伝達といふことは、要するに生活目的の達成を目的とするものであるといひ得る。ところが言語が表現活動である以上、それは先づ、表現としての完成を期するのは当然である。ここに言語が実用的所産である一面、芸術的所産となり得る可能性を持つこととなる。言語における目的意識の問題は、言語における表現技術、言語と文学との関係、更に言語の人生的意義の問題に触れるであらう。言語は、実に人間の思想交換のための道具以上のものであることを知るであらう。

追記（昭和三十二年六月改訂に際して）

言語過程説に対する批判は、戦後の混乱状態が平静に帰るに従つて、次第に活発になつて来たもののやうである。私は、これらの批判を、出来るだけ冷静に見守ると同時に、私自身の反省を怠らないことを心懸けて来たつもりである。言語が、言語主体の実践的活動によつてのみ成立するといふ考へは、戦後、いはゆる進歩的言語学者といはれる人たちから、甚しく非難攻撃され、言語過程説は、観念論哲学の亜流に過ぎないとされた。これは、認識主体の考へを以て、言語主体の概念を理解しようとした皮相な誤解に基づくものである。私が、言語について、主体といふことをいふ時、それは、決して、言語を認識する主体のことを云つてゐるのではない。私の云はうとすることは、「歩く」といふ動作には、必ず「歩く人」が必要であり、「考へる」といふ働きには、必ず、「考へる人」が必要であると同様に、話す人を捨象して、「話す」といふ行為は、考へることも出来ないし、また、成立しもしないことを云つたまでで、哲学の問題とは、全く無縁な、常識的な考へ方に過ぎない。それにも拘はらず、このやうな誤解が生じたのは、「主体」といふ語そのものに引きずられたことにもよるであらうが、最も大きな理由は、従来、言語については、これを観察し、認識する立場だけが考へられてゐて、言語を実践する主体的立場といふものを考へる習慣といふものが成立してゐなかつた為に、主体といへば、それは即ち観察認識の主体であると速断された為であらう。観念論であるといふ批評は、このやうにして生まれて来たのであらう。

旧版において考へられてゐた言語過程説と国語の歴史的研究との交渉は、言語主体の問題が、歴史的変遷の要因を明かにする上に必要であるといふ程度のことが述べられてゐるに過ぎない。そのやうな問題は、既にパウル以来、考へられて来たことで、その限りにおいては、国語学原論は、別に新しい国語史観を提出してゐる訳ではない。ところが、昭和二十四年に発表した

国語史研究の一構想　国語と国文学　十・十一月

において、私は、全然別個の立場から、国語史といふものを考へた。それは、言語行為の体系と、その体系の変遷において国語史を考へようとするもので、それは、従来の自然史的類推において見られて来た国語史に対して、むしろ、国語生活史とでもいふべきものである。ここにおいて、国語史は、文化史研究の一環として取扱はれることとなつた。右のやうな国語史観は、次の二者によつて、その輪廓を整へるやうになつた。

国語生活の歴史　昭和二十六年九月　国語教育講座第一巻

国語学原論続篇　同三十年六月　第六章「言語史を形成するもの」

国語問題と国語教育は、戦後において、私が真剣に取組んだ、国語についての大きな事実である。私は、これらの国語の実践の基礎に、確固たる理論を置かうとすると同時に、一方、これらの事実によつて、私の理論の正否を検証しようとした。従来の国語問題の処理においては、国語について問題が発生するのは、言語のどのやうな事実においてであるか、換言すれば、問題発生の場所といふものが、殆ど考へられもしなかつたし、また、そのやうな考へを可能にする

理論といふものを持合せなかつた。従つて、戦後の国語政策の実施にあたつて、このやうな国語政策を実施した場合に、国語生活にどのやうな事態が引き起こされるかといふことに対しては、殆ど考へ及ばなかつたし、また生ずべき混乱を、最少限度に食ひ止めるといふやうな調査も行はれなかつた。これは、古典的国語学の無力に起因するものといはなければならない。従来の国語学が、言語の伝達事実と、言語の社会的機能の問題を不問に附して来たことは、国語問題にとつては、全く致命的なことであつた。戦後の国語政策に対する私の立場が、ただ結論だけを取上げて、反動的保守的であると評されたことは、やはり、国語問題を考へる地盤が、一般に用意されてゐない為である。それに対して憤るよりも、そのやうな地盤を用意することが、私に課せられた重大な使命であると、私は思つてゐる。

言語の社会性についての旧版の説明は、未熟であり、幼稚であるが、ここでは、その後の発展と比較対照するに便宜のために、旧版の記述をそのまま残した。旧版では、言語の社会性を、言語主体の一般性と解し、また、言語行為の社会的制約といふやうな点に求めた。これは、私の理論が、個人心理学的であると評されたことに対する弁解である。右のやうな点に、言語の社会性を求めたことは、言語過程説を、ソシュールのラング説に近づけたことで、言語過程説としては、正に後退であつたのである。その後、

言語の社会性について　昭和二十六年九月　文学

対人関係を構成する助詞・助動詞　昭和二十六年十二月　国語国文

国語学原論続篇　第五章言語と社会及び言語の社会性　昭和三十年六月

において、言語過程説独自の言語の社会性についての考へを発展させた。そこでは、実体的な社会概念を脱却して、人間と人間との結びつきにおいて社会を見、言語が、そのやうな関係を構成する機能において、言語の社会性を見ようとするのである。右のやうな思索の発展は、国語学原論第一篇総論第五項に述べられてゐる場面及び主体と場面との機能的関係の思想に基づくもので、和辻哲郎博士の「人間の学としての倫理学」（岩波全書）からの恩恵に与ることも多大で

あつた。右のやうな社会的機能の考へから、詞辞論を根幹とする言語過程説の文法論が、言語の社会的機能論と結びついて行つたことは、私の全く予期しなかつた成果であつた。ここにおいて、文法論が、単に言語の法則の学問であるばかりでなく、人間の表現の機構を明かにする学として、重要な位置を請求するものであることが明かにされた。

一三　朝鮮の思ひ出（二）

(一)　朝鮮における言語問題より標準語の意味へ

考へるべきことを、考へる時機に考へずに、後になつて考へるといふことは、いはゆる後の祭の譏があらうけれども、今において朝鮮の言語問題を回顧することは、全然意義のないことではないと思ふ。朝鮮の言語問題は、二十世紀の前半において、国語学が親しく直面した具体的な言語事実であつたのである。従つて、この問題を今にして学問的に回顧して見るといふことは、そこから帰納し得る学問的理論の故に、割愛するに忍びない。朝鮮の言語問題が、統治政策上からも重要な問題であつたにも拘はらず、それが、国語学上どれだけ真剣に取上げられたかは甚だ疑はしいことであつた。勿論当時においても、アイルランド、スイス、ベルギー、ポーランド等の諸国の言語問題が参考され、勉強されたことは事実であつても、身近な自己の問題に直面して、これが解決に苦慮することは、案外に少かつたのではないかと思ふ。言語政策が政治を指導するよりも、政治が言語政策を引き回したといふのが実情ではなかつたかと思ふ。

私が京城大学に赴任した当初は、新しい環境に刺戟されて、朝鮮の言語問題に相当の関心を持たうとしたことは、既に述べた通りである。しかしながら、かういふ現実の具体的問題について考へるには、私の素養はまだ貧弱であることが感ぜられたこと、否それよりも我が国語学界の現状それ自身、これに対して充分指導し得る力があるであらうかと考へて、私はむしろ退いて自己を養ひ、学界の水準を高めることこそ緊要なことであると考へた。以後十数年間、私の大学における地位が、対外的な問題に心を煩す必要のなかつたことを幸に、自己に立籠ることに努力し、また、さういふ機会の与へられたことを至極の幸運であると考へた。しかしながら、私のかういふ態度が、朝鮮の言語問題と全く隔離して、ひたすら研究に没頭してゐたことを意味するのではなかつた。私の方から与へることの殆ど無かつたのに対して、私は、私の環境から、莫大なものを与へられて、私の学説の血とも肉ともすることが出来たのである。

既に述べたやうに、上田博士の国語愛護の精神と、朝鮮における日本語教育の理念との間には、実は越えることの出来ない矛盾の溝があつたのである。このことが、殆ど識者の問題にならずに経過して来たことは、右の上田博士の論説が、そのまま教科書に載せられて、朝鮮人子弟への日本語普及の方便とされてゐたことでも知ることが出来るのである。これは、母語を異にしたものの心理を全く無視した結果であるか、或は言語問題を全く技術問題として取扱つたことから来たことであらうと思ふ。私の朝鮮赴任後、先づ最初に課せられた問題は、国語愛護——といふよりも母語愛護——の精神と、日本語普及の理念とを如何に調和さすべきかといふことであつた。私の結論は次のやうである。上田博士の意味されたやうな国語愛護の精神は、実は日清戦争以後においては、全然改められねばならないものであつたのである。上田博士の所論は、日清戦争中、日本がまだ一民族、一言語、一国家の、博士のいはゆる三位一体の時代に生まれたものである。その後、日本の事情が全く異つたものになつたにも拘はらず、国語尊重の根本理念は、全く民族的感情の上に立つて改められることなく、また、それに対して深い疑念も生じなかつた。上田博士の国語愛護といふことは、母語を同じくするものの間には通用することが出来ても、母語を異にするものに対しては、適用することの出来ないものなのである。それにも拘はらず、我々が、一国一言語の理想を求める根拠は何処にあるのであらうか。それは、国家としての一体活動を求めることから来ることに他ならないのである。国家が、共通した一言語の普及を求めるのは、母語の尊重といふ考へに基づくのではなく、統一した国民生活の確立を期するところから来ることであると考へなければならない。故に国語の普及といふことと、生活語である母語の尊重といふことは同じことではない筈である。ここに自ら母語尊重の限界が生ずるとともに、国語普及の意義が明かになつて来るのである。この結論は、日本が、民族国家の昔に立返つた今日においても、通用することである。それは、今日国語教育の目標と標準語確立の理念にあてはめて考へることが出来る。国語教育は、決して生活語である方言の教育を目的としてはゐない。もつと広い国民生活語の教育といふことが目標とならなければならない筈である。一時、郷土研究や方言尊重の風潮に左右されて、郷土的言語が、より自然であり、生命ある言語と考へられ、標準語が、ひからびた形式的な人為的言語のやうに見られた。しかしながら、この言語の価値観を正しく批判するためには、言語と生活、及び価値の基準が如何にして定められるかを、先づ明かにしなければならない。これは、なほ根本的に考へるべき一の大きな問題であらうが、私は言語の価値は生活との相関関係によつて決定されなければならないものと考へてゐる。これを衣服の場合に譬へて見れば、浴衣は打寛ぐための生活において価値があつても、礼服としては価値のないやうなものである。国家生活から見る時、微妙な生活感情を表現する語よりも、さういふ点で欠ける点があつても、広く国民生活を表現する語を価値高いものとするのは当然である。このやうな言語の価値観が確立されるためには、その根底に、主体的言語観と、言語を表現行為とする言語観が存在しなければならないことについては、今ここで細説することを省略したいと思ふ。

(二)「中等国文法」の編纂

朝鮮総督府学務局の「中等国文法」の編纂に私が従事したことは、朝鮮における日本語教育に対する何等の寄与をも意味するものではないが（それは終戦二年ほど前に完成して殆ど実施される機会に恵まれなかつた）、検定制度の厳重でなかつた彼の地においては、極めて自由に私の文法学説、編纂方針を具体化する機会が与へられたものであるといふ意味で、私個人にとつてはありがたいものであつた。もしこれが広く実施されたならば、或は多くの迷惑を及ぼしたかは、保証出来ぬことであるけれども。今本書の編纂について記録して置からとするのは、中等学校等において文法教授に携る方々が、国語学と文法教授或は国語教育との関連について考へられようとする場合に、何等かの参考ともなればと思ふからである。

教科書の編纂といふことは、その影響が決定的である点から見て、一つの著書を公にすることよりも困難であり、また、重大なことである。本書は昭和十五年秋から十八年秋まで約三ヶ年を費して、口語法、文語法及び教師用書が完成したのであるが、その間、私はむしろ助言者の立場に立ち、私の文法学説を体して終始、立案、執筆の労に従つたのは、富山民蔵、岩本実、早崎観縁、狩野満の諸氏であつて、本書がたとへ世に出る機会を永久に失つたとは云へ、私は諸氏の労苦に対して深い感謝の念を捧げると同時に、この労作が何かの形において、我が文法教授に貢献する日の来ることを期待するのである。次に本教科書が成立するに当つて提出された種々な問題を摘記して見ようと思ふ。

(一) 文法教授の目的——文法が何のために中等学校の教科目として置かれてゐるかといふことは、文法教科書を編輯するものの第一に考へて置かなければならないことである。そこから編輯方針の大綱も、編輯技術も生れて来るのである。我々は、文法学科の存在といふものを大体次のやうに理解したのである。それは初年級の口語法と上級の文語法とでは、自ら意味が異ならなければならない。初年級の口語法の教授は既得の言葉を反省してこれに法則を見出すことを主とし、文語法の教授は、古文の理解のためといふことを主とする。そしてこの両者を通じて文法学科の究極の目的は、国語愛護の精神を涵養することでなければならない。勿論、国語愛護の精神は必ずしも文法学科の専売ではない。読本の講読を通しても、また、我々の日常の国語生活を通しても、涵養することが出来るに違ひない。それらと、文法学科を通じてする方法との間には、どのやうな相違点が、考へられるであらうか。我々は美しい韻文を通して、また、優れた散文を通して、国語に愛着を感ずる。文法による国語への自覚は、ただ一筋に、国語に存する厳然たる法則を確認させることによつてのみ可能なのである。国語には一貫した法則が無いといふ考へを起こさせることほど、国語軽視の念を起こさせるものはないであらう。生徒を、このやうな法則の確認に向はせるためには、文法学科は、最高の文法理論につながらねばならない。文法が整然として体系的であり、定義が理論的に厳密であるといふことは、文法学科に興味を持たせるについての最も大切な事である。多くの生徒が文法に興味を失ふやうになるのは、決して文法が規則づくめであるとか、法則の理解が困難であるとかのためではなく、事実はむしろ反対で、文法体系が、国語の事実を忠実に反映してゐないからである。理解の困難であるといふことには、これを克服する喜びがある。文法にはそれがない。文法教科書には、理論の厳正といふことは、何を措いても追求されなければならないことである。

(二)　文法用語の検討――教科書編纂の基礎事業の一として、現行教科書に用ゐられてゐる文法用語を集め、これを比較検討し、その相違を明かにし、その定義を確定することは、教授者のためにも極めて大切なことである。文法用語の概念規定は、勿論、それが基づく文法学説によつて相違して来るのは当然であるが、かうやつて用語を蒐集して見ると、如何にそれがまちまちであり、定義が曖昧であり、言語に対して、明確な観念を持ち合せてゐないかが知られる。ヨーロッパの文法教科書は、ギリシャ以来の論理学的文法の伝統を受け、今日では抜出すことの出来ない桎梏に喘いでゐる。明治以来の日本文法は、ヨーロッパの文法体系を必要以上に輸入し、今日既にそれが半ば伝統的に固定しようとしてゐる点から考へても、既成文法の用語は厳密に批判されねばならない。

(三)　教材の研究――なほ準備的な仕事の一として、文法教科書の背景ともなり肉ともなる言語それ自体についての深い、広い観察を積むことであつて、これと文法理論と相俟つて始めて完全な教科書が出来るのである。特に「文語篇」の組織においては、講読の材料と密接な連繋を保ち、文語文法は全く古文の読解のためのものとして、編輯されなければならないといふ我々の編輯上の建前から、昭和十七年春から秋にかけて約半年の間は、専ら国語読本の教材を対象にして、その解釈と、文法的操作とを如何にして一致させるかといふことに研究を集注した。和歌や俳句の如き文学的表現を、論理的表現に置き換へることなく、感動の表現を、文法的説明にそのまま移すにはどうしたならばよいかと云ふことを問題にしながら、一首一句を吟味検討し、異見百出、帰するところを知らぬ有様であつたが、我々はこの期間において、最も思出深い編輯の体験と、文法研究の興味とを体験した。そのために、教科書としての体裁は殆ど進行しなかつたが、この間に我々の頭の中では、既に教科書の体系が鮮明に整ふやうになつた。

追　記（昭和三十二年六月改訂に際して）

戦後において、私は、朝鮮で試みた文法教科書を土台にして、これに改訂を加へて検定教科書として世に出した。それは、昭和二十四年のことであつた。私の文法学説に基づく文法教科書が、一部の教壇で用ゐられるやうになつたのはこの時からである。この教科書の理論を支へるものとして、私は、岩波全書中に、「日本文法口語篇」を書いた。従来、殆ど定説のやうにして学校教育に用ゐられて来た、橋本進吉博士の「新文典」及びその系統を引く国定教科書「中等文法」に対して、この新しい文法教科書を世に送つたことは、その後、文法教育界に、種々な問題を捲き起こす種となつたことは事実である。その一つは、文法教育の目的についてである。私は、戦後においては、文法教育の目的について、朝鮮総督府の教科書時代とは、著しく異つた考へ方を打出してゐる。以前は、文法教育を、言語についての法則発見の学科とする考へ方が強かつたが、戦後においては、そのやうな文法学的意味において、文法を課するといふ考へ方を全部払拭して、文法は、国語教育の中心課題である講読、表現に役立つものとして課せられなければならないことを強調した。たとへ文法体系を教へる場合でも、それは、体系を教へることが主目的でなく、文章の理解や表現に、文法が活用されるために必要なことであるとした。文法教育を、このやうに位置づける為には、何よりも問題になることは、従来の文法教科書の体系の枠が、あれでよいかといふことで、岩波全書の「日本文法口語篇」で、私は、始めて、従来の語論、文論の外に、新しく文章論を加へた。これは、単に、従来の文法学の領域に、新しい一の領域を加へたといふ簡単なことでなく、文法学の対象に対する根本的な考へ方の変改を意味する。それは、原子論的考へ方から全体論的考へ方への転換である。今までは、文法学は、言語における究極不可分の単位としての語を求め、そのやうな語の結合として、文或は文章を説明しようとする。ところが、ここでは、言語における全体的なものとして、語、文、文章を設定し、それら全体が、全体としての統一体を形づくる所以を明かにしようとする。従来の文法学は、自然科学における物質構造論への類推において研究されて来たのであるが、ここにおいて、文法学は、絵画・音楽のやうな文化現象の研究と同様に、常に、統一体としての全体を問題にすべきこととなつたのである。

第二の問題は、学説の対立に基づく文法教育の混乱である。これは、現場教師諸氏にとつて、非常な負担であることは事実である。私にも重大な責任があることは自覚してゐる。しかし、言語過程説の文法論の妥当性を信ずる私としては、この学説が、多くの人たちに理解されて、国語教育に貢献する日の来ることを願つてゐるといふこと以上のことをいふことが出来ない。言語過程説の文法論は、私の独創説のやうに見えて、実は、日本の古い伝統的な学説であることが、私にこの学説を普及させようとすることに勇気づけて呉れるのである。幸に今日は、国定教科書によつて、学説を強ひられるといふ時代でなく、教師諸氏の公正な判断によつて、どの文法学説を採用するかは、全く自由にまかされてゐるのである。私に課せられた任務は、この学説が、一人でも多くの人に理解されるやうな道を拓くことである。

一四　戦中・戦後

(一)　国語上の諸問題の探索

昭和十九年の秋といへば、戦局もいよいよ逼迫し、十一月一日、敵飛行機の初空襲以来、東京は間断なき戦雲に覆はれることとなつた。東大出身の国語学専攻者も、或は召集され、或は勤労動員に附き添つて、静かに教育に従事したり、研究に没頭する余裕といふものは、殆ど与へられなくなつてしまつた。十八年五月、私の東京転任以来、依然として継続されて来た、毎月の東大国語研究室会も、次第に参会者が減るやうになり、たとへ開会しても、研究発表に渾身の力を傾けるといふことは、殆ど不可能に近くなつてしまつた。砲声をよそに経済学の講義を続けたといふ福沢翁の話や、日露戦争を知らずに研究室に閉籠つてゐたといふ学者達の話も、いざ我が身に体験するとなれば、そのやうなことが、果してあり得たことかと疑はしくもなつて来る。しかし、我々学徒に課せられた研究の使命は、一日もこれを放擲することは許されないといふ気持ちは、戦局の逼迫とともに、一層つのつて来るやうに感ぜられた。そこで、私は、研究室会の課題として、次のやうな題目を提出して、会員に呼びかけることとした。それは、「現代国語上の諸問題の探索」といふことで、左に会員諸君に配布した、右の題目の要領を記すことにする。

国語研究室会研究課題「現代国語上の諸問題の探索」の要領

一　貴重な古典籍を資料としたり、僻遠の地の方言訛語に接することが困難な場合でも、我々は、幸にして、日常卑近な言語生活に、無限の研究対象を求めることが出来るのであります。我々は、自己の生活状況や環境を考へて、絶えず、それに即応した研究方法をとり、一瞬でも国語に対する関心を捨てたくないと思ひます。

二　それならば、現代の国語を対象として、我々は何を研究すべきでありませうか。そこには、どういふ問題があり、どのやうな課題があるかといふことは、一応、これを国語学に説くところの研究部門や研究課題について見れば知ることが出来ます。それに従つて、研究を進めて行くといふことも、確かに必要な方法であります。しかしながら、国語学書に述べられてゐる研究部門や課題といふものは、それは、過去において探索され、与へられた課題であり、体系づけられた部門でありまして、未完成な国語学にとつては、更に将来多くの問題が考へられ、また研究領域も拡大されなければならない筈であります。それらの新しい問題や領域を発見するためには、一先づ既成の学問体系を離れて、白紙の態度を以て、国語そのものに直面し、そこから、種々な研究課題を求めて来る必要があります。時には今までの体系には所属させることが出来ないやうな種類の問題を見出すこともありませう。また、さういふ問題を吟味検討することによつて、国語学全体の体系に再吟味が必要とされて来る場合もありませう。ともかくも、国語に直面するといふことは、国語学を不断に更新させるための方法であり、国語学を建設するための第一階梯であります。この提案を、国語学上の諸問題とせず、国語上の諸問題とした理由はそこにあります。

三　国語上の諸問題とは、国語の主体的立場、即ち話したり、書いたり、聞いたり、読んだりする話手、聞手の立場において起こる一切の問題をいふのであります。これに対して、国語を観察したり、研究したりするのは、右のやうな国語の主体的立場、実践的立場を、更に反省し、客観的に眺める立場でありまして、今、我々は問題を国語の主体的立場に溯つて求めようとするのであります。国語教育や国語政策は、特定の理念と方法とが設定せられた国語実践の特殊の場合と考へられますから、そこに見出される諸問題は、これを、国語上の諸問題と同様に見なして差支へないのであります。

四 探索せられた諸問題については、更に、それらの問題の性質を吟味し、これに学問的説明を加へ、国語学の体系中に織込み、これを位置づけることによつて、国語学の内容を無限に進展させて行きたいと思ひます。また、それによつて、国語実践の完成へ、一歩を進めることも出来ると思ひます。

五 以下、国語上の問題と思はれるものの二、三を摘出して、探索に従事される場合の参考に供することとします。

(一) 国語を正しく記載したい。正しい字形、正しい字画とは、一体、何を基準としていはれるのであるか。正しい文字の用法は如何にすべきか。

(二) 正しい国語の発音、美しい国語の発音はどうすればよいか。

(三) 国語が混乱してゐるといはれる。さう感ぜられるのは、何に基づくのであらうか。また、これが矯正の方法は?

(四) 国語をもつと便利に、もつと正確に、もつと合理的に改める必要があるといはれる。国語が不便であり、不正確であり、不合理であるとされるのは、何によつてそのやうにいはれるのであるか。これを改めるには、国語をどのやうに実践したならばよいのであらうか。

(五) 「国語を尊重し愛護せよ」といふことが云はれる。どのやうに国語を実践することが、尊重し愛護することになるのであるか。

(以上)

この研究課題の提案は、国語研究室会に対する呼びかけのやうに見えて、実は、私自身の研究態度と方向とを、自ら規定したものであつたのである。思へば、この研究課題は、戦時中の便法の如く見えて、実は、国語研究法の最も根本的なものであることを失はない。私は、研究のそもそもの出発点を、国語学史に求め、国語学史の提供する研究課題の跡を追ひ、その到達点の上に、国語学の体系を築くことに努力して来た。それは、余りにも学史的であつた。今や、私は、研究室があつて、国語学が始められるのではなく、国語のあるところ、それが研究室であることを知るに至つた。我々の不幸な環境は、もつと自由に、もつと大胆に、我々の目に触れ、耳に聞く一切の言語事実を凝視し、それに沈潜して、そこから、国語研究の問題を摘出し、設定することを教へて呉れたのである。問題は、街頭にあり、車中にあり、劇場にあり、これを拾ふものの、ほしいままにまかされてゐることを知るやうになつた。

(二) 空襲日誌抄

昭和十九年秋には、東大文学部にも防護団が結成され、出隆教授が団長として、色々あつせんされ、文学部一階北側に宿直室が出来、我々も交替で、ここに宿直することになつた。

九月一日(金) 宿直室に廿日鼠現れ、ベット《ママ》の下に忍び込む。よつて、「鼠の賦」を作り、宿直日誌に記す。

鼠の賦

廿日鼠一匹、我床《ベット》の下に這ひ込み、小使の老人して、様々にたたき出せど、既にその影すらなし。この小さきもの、我が床《ベット》の下にうづくまりて、終夜、我が臍のあたりを窺ふかと思へば、安き心地もなし。

十月七日(土) 宿直。豪雨三日降り続きて、なほ止まず。昨夜も、雨の脚物すごき音を立てて、不安の眠をさます。天の怒りか、神の戒めか。実朝ならずとも祈らざるを得ず。

日の本は国こぞりての戦ひぞ八大龍王雨止め給へ

十月十四日(土) 宿直。昨夜は、六時半より今朝は五時半まで、十一時間を眠り通す。かうなれば、宿直も板についたものだ。小使氏云はく。

「先生がおやりにならなくとも、私は燈《あかり》を見廻らなければ、寝ませんよ」

「ああさうか。頼む、頼む」

敵機台湾を盲爆すること頻りの由、ラジオニュースあり。

十一月一日（水）午後一時、突如空襲警報発令さる（東京初空襲）。

十一月二十九日（水）笹月清美氏を囲んで、岩波「文学」の座談会に出席。夜更けて雨。十一時三十分、空襲警報。初の夜間空襲である。雨の中を防空壕に待避。陰惨そのものだ。

十二月に入つては、殆ど毎夜警報が出て、警報のない日は、不思議に感ぜられる程である。

　空襲もなくて布団のぬくみ哉

昭和二十年一月元旦（月）元旦は、空襲に明けた。空は快晴であつたが、東天は、戦火の名残で異様に赤い。

一月十一日（木）夜に入つて雪少々。夜間、空襲警報三回。

　冬の寒空に、敵機を捉へて林立する照空燈の美しさは、筆舌に尽しがたし。

　女房出でて見よ。この世には、またと見られぬ美しさなり。

と呼べば、女房出で来たり、感歎久しくして、

　本当に麻の葉のやうです。

と。よつて句あり。

　大空を麻の葉に織る照空燈

　敵機待てばオリオン星座天に在り

一月二十九日（月）明日は、栃木県の西小泉飛行機製作所に動員されてゐる学生の監督に出張する予定。橋本先生の御病気をお見舞ひし、約一時間雑談。

一月三十日（火）午前六時半、雷門駅出発。十二時二十分、西小泉到着。工場見学。夜九時頃、橋本先生御逝去の電

報をいただく。昨日のことを想ひ、夢のやうである。明日帰京のこととする。

二月六日（火）

　富士山を讃ふ

敵機は、富士山を目標にして本土に来襲するとて、詩人は痛憤し、いつかは霊峰の憤激して驕敵を撃摧することあるべきを歌ふ。然れども富士山は日本の霊峰なり。日本人は久しく富士の心を忘れゐたるか。今にして真の富士の姿を思ふべきなり。

　富士山が敵機招くと腹を立て

　依怙ひいきなしで富士山眺めてる

　富士山も行司しながらはらはらし

この句、麻生教授の御覧に入れたところ、古川柳の面影ありと、称讃された。その頃の駄句二、三。

　編隊の来さうな日なりうららかさ

　　註　B二九重爆撃機の編隊。一回の空襲に百乃至五百機が出動す。後には曇天雨天の別なく来襲す。

　よそに行く敵機に胸をなでおろし

　爆撃もすんだ、お茶でも立てて見る

　　註　抹茶は、物資欠乏の後も売られてゐて、ビタミン源として甘味なしで愛飲されてゐた。

四月十四日（土）　払暁、帝都東北一円に大空襲あり。我が家も罹災す。

四月十八日（水）　昨夜は、家族三人、大学研究室に宿泊、夜中、三時出発、五時上野駅始発にて、軽井沢に向ふ。空襲の東京を脱出してほつとする。

　家焼かれ、稚児むづかりてその母もせむすべなしに涙ぬぐひぬ

たどりつく浅間の麓鶯の鳴く音を聞けば夢心地する

(三) 戦後の講義再開

時局に関する重大放送があるであらう、そして、陛下自らマイクの前に立たれるであらうといふやうな噂を耳にしたのは、八月十四日の日であつた。「日本の皆様」と題する、日本政府より連合国政府へ宛てた通告文のプリントが、アメリカの重爆撃機からばら撒かれて、戦争も漸く大詰めに来た感を抱いたのであるが、重大放送が何であるかについては、戦争終結か、本土玉砕か、半信半疑であつたが、艦載機来襲の空襲警報に明けた翌十五日、「正午、安田講堂に参集するやうに」との大学本部よりの通達で、教職員一同講堂に集つた。そこで、「君が代」の奏楽に続いて、陛下のお声による戦争終結の詔書の放送を聞いた。講堂のそこ、ここに、すすり泣きの声が聞えた。私も胸の痛む気持ちで、これを拝聴した。放送が終つて、一同、何事も無かつたかのやうに、極めて静粛に解散した。

み戦を収めむと宣らす大君のみ声賜はり胸はたぎるも

講堂を出て、始めて我に返つて、空を仰いで、久し振りに深い深い呼吸をした。もうあの無気味な警報や、飛行機の爆音や、高射砲の音も聞かなくていいやうになつたのだと思つた。

十月に入つて、講義が再開されることになつた。十九年の暮に、東京の空襲が漸く頻繁になるに従つて、大学は、全く開店休業の状態を続けて来たので、講義再開は、何か心のひき締まる思ひであつた。特に私としては、十八年の五月に東京大学に転任して来て、出陣学徒の為に、数回の講義をして来ただけであつたので、いはば、転任後の初講義と云つてもよい訳であつた。私のノートに記して置いた「開講の辞」は、凡そ次のやうなものであつた。

実は今日は、日本の敗戦以来、といふよりも平和の日を迎へてから、最初の講義の日に当るといふ意味で、何か感想めいたことを、一くさりお話しようと思つた。戦後の国語学、戦後の学問の行くべき方向、学問の再出発に際しての私の覚悟のほどなどを諸君の前に披瀝し、併せて諸君の一大奮起を促さうなどと考へてもみた。しかしよく考へて見ると、さういふ気持ちに駆立てられたのは、戦争終結に際しての一種の興奮に過ぎないことを発見した。それどころか、日本が一大転換をなした八月十五日以来の新聞紙などの論調に見る急激な転向、おびただしい自己批判と将来に対する計画を見せつけられて、何か嫌悪の感さへ涌いて来た。諸君も、恐らく消化し切れない程多量の日本の将来に対する責任といふやうなものを聞かされたに違ひない。私の最初の計画である感想一くさりなどといふことも、一種の芝居に過ぎないものと考へられて来た。満員電車が終点に着いて、また、お客を満載して引き返へすのではやり切れない。

回れ右、また駈足か。煙草にしよ。

諸君にとつても、私にとつても、今一番必要なものは休息である。出来るならば、二三ヶ月でも、半年でも、草の上に寝ころがつて、充分に日光に浴し、新しい空気を吸つて、白雲の去来でも眺めてゐたいものである。「我等は、この際何を為すべきか」といふ問に対して、明治神宮の鈴木宮司が、「日常のことを一所懸命にやらう」と答へられたことが新聞に載つてゐるのを見たが、まことに、意味深いことであると感じた。

戦争もすんだ、歯でもよく磨かう。

長いこと、我々は、とかく外界に気を奪はれ、またそのやうに強制されて、今日に至つた。ここで、久方ぶりで、我に返り、我が身辺を顧みる環境に置かれることとなつたのである。

その頃、大学は二学期制であつて、一講義が週二回四時間で、半ヶ年で完了することになつてゐた。ところで、私は、罹災後、家族を浅間山麓に移し、私自身は毎週一回下山して、三日或は四日間研究室に寝泊りしてゐたので、もし、この二学期制を忠実に実行しようとなると、週七日間全部を東京に止まらざるを得なくなる。これでは私自身の健康も、家族の運転も行かなくなる。そこで、週の中、一回の講義は、欠席講義と称して、学生諸君の自由研究にまかせるから、よろしくやつて呉れと、自分勝手に非常時措置をとることにしたが、この制度が学年制に復帰するまで（昭和二十二年四月）、何となく後暗い感じで、余りいい気持ちのものではなかつた。もちろん、毎週一回づつ、東京軽井沢間を往復するといふことは、窓から乗り降りしてゐた大混雑の時代であり、六時間を、足の置場もない満員の車内に体を支へてゐなければならないのであるから、これも大変な体力の消耗には違ひなかつたのであるが、私にとつては、ジーッとして考へるより他に仕方のない時間であつたのである。この車中は、講義の構想など考へるには、まことによい研究室であつた。周囲がどんなに押しあひへしあつても、私独りでゐるといふ気持ちを持ち続けるのに何の不都合もなかつた。

私は、新学年の開講に際して、大学の講義のありかたについて考へさせられた。それは、大学の教授といふものは、単なる研究者ではなく、学生を相手とする教育者としての任務を持つてゐるから、当然のことではあるが、ある意味においては、研究に従事するといふこと――それが単なる自己満足に終るのでないかぎり――それ自体、一つの教育的な仕事だと思つてゐる。学生に、学説を理解させ、研究意欲を起こさせることは、いふまでもなく一つの大きな教育に違ひない。自分の選ぶ研究課題にしても、それが学生にとつて、聴講に値する、是非聞かせたいと考へられて始めて、自分の研究課題として取上げる意義が出て来るので、ただ自分の趣味として取上げた問題を、強ひて学生に聴講させるといふのでは、学生にとつて甚だ迷惑なことであらう。だから、大学教授の研究課題といふものは、半ばは、学生の将来といふものを考へることによつて制約されると見てよいであらう。

昔の大学の先生方は、何か門外不出の種本が一冊あれば、それを講ずることによつて、大学教授としての責任が果せたと聞いてゐる。出版物の少い時代には、そのやうな珍しい書物についての知識を得るといふことは、それはそれで、充分意義があつたに違ひない。今の時代は、事情は自ら違つて来てゐる。学生は、もし資力と時間があれば、概説書程度の知識は、図書館や研究室で、充分吸収することが出来るのであるから、何も教室で、活字を再び文字に書き直しためにあくせくと苦労する必要はないのである。二、三年経てば、書物になつて出版されるかも分らない原稿を、ノートにとらせることは、如何にも心苦しい次第であるが、それより他に、講義の責を果す名案もないので、止むを得ず学生を速記者にしてしまつてゐるのであるが、いつも心にかかつてゐることである。それほど現代は、大学の講義といふものが、大学の講義としての独自性を失ひつつあるのである。それは、全く出版文化の恩恵であつて、それに対して、苦情をいふ筋合ひのものでは決してない。しかし、私たちは、選ばれた優秀な学生を身近に持つてゐるのであるが、それらの学生が、ただ図書館と研究室で、独学にもひとしい方法で、大学を卒業して行くといふのでは、いかにも淋しいことである。我々の周囲に結ばれた研究サークルを、もつと有効に活用する方法は無いものかと考へるのである。それには、大学の教室といふものを、大学の教室でなければ出来ないものに切替へて行くより他に方法がない。から考へて来ると、恐らく、いはゆる講義といふものは、次第に姿を消して行かなければならないものかも知れない。残るものは、教師と学生とを含めた一座の討論とか、意見の交換とから成る演習（ゼミナール）であらう。しかし、そのやうなことを考へたからとて、講義を全部そのやうな演習様式に切替へて行くといふことは、到底今の私の力には及ばないことである。新学年は、私にそんなことまで考へさせた。

一五　「国語学原論」より「同続篇」へ

昭和三十年六月刊行の「国語学原論続篇」に盛り込まれた内容は、殆ど全く、終戦後の東京大学における講義「国語概説」によつて醸成されたものである。この題目による講義は、昭和二十年から同二十七年まで、約七、八年続いた。講義の内容は、決して体系を持つたものでなく、いはば、漫談にもひとしいものであつたが、その中に、随時、探索された新しい問題を、織込んで行くといふやり方で、継続された。問題は、漫然と取上げられたのではあるが、その中に、一つの基本的方針とでもいふべきものがあつた。それは、研究対象となるべき国語の事実を、我々の身辺に、街頭に、生活の中に求めるといふことと、それらの国語の事実を、生活と社会との関連において考へて行くといふことであつた。このやうな問題の探索には、従来からの一定の方式があるわけではなく、全く文字通り、暗中摸索によつて、非秩序的に非体系的になされた。まして、「続篇」の体系が、最初から予定されてゐたわけでは全然ない。左に、終戦後の講義において、年毎に取上げられた内容の主要な事項を摘記すると次のやうになる。

昭和二十一年度　言語の役目（機能、効用）

国語問題の発生

国語教育と国語学

文と文章（国語教育の教材論として）

同　二十二年度　国語教育論
古典教育論

同　二十三年度　文論より文章論へ
言語の機能
文章の構造（冒頭、段落）
文体論

同　二十四年度　言語と文学との関係（文学教育論に関連して）
国語の歴史（言語生活の歴史として）

同　二十五年度　国語の歴史（同）

同　二十六年度　言語の社会性

同　二十七年度　言語過程説概説（二十一年度以降の講義のまとめとして）

昭和二十八年度以降は、講義題目も「国語学概論」として、言語過程説に基づく国語学の体系を整へることに努力した。「国語学原論続篇」は、この二十七・八年の整理の産物である。その整理にあたつて、発見した一つの大きな事実は、十六年刊行の「原論」の体系が、その根本的な理論である言語過程観を、少しも反映してゐないといふ事実であつた。原論の体系は、過程理論の展開の上に組織されたものでなく、全く従来の言語学国語学の体系の借用に過ぎないものであつた。換言すれば、「原論」は、その総論と各論の発展との間に、有機的な関連がないといふことであつた。これは、私の失考であるといふよりも、私の未熟な段階を示すものであつた。私は、敢へて、「原論」を改稿することなく、これをそのまま残しながら、別個に「続篇」を執筆することを企図した。

もし、私をして「続篇」の意義をいはせて貰ふならば、それは、「原論」における機能主義的言語理論（阪倉篤義氏によってそのやうに指摘された）を推し進めたものであり、言語を、我々の身近な問題として取上げることが出来る足場を提供したものとして、その結論的意義よりも、問題提示的な意義を持つものと考へたい。本書の一読者が、「続篇」を評して、ここに述べられてゐることは、すべて、言語の極めて平凡な事実であり、また説明であると評されたことは、これが深遠な学術書であると見られるよりも、私としては、むしろ大きな満足であつた。なぜならば、従来取上げられて来た国語学の諸問題は、学問的いかめしさを持つてゐたであらうが、それらは余りに我々の経験を超越した事実であつた。最も平凡な事実を、学問的に取上げ得る根拠を示し得たといふことは、本書の一つの誇と感じてもよいと思ふのである。

一六　批評の精神

戦後の社会状勢が立直つて来るに従つて、私の学説も、漸く学界の批評の対象とされるやうになつて、私自身、その論争に参加する機会も多くなり、従つて、また、学問上の批評のありかたといふことについても考へさせられるやうになつた。批評が、学問の進展に重要な役割を果すものであることは、一般に云はれてゐることで、私がここで喋々する必要もないことであるが、現時の学界で——他の学界のことは全く不案内である——批評といふことが、果して正当に行はれてゐるかといふことには大きな疑問がある。路上の喧嘩口論に類するやうなことが少なくないのではないかとも思ふ。批評の重要性といふことが認められてゐる割には、批評そのもののありかたについて論じたものを、殆ど見ない。或は、文学の畑の人たちに尋ねてもみれば、簡単に片づくことなのかも知れないが、他人のことは別として、私自身経験したことを、ここに述べるに止めて置かうと思ふ。

私が受ける批評といふものは、私が日頃考へてゐるやうな批評のありかたとは、程遠いものを感ずることが多い。私の学説を、余すところなく抉剔して、私が知らずして陥つた陥穽を示して、拠るべき道を教へて呉れるやうな批評は稀である。あるものは、私の理論を別の理論にすり替へて、その矛盾を指摘しようとする。あるものは、自分の持ち合はせの尺度で計つて、過不足をいふに過ぎない。

批評といふことについては、今まで、私は相当に考へて来たつもりである。私の学問の出発点は、批評といふことから始められたと云つてもよい位である。私の批評の一つの対象は、ヨーロッパの近代言語学の学説であり、他の一つは、日本の旧来の国語研究の理論である。わけても、日本の旧来の研究に対しては、明治以後の批評を不当なものとし、これを正当に評価するには、どうしたならばよいかを考へた。明治以後の学者が、旧来の研究を批評するには、常に一定の尺度が用意されてゐて、それによつて、公式的に裁断するといふ方法がとられた。その一定の尺度といふのは、近代言語学の水準であつて、その水準に合つたものは、価値ある研究とされ、それに合はないものは、非科学的として斥けられた。このやうな批評の方法を、私は正しくないとした。旧来の研究に対してとつた私の批評の態度は、旧来の研究のありのままの姿を、浮彫にして示すことであり、そこにこそ、批評の真の意義があるとした。これは、私の「国語学史」を手にされた読者の必ず認められたことであらう。例へば、明治以後の批評家は、旧来の国語研究が、文献学の手段としてなされたが故に、科学的研究の名に値しないとして、その価値を疑つた。私は、旧来の研究が、文献学の手段としてなされたものであるならば、それが、旧来の研究の実情なのであるから、その実情に即して、その位置づけを明かにすることが、過去の研究に対する正しい批評であるとした。大切なことは、そのやうな実情に置かれた研究が、そこから何を問題にし、また、それが正当に処理されたかを明かにすることである。ここに、私の「国語学史」の成立する地盤があつたのである。以上は、理論的に割出した、私の批評観であるといふよりは、もつと常識的な見解なのである。着物のよしあしの評価は、その着物がどのやうな体形に合はせたものであるか、またどのやうな生活に応ずるものであるかによつて判断されるべきもので、洋服の規格に合はないといふことだけで、和服の価値を決定することが無意味であるのと同じである。幼児を批評するのに、成人の発達段階を尺度としないで、幼児の標準発育度を以て律することの方が、より合理的であるとする常識論に過ぎないのである。この批評精神を、私は、今でも正しいと思つてゐる。その後、佐藤春夫氏の次のやうな批評観を読んで、私の考への誤つたものでないことを知つて、大いに意を強うした。佐藤氏は云ふ。批評家は、読者と同様に、著作家の著作を理解する義務があり、その点、批評家とても読者以上の何ものでもないとする。このやうにして、著者と批評家との間に、知的友情が成立し、それが、批評の根本使命であるとして、次のやうに云ふ。

理解を第一義とする自分の批評論は知的友情の交換を、批評の使命とするものであり、理解第一の批評精神たる知性の友情の発見が、批評をする事、批評を読んだ事など、すべての批評の喜びだと云ひたいのである。同一の対象を中心として、自他が知性の友情たる理解の手をつないで、問題の周囲に一環となるのは、正に一個の文明の創造に匹敵する事業である。これを思へば、単に対象の市価を上下するやうなケチな喜びをしか知らないで、批評に従事してゐるのは、非難すべきよりも、むしろかへつて憫れむべき事にしか過ぎないのであらう。(「近代日本文学の展望」の序章、十四頁)

そして、佐藤氏は、氏のいはゆる知性の芸術たる批評は、「文明の最高の象徴で、最高の文明国と最高の文明人との間で、はじめて発達するもの」で、「我が国に、まだ真の批評の無いのは是非もない」とするのであるが、我々は、逆に、佐藤氏のいはれるやうな批評精神を培ふことによつて、最高の文明国に相応しい学術の進展を期すべきだと考へるのである。

佐藤氏の批評に対する論は、批評に従事するものの心得を説いたものである。私の今置かれてゐる立場は、これとは反対に、批評を受けるものの立場である。批評をすることが、むづかしいと同様に、批評を正当に受けることが、如何にむづかしいものであるかを、屢々思ふのである。私の立場は、批評家に対して、佐藤氏の云はれるやうな知的友情を強要することですまされることではない。それよりも、正しい批評が生まれて来るやうな道を開くことが先決問題である。正当な批評が生まれない理由は、多分に私の側にもあることを認めなければならない。それは、私の理論の記述に、批評家の近づく道を妨げてゐる多くの欠陥があるといふことが一つ。本書のやうなものを書くことも、それらの欠陥を取り除くことに役立つであらう。また、私の理論が、どこまでも私の理論として語られてゐて、私から完全に突き離されてゐないといふことも、その一つである。それには、私自身が、私の学説の批評家となることが必要である。それには、私の学説を批判する別の「私」、私の学説を冷酷なまでに追ひつめ、それと妥協しない「私」、私の学説を乗り越えて行く「私」、そのやうな私を分立させて行かなければならないと考へてゐる。それが、批評を受けるものの批評精神であらう。

一七　学者は自殺しない——ある酒場での会話——

A　確かに君がいふやうに、学者で自殺した人といふのを聞かないね。透谷、龍之介、太宰と数へて来ると、自殺してゐるのは、皆文学者や創作家だ。漱石だつて、半ば気が狂つてゐる面もある。学者が自殺しないといふには、何か大きな理由があるのかな。

B　学問といふものは、傍《はた》から見てゐるよりは、ある意味で頗るのんきな世界なんだ。小説家や創作家といふやうな人たちは、皆大なり小なり、人生との対決に迫られてゐる。体当りで人生にぶつかつて行く。だから人生との勝負といふことが必然的に起こつて来る。八百長やごまかしでない限り、勝負は真剣勝負だからこはい。ところが、学者は、人生に直面しないでもすんで行く。

A　しかし、学者だつて、思想の枯渇といふことや、どうにもならない行きづまりといふことがあるのぢやないか。

B　そこがうまく出来てゐるんだ。ある男が、僕にこんなことを教へて呉れたことがある。スランプの時には、面倒なことを考へずに、文献書目を作るとか、カードをとるとか、抜き書きをやるとか、そんなやうな仕事をやれといふのだ。さうすると、仕事の結果が目に見えて現れて来て、自分でも満足感が起こり、仕事に没頭する楽しさが涌いて来る。研究三昧といはうか。研究の醍醐味といはうか。つまり学者として一段と成長したやうな感じがして来るといふのだ。僕も屢々それを実行してみるが、確かに名案だと思つた。

A　自殺などしてゐられないといふ訳だね。

B　学者が、のんきでゐられるもう一つの理由がある。それは、学問の世界といふものは、素人にはうかがひ知ることが出来ないやうな、いはば治外法権的世界だ。また、さういふやうな秘密王国を築かうとするのが学者だ。

A　なるほど、さういへば、そんなふしも感じられるね。しかし、我々素人から見れば、そんなところに学問に対する魅力が感ぜられるのかも知れない。

B　その実、中身は、案外貧弱だつたり、空虚だつたりすることがあるが、そこまで、のぞき込む人間がゐないとすれば、こんなのんきな世界は、またとあるまい。学問の中同志だつて同じことがいへる。少し専門領域が違ふと、もう分らなくなる。立入禁止だ。今日のやうに専門が分化して来ると、それが一層甚しくなるが、自分の城廓を守るにはもつてこいだ。

A　我々素人から見て、何と云つても学者先生に近寄り難い大きな障壁は、学者先生が、ぼうだいな知識を蓄へてゐることだ。これはどうだと、我々の知らないことを持出されると、ギャフンと一遍に参つてしまふから仕方がない。

B　そりやさうだらう。何でも知つてゐるといふことが、今までの学者の通念だから……。僕も少しは物識りになつて、学者の仲間入りをしたいと思つてゐるんだが、スタートが悪かつたせいか、なかなか縒《より》が戻せない。

A　君は、口ではさう云つてゐるが、腹の中では物識りを軽蔑してゐる。君の考へてゐる学者といふのは、一体どういふものなんだ。

B　別に物識りを軽蔑してゐるわけではない。沢山のことを知らうとする欲望を持つことは、学者が自殺せずに、安心立命に至る道だと思つてゐる。かうやつて飲んでゐる酒と同じだ。酒ぢや結局、安心立命は得られないと充分承知してゐるんだが、やはり自分をはぐらかすには便利なものだ。

A　酒と同じ功徳か。さうすると、君は、どんな学問によつて本当の安心立命が、得られると思つてゐるのか。

B　物を識らうとすることは、一応それによつて安心立命が得られることは事実だ。物を識ることは、外界の獲得だ。そこには、それ相当の喜びがあるに違ひない。外界の獲得は、外界を独専するところまで行かないと、をさまらない。時には先取権が問題になる。それが昂じて来ると、排他的になり、独専的になり、秘密主義になる。

A　学者になるには、すさまじい生活力を必要とするといふことだね。

B　だがね。それは、実は、安心立命とは程遠いものぢやないか。第一、学問と安心立命とは全く矛盾した概念だよ。学問は、信仰とは別なんだ。それを考へることは恐ろしく淋しいことだが、それが学者の宿命だから仕方がない。

A　しかし、君がやつてゐることを見てゐると、第一、言語過程説とかいふ信仰の上にデンと胡坐《あぐら》をかいて、すべて計画的に楽しく仕事が遂行されて行くやうに見える。すべての論文が、はめ込まれるところに、皆ちやんと納まつて行くが、僕から見ると、安心立命の境地としか受取れないね。

B　冗談いつちやいけない。僕は、何も初めから、皿を用意して、それに按排よく御馳走を盛り合はせるやうなことばかりをやつて来た訳ではない。論文なんてものは、何遍も入れ替へたり、書き直したりして、最後に出来上つたものだけをお目にかけるから、さう思はれても仕方がないが、実際は、ああでもない、からでもないと云つたことの連続なんだ。

A　僕は、出来上つた御馳走だけを食べさせられてゐるから、さう思ふのかな。

B　本当のところは、僕は、もつと調理場の乱雑なところを見て貰ひたいし、見せなければいけないと思つてゐる。それが、本当の学問だと思つてゐる。ところが人間といふ奴は、やつぱり見栄坊だから、途中の失敗談や試行錯誤は、見せたがらない。調理場の内幕は、お客さんには見せたくないものね。

A　君の学問の真髄が少し分りかけて来たやうな気がする。しかし、そんな風に調理場で、材料をひねくり廻して、ああでもないからでもないとやつてゐたら、結局御馳走が出来なくなつて、匙《さじ》―ぢやない、庖丁を投げ出すことになるのぢやないか。

B　出来なくなるかも知れないさ。しかし、それが学問の真骨頂だと思へば、そこに、また、安心立命があるといふものぢやないか。学者は、なかなか自殺しないよ。

A　ところで、もう一つ聞くがね。君のやつてゐることを見てゐると、結論が先に出てゐて、事実が、あとを追ひかけて行つてゐるように見える。事実を出来るだけ集めて、そこから結論を帰納して行くこの頃の実証主義者の逆を行つてゐるやうな気がする。

B　あれは結論ぢやない。スペキュレーション（あてこみ、見込み）なんだ。学問の至極の妙味は、スペキュレーションにあると、僕は思つてゐる。事実を山ほど集めて、そこから素晴しい結論が出るだらうなんて期待するのは、学問の邪道さ。

A　酒がものを云つてゐるのでなければ、僕のやうな不精な人間には耳よりな話だ。なるほど、さういへば、西洋ぢや、相場の思惑も、学者の思索も、スペキュレーションといふね。大学者が大相場師と同じとは面白い。

B　そりやさうだ。地球が円いと考へた最初の人間は、やつぱり大変な思惑師だよ。最初の見込みさへ確実なら、事実は必ずあとからくつついて来るものさ。思惑をやる人間が不精なのぢやなくて、資料の上に安心して寝そべつてゐる人間の方が余程のんきだし、不精だよ。

A　確かにさうだ。資料にすがつて安心してゐれば、先づ、自殺に追ひ込まれることはなささうだが、君のやうに当て込んで置いて、もしそれが外れたら、夜逃げをするか、首でもくくるより外に仕様がなくなるのぢやないか。

B　学問がスペキュレーションである以上、その危険は、相場と同様に、免れない運命だ。しかし、それなればこそ、学問にもスリルが涌いて来るわけさ。スリルの無い学問なんて、考へただけでも、気が滅入つて来る。常夜の闇みたいなものだ。スリルを楽しまうとする限り、学者はなかなか自殺しないよ。大分、酩酊放談した。そろそろ、御輿をあげようか。

Ⅱ 現代の国語学

はしがき

現代の国語学については、嘗て、「国語学史」（昭和十五年、岩波書店刊）の中で、第五期として、その素描を試みたことがある。それとは別に、「国語学原論」（昭和十六年、岩波書店刊）「同続篇」（同三十年、同書店刊）において、私の抱く言語観即ち言語過程説に基づく国語学の別個の体系を組織することを試みて来た。本書は、右の言語過程説の体系を、現代の国語学の中に位置づけるために、第一部において、明治以後の国語学の概観を試み、第二部において、言語過程説に基づく国語学の輪廓を述べようとした。両者は、それぞれ、別個の独立した記述のやうに見られるが、もし、読者が、この両者を合せて、言語過程説の体系が、明治以後の国語学の中で、何故に成立し、どのやうに交渉し、どのやうに位置づけられるかを理解されるならば、それは、正しく著者の本望といふべきである。

もし、これを、各個別々に見るならば、第一部の「近代言語学と国語学」は、「国語学史」の現代の部の史的叙述を、立体的な鳥瞰図に改め、現代国語学の展望をなすものであり、第二部の「言語過程説に基づく国語学」は、過程説理論への入門的記述として、ともに、国語学の初心者への啓蒙を意図しようとするのである。

本書の内容は、標題の示すやうに、「現代の国語学」の概説であつて、「現代の国語」の概説ではない。この両者は、本来、別のものであるべき筈であるが、一般には、必ずしも明確には区別されてゐないやうである。「国語学概説」の題目で、「国語についての概説」がなされる場合が多いのである。現代の国語を概説するには、国語の何について概説するかといふことが問題になつて、その記述の方式や枠が必要になるのであるが、その方式や枠を規定するものは、現代の国語学の体系である。国語の概説の前に、国語学の概説が必要とされる所以である。現代の国語学の概説といふことになると、この学問的体系を支へてゐる地盤が何であるかといふことが、重要な問題になつて来る。それは、一つの学問論として考究されなければならない。現代の国語学を成立させてゐるものは、国語の諸現象に対する沈潜凝視の態度であるよりも、より多く、ヨーロッパ近代言語学の、この国への移植に対する熱意である。従つて、現代の国語学を規定する第一のものは、近代言語学の方法と課題である。第一部の「近代言語学と国語学」といふ主題が設けられた所以である。第二部の「言語過程説に基づく国語学」は、近代言語学の方法に対する批判から出発し、全く別個の言語説に基づいて国語学を組織しようとしたもので、第一部に対しては、全く異質的なものとして対立してゐる。この氷と炭と、水と油との相容れないものが、どのやうに融合して渾然たる国語学の体系を形作つて行くかは、今後に残された国語学の課題である。私は、今、性急にこの両者をつきまぜることをせず、それぞれの性格と特質とを、別個に記述することに努めた。

私が本書に「現代」と云つたのは、大体、明治以後、今日に至る期間の国語研究を指す。この期間の国語学は、研究の理念において、また、その性格において、明かに明治以前のそれと相違し、それだけで、一つのまとまりをなしてゐて、これを、「現代の国語学」と呼ぶに相応しい性格を持つてゐる。

私は、一方に、「現代の国語」について記述する希望を持つてゐる。しかし、それは、何時のことか分らない。そのためにも、「現代の国語学」を整理して置く必要を感ずるのである。

追　記

本書の構想について考へるやうになつたのは、昭和二十七年の秋の頃であつて、最初は、「国語学概論」の題名で、言語過程説の理論によつて貫く、国語学の体系を記述することを計画した。ところが、それでは、余りに偏つた知識を読者に強ひることになることを懸念し、かつ、当時、「国語学原論」の続篇を執筆中であつたので、私の体系は、同書の正・続篇に譲るのが適当であると考へるやうになつた。かたがた、私の理論が、正しく理解されるためには、これを、明治以来の国語学全体の中に位置づけて、それとの連関において理解されることが必要であると考へ、題名も、「現代の国語学」と改めることとし、この「はしがき」にあるやうな組織と内容とを構想するやうになつた。もし、それが、計画通りに遂行されたならば、現代国語学の網羅的な知識と、広い視野とを、読者に提供することが出来る筈であつたのであるが、私の執筆態度と方針とは、稿を進めるに従つて、三転して、ここに見るやうな内容のものとなつた。そのことは、本書の「あとがき」に述べて置いたので、読者は、この「はしがき」とあはせて読まれることを希望する。

（昭和三十一年——一九五六——八月二十八日）

第一部　近代言語学と国語学

第一章　総　説

第一節　国語学とはどのやうな学問であるか

「はしがき」に述べたやうに、第一部は、近代言語学に基づく国語学の体系を明かにすることが目的である。従つて、それは、根本より末端に至るまで、種々の点において、第二部に述べようとする、言語過程説に基づく国語学の体系と相違する点があることを、豫め、念頭に置く必要がある。最初に、国語学といふ学問の概念規定であるが、国語学は、国語を対象とする科学的研究であり、その体系である。国語といふ名称は、一般に、自国の言語を指す名称であるが、ここでは、我々の自国語である日本語を意味するのであるから、従つて、国語学は、日本語を対象とする学問であると云ひ替へることが出来る。

それならば、国語学の対象とする日本語とは何であるかを明かにする必要がある。これは、一つの学問の対象規定に関することである。国語即ち日本語とは何であるかの問ひに対しては、一般に、次のやうな答へが与へられてゐる。

　国語学の対象は、その範囲が、国家の版図、政治上の区劃を前提として決定される（安藤正次「国語学通考二」）。

右は、国語の「国」の意味を重視した見解であつて、右のやうな見解に従ふならば、日本の版図を越えて語られる北米合衆国の日系米人の日本語の如きは、日本語とはいふことが出来ても、国語学の対象とはいふことが出来なくなる。日本語は普通、日本の言語であると考へられてゐるが、日本の範囲内に於てさへ日本語以外の言語が行はれてゐる。即ち北海道のアイヌ人はアイヌ語を用ゐてゐるが、これは日本語とは全く違つた言語である。さすれば日本語は即ち日本の言語であるといふのは不正確であるといはなければならない。それでは、どうして日本語と日本語以外の言語とを区別すべきかといふに、日本の領土内にあつても日本語以外の言語を用ゐてゐる人々は、古くから日本本土に住つてゐる日本民族とは別の集団をなして生活し、言語ばかりでなく、風俗習慣や信仰を異にし、別の歴史を有する違つた民族である。これ等の諸民族の用ゐる言語に対して、日本民族の用ゐる言語が日本語であつて、日本民族自身の言語としては日本語の外に無いのであるから、日本語は即ち日本民族の言語であると解すべきである（橋本進吉「国語学概論」一二）。

また、

われらの国語と認むるものは、日本国民の中堅たる大和民族の思想発表の要具として、又思想交通の要具として、現に使用しつゝあり、又使用し来れる言語をさす（山田孝雄「国語学史」二―三）。

右の規定は、国語或は日本語を、それが語られる土地を以て規定する代りに、それを語る民族を以て規定したものである。この規定に従つた場合、日本民族以外の民族、例へば、漢民族やアングロサキソン民族によつて語られる日本語は、国語学の対象から除外されるのであるかといふ疑問が生ずるのであるが、その場合の日本語は本来、日本民族の所有する言語を借用したのであるから、当然、国語学の対象の中に包摂されると考へられるのである。

以上のやうな対象規定に対して、言語過程説が、対象をどのやうに規定するかは、第二部第一章第一節に述べることとする。

第二節　明治以後における国語学の成立事情

国語についての研究は、特に明治以後に始まつたものではなく、既に、平安末期から、断片的に行はれ、特に近世に入つては、国学者の手によつて、ある部面については、かなり詳細な研究が行はれるやうになつたのであるが、一科の学として、体系的に組織されるやうになつたのは、明治以後、ヨーロッパの近代言語学の輸入以後である。一つの学問的研究が行はれるやうになるのは、常にそれを促す何らかの理由なり、要請なりがあるのは当然で、明治以前においては、それは、古典の研究或は歌文の制作といふことであつた。従つて、そのやうな国語学の研究対象も、自然、上代中古の、それも散文よりは和歌に重点が置かれてゐた。明治以後の国語研究は、事情が非常に異なり、それを促したものの一つは、幕末より明治へかけて、社会的国家的問題として取上げられた国語国字を改廃しようとする、いはゆる国語国字問題である。それは、日本が、幕末から、オランダ、後には米英独仏等の言語や文化に接した結果、日本の文明開化の立遅れを取返すには、何よりも言語文字を改革することが先決問題であるとして、それが、日本語廃止論、漢字廃止論、漢字節減論、仮名専用論、ローマ字論、仮名遣改定論、などとなつて朝野の議論を、沸騰させた。一方、文壇の人たちも、外国文学の文体に接した結果、従来の漢文直訳体、或は戯作者風の文体では、到底、新時代の思想感情を表現することが出来ないとして、それが、文体改革、言文一致論として、論議されるやうになつた。これらの言語文字の問題を解決する為には、何よりも、欧米先進国の言語に関する学問を輸入し、これを研究する必要があることが、早くから識者によつて唱へられてゐた。国語国字問題のためでなくとも、当時百般の文物は範を外国に仰ぐといふ意欲が盛んであつたから、先進国の持つ文化財の一つとしても、これを輸入することが考へられたに違ひない。かくて、それらの使命を帯びて、明治二十三年、上田万年は、留学生としてヨーロッパに派遣され、主として、当時、言語学の中心地であつたドイツにおいて、言語学を研究し、二十七年に帰朝した。言語学が日本に輸入されたのは、上田万年の留学以前からのことで、チャンバースの百科全書中の言語に関する項が、大槻文彦によつて翻訳されたり、東京大学に博言学科（明治三十二年、言語学科と改める）が設けられたりしたのであるが、上田万年帰朝後は、博言学の講座を担任し、国語研究室を創設して、ヨーロッパ言語学を基礎として、新しい国語学を建設すると同時に、国語国字問題の解決の為に努力した。このやうに、当時の言語学は、言語文字の研究の規範と考へられたと同時に、国語国字の実際問題を解決するにも、有力な理論として、その後の国語国字政策の動向を支配するやうになつた。

明治以後の国語学の成立事情は、以上のやうであるから、現代の国語学がどのやうなものであるかを知る為には、その基礎となり、また、それに大きな影響を及ぼした近代ヨーロッパ言語学の性格の大体を知ることが必要である。そのことは、また、明治以後の国語国字改革論を、正しく批判するためにも必要なことである。

第三節　国語学の部門

国語学を、どのやうに展開させるかといふことについては、二つの観点がある。その一つは、対象に対する認識の方法によるものであり、他は、対象そのものの分析によるものである。認識の方法による部門別について、安藤正次は、

国語の研究には、事実の認識、進化の考察、本質の探求、この三つが、他の科学の場合におけると同じやうに、その使命を果すに欠くべからざる要素となつてゐる（「国語学通考」二八）。

とし、右の方法に応じて、

(一)　記述国語学
(二)　史的国語学

㈢　一般国語学

の三部門があるとした。橋本進吉は、㈠㈡の部門を、言語の二面即ち静態と動態との別に基づくものとした（「国語学概論」三一）。これは、ソシュール言語学の理論を借用したものである。

国語の、研究法による分類には、なほ、その他に、

㈠　歴史的研究
㈡　比較的研究
㈢　一般的研究

を、区別するものがある（小林好日「国語学概論」六）。㈠の歴史的研究は、日本語が、記紀時代より、奈良平安鎌倉室町江戸を経て、如何に変遷して今日の状態に至つたかを明かにしようとするもので、グリム以後、大成された近代言語学における歴史的研究を継承しようとするものである。㈡の比較的研究は、国語の祖語、及びその祖語から分派して来た状態を明かにしようとするもので、そこには、もはや拠るべき資料を持たないのであるから、現在の諸言語の比較研究によらなければならない。この研究も、また、印欧比較言語学の成果を、国語の上に適用しようとするものである。㈢の一般的研究は、言語の哲学的研究とも呼ばれたもので、言語についての本質的な問題を、追究しようとするのである。

以上のやうな国語学の部門は、対象の事実に着目することによつて、更に細かい部門に別れる。安藤正次に従へば、国語の言語的事実の認識、認識されたる事実の記述は、その範囲が全体的でも部分的でもあり得る。音韻論的、語彙的、語法的、文章論的といふやうにこれを分けることも出来る。さういふ部分的の考察も可能であるが、その部分的の事実は部分それ自身としての存在を有するものでなく、全体を構成する要素として、全体に依存してゐるものであることを注意しなければならぬ（「国語学通考」三一）。

また、小林好日は、

言語といふものは二つの方面がある。音とさうして意味である。一は言語の外形的方面であり、一は言語の内容的方面である（「国語学概論」一三）。

文字は、言語を目で見る形で表したものである（同上書二八）。

とし、橋本進吉は、国語学における問題の設定は、対象に対する観察に基づくものとし、次のやうな三つの観点を挙げてゐる（「国語学概論」一四）。

㈠　国語の多様性から

㈡　言語の構成から

㈢　言語の二面性から

㈠の多様性の観点から、国語、文語の別、国語の中に、方言、標準語の別、性や職業の別に基づく特殊語等が挙げられ、文語の中に、口語体の文語と、文章語体の文語、普通文、書簡文（候文）等が挙げられ、日本語の中に、幾つの違った言語が区別され、それが、如何なる範囲に、如何なる場合に用ゐられ、それらの特質がどこにあるか等のことが研究の課題とされる。㈡の構成の観点から、言語の構成要素として、音声と意味とが取上げられる。音声において、更に文節、音節、単音等が挙げられ、それらが、どのやうにして言語を構成するかの問題がある。次に、意味から見た場合、文、文を構成する最小単位である単語、それらの構成法である文法が問題になる。㈢の二面性から、記述的研究と史的研究が挙げられることは既に述べた。

以上のやうな国語学の問題設定の根底には、言語は、個人個人を超越して存在する実体的なものであり、人間が思想を交換する為に用ゐる要具であり、それは、種々な要素の構成から出来上つたものであるとする考へが、殆ど、自明のことゝして考へられてゐる。このやうな言語に対する考へ方を、第二部で述べる言語過程説に対して、言語構成説と呼ぶことにする。このやうな考へ方は、ヨーロッパ近代言語学のそれを継承したものであることは、いふまでもない。

第二章　近代ヨーロッパ言語学の性格と国語学の課題

第一節　近代ヨーロッパ言語学の性格

(一) 言語学略史

明治以後の近代国語学は、決して、それ自身の中に成立の根拠や課題を持つて生まれて来たものではない。その点、近世の国学における国語研究と著しく相違する。国学における国語研究は、国学の目的を実現する手段として、必然性を持つて生まれて来た。明治以後の国語学は、全く近代ヨーロッパ言語学を継承したもので、言語の研究といふことを、ただ、さういふものとして、言語学に示されたものを、その方法において、その課題において、忠実に取入れたものに過ぎない。成立の地盤も思想的背景も異なる学問を、それらの地盤や背景を顧慮することなく、ただ、学問の普遍性を信じて、この国に移植しようとしたものである。そこには、対象に取組むたくましさが見られず、移植したもののひ弱さを免かれることが出来なかつた。そこで、近代国語学を理解し、批判するには、どうしても、その地盤になつた、近代ヨーロッパ言語学の成立の事情と、その性格を知ることが必要になつて来るのである。

近代言語学は、十八世紀の後半（一七九六）に、印度古代の言語であるサンスクリット（梵語）が、英国の東洋学者ウイリヤム・ジョーンズによつて、ヨーロッパの学界に紹介された時に始まるとされてゐる。ジョーンズの報告の内容は、それ以後のヨーロッパの言語学の方向と性格とを決定的にしたものと云つてよい。報告の内容とされてゐることの一は、サンスクリットが、従来ヨーロッパにおいて、古典的言語として規範視されてゐたラテン語或はギリシヤ語よりも、更に豊富で、精巧な言語であるといふこと、その二は、サンスクリットとヨーロッパ諸言語との間には、偶然とは思はれない類似点が見出せること、その三は、これら諸言語は、今日では失はれてしまつた一つの共通祖語から分派したものであらうといふこと、の三点である。第一は、言語に対する価値観の転換を意味し、古典主義的規範を斥けようとする当代ローマン主義の思想と揆を一にするものである。第二第三は、言語を歴史的推移の相において把へようとする史的言語学を示唆したもので、以後、永く、言語学が史的言語学として発展する基がここにある。

ジョーンズ以後の言語学の発達については、言語学史に属することであるから、ここには、極く概略を述べるに止めて置く。

シユレーゲル Friedrich von Schlegel（1772-1829）の「印度人の言語と知性について」（一八〇八）の第一章言語篇は、言語の系譜関係に対する文法的構造の意義を述べて、この方面の研究を喚起するに有力な貢献をした。

ボツプ Franz Bopp（1791-1867）の「梵語の動詞の活用組織について」（一八一六）は、文法的構造を、言語比較の根底に置いて、梵語とギリシヤ語、ラテン語、ペルシヤ語、ゲルマン語等を比較研究したものである。

シユライハー August Schleicher（1821-1868）の「言語の比較研究」（一八四八）、「印欧比較文法学の要摘」（一八七六第四版）は、比較文法学の基礎を確立したもので、言語学は、自然科学と最も密接な関係にあることを述べてゐる。シユライハーは、文法的構造から、言語を孤立語、添加語（或は膠着語、漆着語とも）、屈折語に分類することを試み、また、言語の発達変遷を、有機体になぞらへ、その発達崩壊の時代を考へた。また、印欧言語が起源的な共通祖語から分派した状況を、樹幹図に表はして、その発達変遷の有様を図示した。印欧諸言語の共通祖語を再建することが、言語学の重要な課題とされた。

以上は、ジョーンズによつて示唆された印度、ヨーロッパ諸言語間の系譜関係を実証しようとしたものである。系譜関係の実証といふことを、印度ヨーロッパ諸言語間においてでなく、限定されたゲルマン語に試みた研究が現れた。前者を比較言語学といふのに対して、これを史的言語学といふ。言語を歴史的変遷の相において把へようとする根本的傾向において共通したものを持つてゐる。このやうな研究が、ヨーロッパにおいて発達した理由は、ヨーロッパ諸言語間に著しい類縁性があるといふ言語的事実に基づくものである。

ラスク Rasmus Kristian Rask（1787-1832）の「古代北欧語即ちイスランド語の起源に関する研究」（一八一八）は、語の親族関係（系譜関係）は、語彙よりも、文法上の合致が、より信頼すべき標識であること、言語の親族関係を明かにするには音韻推移の法則を明かにする必要があることが述べられた。

グリム Jacob Grimm（1785-1863）の「ドイツ文法」（第一巻一八一九刊）は、同系統の諸言語間に存する歴史的関係の追究を、ゲルマン諸言語について試みたもので、その音韻推移の法別は、一般にグリムの法則として、我が国にも早く紹介された。音韻推移の法則が明かにされることによつて語原研究は、著しく科学的になつて来た。

以上のやうな言語学の発展においては、言語は、それ自体で成長し、崩壊して行く有機体と同様に考へられて来たが、次第に、言語が、人間を離れては存在せず、その形成、発達を制約する要因が、言語に働きかける心理作用にあることが明かにされるやうになつた。ここに、言語学と心理学との提携が生まれたのである。

パウル Hermann Paul（1846-1921）の「言語史の原理」（一八八〇）は、言語史の要因として、類推作用、或は表現における精力の節約等を説いて、言語における心理作用の優位を説いた。パウルの学説は、上田万年によつて将来されて以後、国語史研究の一つの大きな拠所となつた。新村出は、「パウルを日本の言語学界に咀嚼せしめた点だけでも、指導者上田氏の功績は忘れてはならないと思ふ」と述懐してゐる（日本言語学私観）。

昭和になつて紹介されたフランコ・スイス学派のソシュール以下の学説は、項を改めて述べることとして、次に、上述の近代言語学の性格を概括して置かうと思ふ。

〇言語学史参考書

言語　その本質的発達及び起源　イエスペルセン原著　市河三喜・神保格共訳
昭和二年、同二十九年再版　第一篇「言語学の歴史」

言語学原論　ソシユール原著　小林英夫訳
同三年、巻首に言語学の略史がある。同十五年改訂

生活表現の言語学　バイイ原著　小林英夫訳
同四年、巻首に言語学の略史がある。
同十六年「言語と生活」と改題（岩波文庫）

言語学史　トムセン原著　泉井久之助訳
同十二年　同二十九年三版

言語学序説　新村　出　同十八年、第五編「言語学史」

言語学概論　川本茂雄　同二十九年第一編第一章「言語学史の概観」

(二) ローマン主義と近代言語学

近代言語学の性格を明かにするには、この学問が成立した社会的思想的地盤をはつきりさせて置く必要がある。それらが、近代言語学の特性をも規定したと考へられるからである。

その一は、十八世紀末より十九世紀初にかけて、古典主義への反動として、ヨーロッパの思想学問芸術に大きな影響を及ぼしたローマン主義の思潮である。ローマン主義の特性として、自我の解放、自然の尊重、貴族主義の排除、平民主義、異国趣味、空想的感情の尊重等が挙げられてゐる（厨川白村「近代文学十講」）。古典言語に対して、サンスクリット乃至印度古代文化の研究に対する興味と関心は、このやうな思想を背景にして、大に刺戟された。グリム一派のゲルマン諸言語の歴史的研究といふことも、古典的言語以外に言語研究の対象を求めたことになる。文献的言語や、有名な文学作品の言語よりも、方言や音声言語が学者の関心の対象となり、その方に、むしろ言語の真の姿、言語の自然の姿があり、言語学の対象は、そのやうな自然の言語に求めるべきであるといふ考へ方は、以後の言語研究のありかたを、規定した。

(三) 自然科学と近代言語学

十八・九世紀は、自然科学の黄金時代といはれてゐる。言語学が、この科学の種々な考へ方を受入れ、それが自然科学の一分野であるとすることに誇りを感じた。シュライハーはその代表的学者である。心理学との提携以後、言語を、自然物や有機体と同一視する考へ方は排斥されるやうになつたが、色々な考へ方の中に自然科学的なものが、根強く残つてゐることは注意すべきことである。以下、それらの点を指摘することとする。

その一は、自然科学的物質構造観と、言語における単位概念との類似である。十九世紀に至つて、物質及び有機体の構造が明かにされ、物質においては、それが固体であると液体であるとを問はず、すべて、小さな粒子即ち原子から成立つて居り、有機体においては、その組織が、細胞といふ単位的要素の結合から成立つてゐることが明かにされた。このやうに、対象の究極不可分の単位的要素を求め、その結合において全体を説明しようとする方法が、言語学にも適用されるやうになつた。文法学において、単語を以て、その究極不可分の単位的要素とするのは、この考へ方の影響と見ることが出来る。人間的事実である絵画、音楽、彫刻、歴史的等の考察においては、このやうな単位的要素の抽出といふことが、一般には考へられないのに、言語学において、特にこのことがあるのは、言語学が自然科学の影響を受けることが強かつたことを物語るものである。

以上のやうにして抽出された単位を、更に分析して、音声と意味との二つの要素の結合として考へることも、全く自然科学的考へ方である。私が、これを言語構成説と名づけたことは、第一章第三節に述べたことである。その二は、自然史的類推に基づく言語の系統研究である。印欧諸言語間の類縁関係を、共通祖語からの分派現象と考へ、その史的発展の跡を、溯行して、その起源的言語を再建するといふ研究も、いはば自然史的研究の適用とみることが出来る。ダーウインの「種の起源」が出たのは、一八五九年である。当時、文化科学においても、歴史的観点が強調されて、言語のこのやうな研究を、史的言語学といふやうになつたが、言語のこのやうな研究は、文化史的といふよりは、自然史的色彩が濃厚である。

なほ、この外に、言語の形態的分類が問題にされたことにも、自然科学における分類学の影響を見ることが出来る。

しかしながら、自然科学が、言語学に及ぼした最も大きな点は、言語を、人間に対立した一つの実体と見る考へ方であつて、言語を、自然物や有機体と同一視する素朴実在論から、言語が、人間心理を離れては存在しないといふ心理主義に発展した場合でも、更に後章に述べるやうな、言語を心理的実体であると規定するソシュールの理論にしても、それが人間に対立して存在してゐると見る考へ方において変りはない。言語は、人間の作用を受けるものとして、或は人間によつて生産されたものとして、人間に外在してゐると考へる。言語を、道具と考へる言語道具観の根拠はここにある。

(四) 音声言語の歴史的研究

以上述べたところによつて明かにされたことであるが、近代言語学の課題を一言で云ひ表はすならば、音声言語の歴史的変遷を明かにすることであるといふことが出来る。この近代言語学の性格は、その時代思潮の制約に基づくものであることは、上に述べた通りであるが、このことは、その反面に、言語の種々な重要な事実を無視する結果になつたことを否定することは出来ない。その一は、言語において、自然的なものを尊重した結果、言語における技術的なものを極力排斥することとなつた。ところが、技術といふことを除いて、恐らく如何なる言語も成立しないのであらうが、この技術を、言語学の体系の中に、正当に位置づけることをしなかつた。また、同じ理由によつて、文字言語といふものが、軽く扱はれ、時に、殆ど問題にされなかつた。人間文化との関係において言語を見る時、文字言語は、重要な意義を持つてゐるのであるが、そのやうな言語の機能の面を問題にすることが出来なかつた。史的観点が優先的に取上げられた為に、言語の最も具体的な事実である、表現理解、即ち伝達の事実といふものが、殆ど問題にされることがなかつた。言語は、人間生活とは無縁に、ただそれだけが抽象的に取扱はれて来た。第二部の言語過程説は、研究の焦点を、主として、以上のやうな点に向けることによつて、国語学の体系を組織しようとするのである。

第二節　言語学の翻訳と紹介

近代ヨーロッパ言語学の翻訳と紹介は、これを二期に分つて、明治初年から昭和三年、小林英夫が、ソシユールの一般言語学講義を「言語学原論」として訳述するまでの時期を第一期とし、以後を第二期とするのが便宜である。ソシユール言語学は、それまでの史的言語学とは別に、共時言語学の存在することを教へ、我が国語学に甚大な影響を与へたものとして、これを別項に述べることとし、ここでは、前期第一期の翻訳紹介を通して、国語学にどのやうな問題を示したかを明かにしようと思ふ。

先づ、主な翻訳書を挙げてみると、

言語篇　　大槻文彦訳　　明治十九年　チヤムバース百科全書中の「言語」の項

ことばのいのち　金沢庄三郎訳　同三十年　ダルメストウテル「言語の意味の変遷」
言語学　上田万年　金沢庄三郎共訳　同三十一年　セイス「比較言語学の原理」
言語発達論　保科孝一　同三十二年　ホイツトニー、Life and Growth of Language
言語進歩論抄　新村　出　同三十四年　イエスペルセン、Progress in Language
ストロング言語史綱要　八杉貞利　同三十四年　ストロング「史的言語学序説」
言語学　金沢庄三郎　後藤朝太郎　同三十九年　マクスミユラー「言語学」
新言語学　金田一京助　同四十五年　スキート「言語の歴史」
言　語　市川三喜　神保　格　昭和二年　イエスペルセン原著

なほ、この他に、翻訳ではないが、近代言語学の学説を紹介したものとして、

日本語学一斑　一名比較言語学　岡倉由三郎　明治二三年
国語研究法　藤岡勝二　同四十年

の二書を挙げることが出来る。

以上列挙した訳書の成立は、必ずしも近代言語学史の発達の序列に従つてゐるわけではなく、従つて、新旧学説が、前後の別なく、殆ど並行して紹介されたと云つてもよく、また翻訳の方法も、後の小林英夫によるソシュール学説の翻訳の場合のやうな厳密さを欠いてゐるのであるが、当代言語学の大体を紹介するには、役立つたと見ることが出来る。これらの言語学の翻訳がどのやうな問題を提出したかを指摘することは、ここでは省略して、後の項において、これらの問題が、国語学の内容として、どのやうに取入れられたかをみようと思ふ。（第四節。）

第三節　ソシユール言語学の紹介とその影響

(一) 言語社会学派と小林英夫訳言語学原論

昭和二年、フエルデイナン・ド・ソシユール Ferdinand de Saussure (1857-1913) の遺著「一般言語学講義」(註一)(一九一六年初版)が、小林英夫によつて、「言語学原論」(昭和三年一九二八)として翻訳されて、その後の国語学に甚大な影響を及ぼした。ここでは、先づ、近代言語学史におけるソシユール言語学の成立の意義を述べることとする。ソシユールの後継者であるシヤール・バイイは、ソシユール言語学について、その意義を次のやうに述べてゐる(バイイ原著、小林英夫訳「言語活動と生活」第一篇第一部)。

ギリシヤ以来、一八〇〇年前後に至る言語研究は、学である前に術であつた。即ち、思考の論理的彫琢のために、文体の推敲醇化のために、古典作家の理解のために、総じて、規範的にのみ探求された。この方向から来る誤謬は、第一に、文語の偏重であり、口語の蔑視である。ところが、口語こそは真の言語であつて、当然それが研究の対象とされるべくして、無視されて来た。一八〇〇年の頃、サンスクリツト(梵語)が発見されて、二千年来の迷妄が破られることとなつた。サンスクリツトの発見によつて、印欧諸言語の間に、類似のあることが認められ、言語は変化するものであることが明かにされた。ダーウイン流の進化論の考へが、これに結びついて、一時、言語はそれ自身固有の生を営む有機体と同様に考へられたが、やがて、言語は、それを話す人々の脳裏以外に存在するものでないこと、言語事実を説明するものは、人間精神の法則及び社会の法則であることを知るやうになつた。サンスクリツトの発見によつて、言語について、進化のあることが明かにされたが、進化といふことが、言語事実のすべてを説明するものでないことを知るやうになるのは、それから約一世紀後であつた。進化言語学の外に、静態言語学の成立が考へられて来た。この、言語の静態についての学問の礎石を築いたのがソシユールである。ソシユールは、歴史的研究と体系的研究とを対立させて、それが、言語における変遷の部面と体系の部面、即ち同じ一つのものの両面に応ずるものであるとし、これを通時言語学、共時言語学と名づけた（大意）。

以上の説明によつて明かなやうに、従来、専ら歴史的変遷の事実としてのみ捉へられた言語を、体系的考察の対象として捉へようとしたところに、ソシュール言語学の歴史的意義が存するのである。ここにおいて、人々は、始めて言語機構の何ものであるかを問ふ道が開かれたのである。

次に、ソシュール言語学の体系的部面（共時言語学）がどのやうなものであるかを、小林英夫の「言語学原論」（昭和十五年改訂版）について見ようと思ふ。

先づ、ソシュールは、言語的事実について、次の三者を区別する必要があるとする。

一　ラング　langue ――小林英夫訳語「言語」

二　ランガージュ　langage――同　訳語「言語活動」

三　パロル　parole ――同　訳語「言」

第一のラングは、人間が思想を交換する個人個人の頭の中に、それぞれの同位排列的能力の働によつて出来上る一種の平均であつて、それは、概念と聴覚映像との結合した、純心理的実体であるとする。ラングは、個人個人の「ものを云ふ」機能ではなく、その機能によつて受動的に登録する所産であり、各人が共通に所有する財宝であり、もつと具体的にいへば、個人個人の脳裏に陰在的に存する文法体系である。ラングは、言語的事実の中の一部分であり、また、本質的部分である。

第二のランガージュは、このやうにして出来上つたラングを、思想を表現する為に、実際に運用するところの作用、即ち「ものを云ふ」働きである。

第三のパロルは、ランガージュの作用によつて、ラングの実現したもので、陰在してゐるラングの顕現したものである。従つて、それは、ラングの実現に必要な、心理的生理的物理的な諸要素の結合体である。

以上のやうな分析の結果、ソシユールは、言語学を、ラングを対象とする言語学と、ラングの実現であるパロルを対象とする言語学とに分つ。ソシユールに従へば、我々が観察の対象として、実際に経験することが出来るものは、パロルだけであるが、それは、心理的生理的物理的要素の混質的結合体であるから、科学の対象となり得ない。言語学の真正な対象は、純心理的実体であるラングだけであるとした。言語学は、概念と聴覚映像との結合体（ソシユールは、これを記号と名づけた）の組織、体系を研究するものとしたのである。以上のやうに、言語学の領域を限定すると、最も具体的な「ものを云ふ」行為と、ラングの実現であるパロルといふものが、観察から除外されてしまふことになる。ここに不満を感じて、ラングの言語学から、ランガージユ、パロルの言語学に焦点を移さうとしたのが、バイイの言語学であつて、バイイは、ラングを運用して、如何にして個性的な思想感情を表現するか、その運用の手順を研究するところに、新しい言語学の領域を見出さうとした。バイイが、ステイリステイーク（小林英夫は、これを文体論と訳した）と称するものがそれである。バイイの発展からも推測出来るやうに、ソシユールの問題にしたのは、表現以前の資材的言語であつたのである。従つて、そこでは、表現し、理解する、言語の最も重要な現象である伝達の事実といふものは、問題とされることはなかつたのである。ソシユールが問題にしたのは、心理的実体であるラングが、どのやうな性格を持ち、それらが相互にどのやうな関係を持つかといふことにあつたのである。

ソシユールに従へば、ラングは、概念と聴覚映像との結合した心理的実体であるが、それの人間に対する存在の仕方は、自然が人間に対する存在の仕方と全く同様に考へられてゐる。異なるところは、それが人間の社会生活によつて生み出されたものであり、人間の思想表現において、道具として用ゐられるものであるとしたことである。言語が思想表現の道具であるとする言語道具観は、ソシユールによつて、始めて唱へられたものではないが、ソシユール学説は、これを理論的に裏付けたといふことが出来るのである。言語を、一個の道具視する考へ方は、言語を、それ自身生命を持つ有機体と同一視する十九世紀前半期の言語理論、例へば、シユライハーやマクスミユラーのそれと著しく対立し、また、言語を、表現行為、理解行為それ自体であるとする言語過程説とも、およそ異なるところの考へ方である。

ソシユールが、言語を、人間の社会生活の所産であると考へたことは、デユルケーム Durkheim の社会学における社会的事実の思想に負ふところが大である。ソシユールは、言語を、法律、道徳、慣習とともに、社会的事実の中に加へた。言語が、一つの社会制度であるとする考へ方は、ホイツトニーの言語学説の中にも見えてゐることであるが、ソシユールは、デユルケーム理論の援用によつて、これを表面に推出すこととなつたのである。ソシユール一派の言語学が、言語社会学と称せられる所以である。

社会的事実としての言語の性格は、第一にそれが、社会生活の所産として、個人を超越して存在するものであるといふことである。これを言語の外在性といふ。第二に、言語は、法律や道徳と同様に、個人の自由意志を規制する力を持つてゐる。これを言語の拘束性といふ。ここにおいて、言語学の主題は、このやうな社会的事実としての言語が、如何にして成立するか、即ち言語と社会との関係といふことが問題にされるやうになつた。言語は、社会によつて作られる。従つて、言語には、その時代時代の社会機構が反映する。もし、言語を仔細に分析するならば、そこに、当代社会を知る手がかりが得られる筈である。従つて、言語学は、社会学の有力な補助学科となることが出来るのである。言語を、一つの文化財とみて、言語を通して、古代の思想文化を探求しようとする方法論は、既にドイツ文献学に見られるところであるが、言語学と社会学との提携に対して理論を提供したものは、ソシユール言語学であると云つてよいであらう。しかしながら、ソシユール一派の言語社会学を、ただその名称の点から、社会生活における言語の機能を研究する学問であるかのやうに速断することは出来ない。言語社会学は、言語が、受動的に社会生活の結果、生産されるものであることを明かにしようとしたもので、言語が人間社会を構成するに、どのやうな役目を果すかといふ、積極的な言語の社会的機能を問題にしたものではない。その点、言語過程説における言語の社会的機能の研究と、著しい対立をなしてゐる。ソシユール理論の動向は、ヨーロツパ言語学の伝統的課題である、言語の歴史的変遷の研究に対して、社会的要因といふものを、新しく加へたところに成立したものと解釈するのが適切である。

ヨーロツパ言語学における歴史的研究といふ課題が、如何に根強いものであるかといふことは、十九世紀初頭以来、言語思潮が幾変転したにも拘はらず、その底に厳然として流れてゐるのを見る。それは、実に、想像以上のことである。パウルの心理主義にしても、イエスペルセンの新しい見地にしても（イエスペルセンは、言語の伝承における「こども」「婦人」「外国人」の力を詳細に観察した。）、すべては、言語の歴史的変遷の事実を説明する目的に向けられてゐたのである。ソシユールの立脚地も、例外と見ることは出来ないのである。

ソシユールは、以上のやうな言語の歴史的変遷と、政治、制度、教会、学校などとの関係を明かにする部門を、外的言語学と称して、これを内的言語学に対立させてゐる。内的言語学とは何かといへば、ソシユールの比喩に従へば、将棋の駒の持つ規則である。将棋の駒は、相互に張合つて、一つの体系をなしてゐる。内的言語学は、概念と聴覚映像との結合体であるラングが、相互に張合つて形成する体系の研究であつて、これがソシユールのいふ共時言語学、即ち言語の体系的研究の中心部門をなしてゐるといふことが出来る。

註一　Cours de Linguistique générale. 一九一六（大正五）年、一九二二（大正十一）年、一九三一（昭和六）年刊。小林英夫の訳書は、昭和三（一九二八）年に岡書院より初版を、次いで、同十五（一九四〇）年に岩波書店より改訂版を出す。

(二) 橋本進吉の国語学概論と国語学研究法

昭和三年、ソシユールの「一般言語学講義」が、小林英夫によつて翻訳され、「言語学原論」として刊行されて、その後の国語学に甚大な影響を及ぼしたことは既に述べたのであるが、ここでは、その影響の状況を、少しく具体的に述べてみようと思ふ。これより先に、大正十一年に、神保格は、「言語学概論」を刊行したのであるが、その内容は、従来の比較的研究、歴史的研究を主にしたものとは著しく相違して、ソシュールのいふところの体系的研究を主にして、述べたものである。

本書は、著者のいふところに従へば、ソシュール学説とは無関係に著述されたものであるといふのであるが、たとへ無関係であつたとしても、本書の理論構成が、ソシュールのそれと極めて酷似してゐたが為に、本書が、ソシュール学説の理解に大きな助けとなつたことは否むことが出来ないであらう。更に、昭和以後の国語学に、ソシュール学説が大きな影響を与へたことの理由は、ソシュール学説は、従来輸入されたヨーロッパ言語学の理論と全く懸離れたものでなく、その言語に対する根本的な考へ方において共通したものを持ち、従来の理論を以てしても、容易に近づき得る性格を持つてゐた為であると考へられるのである。例へば、言語を、概念と聴覚映像との結合体とするソシュールの考へ方に類似したものは、既に、亀田次郎の「国語学概論」（明治四十二年）に次のやうに述べられてゐる。

> 言語は、外形即ち声音と、内容即ち思想との二部分より成るものなれば、言語学は、一方に於ては声音学、一方に於ては心理学と、最も密接の関係を有することは明瞭なる事実なり（十四頁）。

ここでは、ラングとランガージュの区別には当然、説き及んではゐない。小林好日の「国語学概論」（昭和五年）には、同様に、

> 言語といふものは二つの方面がある。音とさうして意味である。一は言語の外形的方面であり、一は言語の内容的方面である（二三頁）。

と云つて、言語を要素の結合した構成体とみてゐるのであるが、ここに云ふ音声は、ソシュールのいふところの心理的な聴覚映像だけを意味してゐるのではなく、具体的な発声発音運動をも含めて云つてゐるのである。生理的な発声発音そのものを、言語と見るといふことは、ソシュール以前に行はれた一般的な考へ方である。例へば、上田万年の「言語

上の変化を論じて国語教授の事に及ぶ」（明治二十二年、「国語のため」第二所収）といふ論文に引用されたホイツトニー及セイスの言語に対する定義は、

一人の口より発し、他人の耳に聞かる丶音の一体にして、社会の人が各自の思想を通達するために符喋として用ゐるものなり。種々に結びつけられ、種々に順序立てられたる音声の抑揚モヂユレーションより成立するものにて、われわれが表はさうといふ思想或は感情の符喋として用ゐらる丶ものである。

となつてゐて、言語即ち符喋として用ゐられる発音発声であるとしたことは明かである。これらの考へ方を布衍して、上田万年は、言語を次のやうに説明してゐる。

言語といふものは声音であるといふこと、又その声音が言語といはる丶には、先づ意義といふものを始めに持たねばならぬといふことであります。（中略）この意義を持つてゐる声音即ち言語は、思想を外に表はしたもの、又思想を包括してゐるもので、譬へば心意の衣服と申しませうか、思想はこれに纒はつて後、他人にも知られ、自分も悟るやうになるのであります。

以上によつて、言語が音声であること、ただし、それは思想を持つた音声であるとすることから、思想は内容、音声はその外装であるとする考へが成立する経過を知ることが出来るのである。ソシユールは生理的作用である発音発声を、言語とは切離し、言語は、そのやうな生理作用の前提となる資材的なものであるとして、これを概念と聴覚映像との結合体である純心理的実体であるとしたのである。小林好日の後の著述である「国語学通論」（昭和十九年）では、右のやうなソシユール理論を反映して、言語を次のやうに説明するのである。

われわれは自分の思ふ事を口に出せば人が聞いて了解してくれる。これが我々の言語行動である。どうしてさう云ふ行動が目的を達するかと云へば、同じ社会の人の間には、まへから出来てゐる一定の言語観念があるからである。言語観念とは事物の概念に音声の概念が結びついてゐるものである（十頁）。

右の説明における言語行動は、ソシユール理論におけるランガージユであり、言語観念は、ラングであることは明かである。

橋本進吉の「国語学概論」は、昭和七、八年の交に成立したもので（最初、岩波講座「日本文学」中の一編として成立し、後、橋本博士著作集第一冊に収む）、ソシユール言語学の理論に基いて、全体の体系を組織したものである。その言語に対する考へ方には、

> 言語は文化現象の一つであつて、音（或場合には文字も）を以て思想感情を他人に通ずるものである（七頁）。

とし、

> 精神の働きが主になつて居るが、物理的（音及び文字）及び生理的（音を発し、字を書く筋肉の運動）の要素も含んでゐる（同右）。

とするやうな、在来の定義に近いものを含むと同時に、

> 一定の音声の観念と一定の事物の観念と（文語の場合には更に一定の文字の観念と）の結合したものを言語観念といふ。言語観念は言語の核心をなすもので、同じ言語を用ゐる各個人の心中に同じやうに成立して永く存在し、それ等の人々をして、何時でも同じ言語を使つて互に理解する事を可能ならしむるものである（三八頁）。

のやうな、全くソシユール理論を踏まへたものを混在させてゐる。ここでいふ「言語観念」は、ソシユールのいはゆる「ラング」に相当するものである。昭和十年刊行の「国語学研究法」は、殆どソシユールの言語理論を以て一貫されてゐる。そこでは、「言語観念」の代りに、「言語表象」なる術語が用ゐられてゐる。「言語活動」は、言語表象を運用するところの作用であつて、ソシユールにおけるランガージユに相当するものであることも明かである。

言語に対する見方、即ち言語観を、ただそれだけとして見るならば、それほど意味のあることではないが、それが、国語学の体系を組織する根拠とされるやうになつて、始めて重要な意味を持つて来る。

橋本進吉の「国語学概論」は、ソシユールにおける、概念と聴覚映像との結合体であるラングを、言語観念と名づけ、

それを言語の中心、または本体的なものと考へ、それに対する観点の相違から、国語学の部門を展開させようとする。同一物に対する観点の相違によつて、研究部門が成立すると考へるのは、ソシュール学の根本的立場である。それは、同一物である言語を、個人の持つ語の総和において、個人を超越して、把握しようとするソシュール理論の当然の結論であつて、言語研究の対象は、個人の個々の場合における表現行為以外にはあり得ないとする言語過程説の立場と著しく相違する点である。橋本進吉は、国語に対する観点として次の三者を挙げる。

㈠ 国語の多様性から
㈡ 言語の構成から
㈢ 言語の二面性から

㈠の国語の多様性といふことから、口語と文語、方言と標準語の相違が認められる。口語については、更に、階級的差異、年齢的差異、性別の差異、職業的差異の如きが認められ、文語についても同様に、口語文と狭義の文語文、普通文、書簡文の如き差異が認められる。これらは、すべて、一のラングの多様性として認められるとするのである。

㈡の言語の構成といふことは、言語は、種々の要素或は単位の結合体であるとすることから、これを分析することによつて、それぞれの研究領域を設定し、対象が如何に構成せられてゐるかを見ようとするのである。言語は、音声と意味との二つの要素から構成されてゐる。そこで、音声の研究と意味の研究の二部門が分れる。音声においては、呼気群と呼気群との間の句切れによつて文節が見出され、文節は、音節に、音節は、更に単音に分析される。音節を構成する単音の数と、その構成の仕方を、音声組織と云ふ。意味においては、その纒まりの仕方によつて、文、文節、単語の三種に分たれる。文は、音が言ひ切りになるところまでの語の一つづきであり、文節は、文を構成する最小単位であり、単語は、文を構成する材料である。言語の構成要素が、言語を構成する法式または通則を論ずるのが文法であるが、今日一般に音声に関する法式は、音声組織として、文法から除外されてゐる。

文字も、言語構成の一要素として扱はれてゐる。文語は、文字と音声と意義との三要素から成立つ言語であると規定されてゐる（第九章、日本の文語）。

㈢の言語の二面性といふのは、一は、言語の静態に関する記述的研究であり、他は、言語の動態に関する歴史的研究で、静態と動態とは、あらゆる言語の持つ二面であるとされてゐる。静態に関する記述的研究といふのは、前項に挙げたところの、言語構成の各要素や各単位を記述し、その構成法を明かにすることであるが、動態に関する歴史的研究といふのは、言語構成の各要素や単位が、いかにして生じ、いかに発達し、変遷し、衰微し、廃絶したかを明かにし、かつその原因を探求する。ここに、音声史、文法史（歴史的文法）、語源研究、方言史、標準語史、国語の祖語、それよりの分派、及び他言語との親近関係を明かにする国語系統論が成立する。

以上は、「国語学概論」の体系の基礎的理論であるが、従来の概論体系が、ヨーロッパの言語学の部門をそのまま継承し、祖述したのに対して、本書が、言語そのものに対する見方を踏まへて、そこから研究部門を展開させようとしたところに、特色が見られるとともに、それは、また、ソシュール言語学の大きな影響であると見られるのである。

同じく橋本進吉の著になる「国語学研究法」（昭和十年）は、右に述べた「国語学概論」中の第四章「国語学の資料及び研究法」を布衍して述べたものと推察されるのであるが、序説第二項「言語表象と言語活動」第六章「言語活動と文体論」において、言語研究を、言語表象を主とした研究と、言語を道具として使用する言語活動の研究とを、二元的に対立させて考へるのは、明かに、ソシユール並にバイイの考へ方を継承したものといふことが出来る。なほ、また、第二編「過去の国語の研究」第一章「過去の言語研究の二方面」において、共時的研究と通時的研究の二つの部門を考へ、それを第三章「一時代の言語状態の研究」と、第四章「言語の変遷と史的研究」とにおいて詳説する行きかたもソシユール言語学に負ふところのものであることは明かである。ここに一言注意すべきことは、博士の用ゐた国語資料といふことの意味であつて、博士に従へば、国語資料とは「過去の言語を知るべき拠所となるもの」（第二編第二章）の意味である。

凡そ文字で書記された文献は、それ自体一つの言語的事実である筈であるが、ここに国語資料といふのは、そのやうな言語的事実としての文献を指していふのではなく、それらの文献の中で、過去の国語の音韻的事実、意味的事実を再生するに役立つやうなものを意味することとなるのである。ここに再生される過去の国語とは、ソシュール理論でいふところの、過去のラングを意味するのである。ソシュール学の影響下にある国語学者は、具体的な個々の言語（ソシュールの名称に従ふならば、パロル）から一般的な法則を帰納するのでなく、個々の言語の奥に本体的言語の存在を考へ、その本体的言語を再生することが、国語学的記述の目的と考へたのである。本書の第三章第二節「国語史研究資料の探索」の項で述べようとする、資料の探索といふことは、専ら、上に述べた、本体的言語の再生の為に行はれたのである。例へば、点本の研究といふことにしても、点本の成立そのものを一つの言語的事実として、その意味を考へるといふよりも、点本を拠所として、当時の本体的言語が如何なるものであつたかを記述しようとし、また、それに役立つものに資料的価値を認めようとするのである。従つて、この研究方法においては、文献の言語的性質の相違、例へば、物語文と記録文書の相違の如きを追求することは、大きな研究課題とはなることが出来なかつたのである。また、例へば、口語と文語とを対比した場合でも、口語を、より本体的な言語と考へた為に、文語を、口語の仮装的言語、不自然に抑制された言語としてだけ考へて、その相違がどのやうな点にあるかを追究する道を阻んだことは大きい。

第四節　国語学の体系と音韻、語彙、文法の三部門

明治三十年の初頭から、次第にヨーロッパ言語学の翻訳が盛んになつて、同四十年代頃から、それが結実して、国語学の概説書が、現はれるやうになつた。ヨーロッパ言語学に刺戟されて、我が国にも国語の学が起こらなければならないことは、「日本語学一斑」の著者、岡倉由三郎によつて力説されたことであるが、どのやうな問題が、新興国語学に

とつて重要であるかについては、上田万年の「国語と国家と」と題する論文（明治二十七年十月八日講演、後に論文集「国語のため」（一）に収める）に示されてゐる。それは、次の通りである。

一　如何に歴史的文法は研究せらるゝか
一　如何に比較的文法は研究せらるゝか
一　発音学の研究は如何
一　国語学の歴史は如何
一　文字の議論は如何
一　普通文の標準は、かりにありとするも、そは実際の言語までをも併せて支配し得べきか
一　外来語の研究は如何、其輸入上の制裁力は如何
一　同意語は研究せられたるか
一　同音語は研究せられたるか
一　辞書は如何、専門に普通に
一　日本語の教授法は如何
一　外国語の研究法は如何

保科孝一の「国語学小史」（明治三十二年）は、ヨーロッパ言語学の立場から見た、過去の国語研究に対する批判とその史的叙述であつて、その総論に、国語学の向ふべき方向を指し示してゐる。第一に、国語学に理論的方面と実用的方面の二があることを説き、理論的方面に、国語の組織や文法を研究する部面と、国語の歴史的発達を研究して、世界における日本語の位置を明かにする部面のあることを説く。国語学に実用的部面を考へることは、国語学の成立事情の項でも説いたやうに、国語学成立の特殊事情に基づくことで、ヨーロッパ言語学には無いことである。以上のやうな見地に立つ

時、在来の国語学は、国語そのものの研究が主目的でなく、国語を研究することによつて、我が国の古代の思想や文化を研究しようとするのであるから、研究対象の範囲も限定されてゐて、方言や俗語に及ぶことが出来ないものであつたから、真の科学的研究とはいふことが出来ないものであるとした。

亀田次郎の「国語学概論」（明治四十年、帝国百科全書の中）は、恐らく概論と銘を打つた最初のものであらう。その体裁組織は、次のやうである。

第一編　緒　論

第一章　国語研究の態度について

ここに、国語研究の目的として、実用的、文献的、言語学的の三者があるとし、言語学的といふことは、国語を比較的、歴史的に研究することであるとした。

第二章　過去の国語研究の欠陥

過去の研究が、言語の範囲や時代において偏つてゐたこと、日本語の世界言語における位置を研究しようとする比較的研究、及び歴史的研究が欠けてゐることを指摘する。

第二編　国語系統論
第三編　文法論
第四編　声音論
第五編　文字論
第六編　品詞論
第七編　文章法論
第八編　結　論

第三、六、七編を文法論として一括すれば、本書は、系統論、文法論、声音論、文字論から組立てられてゐるといふことが出来る。第八編結論に、「今日の国語学界には、歴史的文典、語源辞書、国語史及び日本声音学等の一著述をも見ざるなり」といひ、「殊に我国語研究上に於て一大弱点と考へらるるは、東洋諸国語の比較研究の遅々たるにあり」と述べられてゐることによつて、当時の国語学界の要請がどのやうなところにあつたかの大体を知ることが出来るのである。

当時まだ国語学の草創期に属することであつて、概論の組織をどのやうにするかといふ問題よりも、ヨーロッパ言語学の問題を国語学の上に移して、研究を促進させるといふことに力が注がれてゐたと見てよいであらう。

すでに述べたところで明かなやうに、明治以後の国語学は、近代ヨーロッパ言語学の課題を継承したもので、これを概括すれば、音声言語の史的研究であり、更に溯つて、国語の系統関係を明かにすることが、言語研究の世界的課題に参与し、寄与する所以と考へたのである。一方、これらの純科学的研究が、やがて、明治以来の懸案である国語問題の解決にも資するところがあるであらうといふ期待が持たれたのである。

ここに付加へて、明治以後の国語学の三大部門である音韻、語彙、文法の門別について述べて置きたい。この三つの部門は、元来、言語の系譜関係を明かにする為の標準として採られたものである。ある言語に、系譜関係が成立するためには、㈠文法構造をひとしくすること ㈡音韻に対応関係があること ㈢基本語彙を共通にすること、の三点が明かにされて、始めてそこに系譜関係の有無が立証されるとした。音韻、語彙、文法は、全く右のやうな研究の方法として採られたものであるが、それがやがて、言語記述の方法として規範視されて今日に至つてゐる。概論書の体系がこれを踏襲し、国字国語問題も、また、右の枠によつて考へられた結果、現象としての言語の事実は、学問的観察の焦点から、外れてしまふことが多くなつたのも当然である。

国語学の概説、概論書の主なもの（時枝のものは、別個の体系のものとして、ここには載せない）

国語学概論　亀田次郎　明治四〇年
国語学精義　保科孝一　同四三年
国語学概説　安藤正次　昭和四年
国語学概論　小林好日　同五年
国語学通考　安藤正次　同六年
国語学概論　橋本進吉　同七・八年　岩波講座「日本文学」、同二一年　橋本博士著作集第一冊
国語学総説　安藤正次　同九年　国語科学講座
国語学新講　東条　操　同十二年、同二三年増補、同二六年改修
国語学通論　小林好日　同十九年
国語学概論　橋本進吉　同二一年　橋本博士著作集第一冊
国語概説　岩淵悦太郎　同二三年
国語学入門　金田一京助　同二四年
国語学概論　今泉忠義　同二五年
国語概説　松村　明　同二七年
国語学概論　佐藤喜代治　同二七年
国語学原論　白石大二　同二九年

第五節　国語学と国語学史

国語学の建設に当つて、過去の国語研究がどのやうな状態であつたかを顧みることは、当然必要なことであつて、上田万年がヨーロッパ留学より帰朝して、国語学の将来を構想する場合にも、「国語学の歴史は如何」の一項が取上げられてゐる（明治二十七年「国語と国家と」）。国語学の歴史については、明治二十二年、落合直澄が、「語学の系統」と題して、歴史的叙述を試み（皇典講究所紀要の中）、言語取調所においても、過去の国語学書の蒐集調査が行はれて来たが、国語学史の系統的講述は、上田万年の講義によつて始められたものであらう（明治三十二年、保科孝一の「国語学小史」は、右の上田の講義に基づくことが多いといはれている）。上田の国語学史に対する態度は、学史を学説の歴史として見るよりも、ヨーロッパ言語学を基準として、その是非を判定することを任とした。新井白石の国語研究、特に、「東雅」における語原研究を賞讃したのは、その研究に、近代言語学における語原研究に類するものを認めたからである（「言語学者としての新井白石」）。本居宣長・春庭父子の業績に対する見方も同様である。しかし、一般的に云つて、過去の国語研究には、近代言語学の課題とする比較研究も、歴史的研究も、方言研究も見当らないところから、その評価は極めて低く、保科孝一は、「過去に於ける我邦の言語研究は、殆ど今日の言語学上に貢献すべき結果なしと言つて宜からうと思ふ」とまで極言するに至つた。従つて、国語学史を講ずることの意義は、前車の轍を踏まないこと、先人の労を無駄に繰返さないことを戒めるところにあつたと云つてよい。以上のやうな立場は、国語学史に対して、その持たないものを要求することになり、従つて、国語学史の持つ独得の意義といふものは、見失はれることとなつたのである。

時枝の立場は、以上のそれとは、全然異なり、国語学史の持つ独自の性格を説明することを第一とし、それが、近代言語学に接近してゐるか否かは別問題であるとした（第二部第二章第三節）。これは、国語学史を一つの「史」として見る立場であるとした。故に、近代言語学に似通つた研究がある場合でも、必要なことは、これを国語学史の流れにおいて位置づけることであるとした。次に、国語学史を、一つの学説の歴史として見るよりは、これを、日本人が国語に対する意識の発展の歴史として見ることが、肝要であるとして、このやうな意識を誘発した外的条件、例へば、古典解釈や歌文の制作といふやうな事実の中に、国語学史を位置づけることに努めた。このやうに見て来た結果、日本の過去における研究は、研究それ自体のためといふよりは、他の目的を達するための手段として出て来たものであることが知られるやうになつた。過去における国語研究が、常に何ものかの手段であつたといふことは、明治以後の国語学史家をして、過去の国語研究の科学性を疑はせる大きな理由とされたのであるが、それは、学そのものの科学性とは無関係なことであつて、国語を、そのやうな実用の場において観察したことによつて、むしろ、逆に、国語の具体相に眼を開かせることが多かつたと云ひ得るとし、ここに、国語学史に対する全く相反した価値評価を生むこととなつた。

語学の系統	落合直澄	明治二二年
国語学小史	保科孝一	同三二年
国語学研究史	花岡安見	同三五年
国語学史	保科孝一	同四十年
日本文法史	福井久蔵	同四十年、昭和九年増訂
日本語学史	長連　恒	同四一年
近世国語学史	伊藤慎吾	昭和三年
国語学史	時枝誠記	昭和七年（岩波講座「日本文学」）、同十五年単行
国語学史	吉沢義則	同八年

国語学史概説　同　同八年
新体国語学史　保科孝一　同九年
国語学史要　山田孝雄　同九年（岩波全書）
日本文法史　福井久蔵　同九年　増訂
国語学史概説　重松信弘　同十四年
国語学史　小島好治　同十四年
国語学史　時枝誠記　同十五年
国語学史　福井久蔵　同十七年
国語学史　山田孝雄　同十八年
国語学書目解題　赤堀又次郎　明治三五年
国語学書目解題　亀田次郎　昭和八年（国語科学講座）

第三章　国語の歴史的研究

第一節　国語史研究とその分野

㈠ 国語の系統研究より国語の歴史的研究へ

日本が、始めてヨーロッパの近代言語学に接した時期は、丁度、印欧比較言語学が、美事に開花した時代であつて、その方法論を以て、東洋諸国語にも及ぼさうとする機の熟しかけた時代である。印欧諸言語が、共通祖語から分派して、それぞれ方言関係をなして、一大語族を形成してゐることは、既にシュライハーによつて図式化され、セム語についても、同様の成果があがり、世界諸言語の系統といふことは、学界の常識として一般化されるやうになつた。明治十九年、大槻文彦によつて訳述された「百科全書言語篇」の中にも、「国語の分科を論ず」或は「セミテック語科」の項において、これが紹介されてゐる。明治二十七年、上田万年が帰朝して、将来の国語学を論じた中にも（「国語と国家と」）、比較文法の研究の必要であることを説いてゐる。当時の上田万年の関心の中心は、歴史的研究であるよりも、国語の所属を問題にした系統論であつたらしく、日本語を、その周辺の言語との比較において論ずるといふことは、先端的方法論であると同時に、国語学を世界的視野の中に立たせる所以とも考へられたのである。「言語学者としての新井白石」（「国語のため」（二））を論じたのも、白石が、「東雅」（国語の語源を論じたもの）を著すに当つて、国語を朝鮮語と比較し、音声の変化に着目して、国語の語原を明かにしようとした見識に、近代言語学の方法に通ふものを認めたからである。明治三十一年には、セイスの「比較言語学の原理」が、金沢庄三郎によつて訳述され、明治四十二年刊行の亀田次郎の「国語学概論」には、特に、国語系統論の一編を設け、「殊に我国語研究上に於て一大弱点と考へらるるは、東洋諸国語の比較研究の遅々たるにあり」（三〇頁）と述べてゐることによつて、当時の国語学界の趨勢を知ることが出来るのである。このやうにして、明治三十年代より四十年代にかけては、言語学者、国語学者の眼は、主として日本の周辺の言語に注がれ、国語系統論時代を現出するのである。その頃、国語系統論の動向を見守つて来た新村出は、「東国方言沿革考」（明治四十二年、「東方言語史叢考」に収む）において、国語学の向ふべき道について次のやうに述べてゐる。

最後に一言を加へたいのは、近来言語の比較研究は益々進歩して参りましたが、国語史の研究は遅々として滞るかの様に見えることで、誠に遺憾に堪へぬ次第であります。言語の系統問題が人種の系統問題と相渉ることは勿論でありまして、比較研究が殊に太古史を補益することも多言を要せぬ所でありますが、比較研究の方法は未だ十分尽されては居らぬ様に考へます。全体の系統論に入る前に、一部一部の比較が必要であり各部の一致不一致を定める準備として、一語一語の精密な慎重な考証が大切でありますにも拘はらず、歴史的考証を蔑視して、余り早く比較対照に走り、概括総合を急ぐの憂がありますが、是は大に戒めねばならぬ事で云々

同様な警告が、「言語の比較研究に就きて」（明治四十五年「東方言語史叢考」に収む）にも述べられてゐる。右は、比較研究に行く前に、比較せられるそれぞれの言語について、厳密な歴史的研究が先行する必要があることを提唱したものであつて、歴史的研究は、系統研究の前提となるべきことを述べたものである。勿論、わが国では、系統研究も歴史的研究も、同時に輸入、紹介されたので、系統研究が終つて歴史的研究が始まるといふものでなく、平行して行はれて来たのであるが、系統研究に厳密な方法論が要求されるやうになつて、学界の興味と関心は、明治四十年代以後においては、次第に歴史的研究

に傾いて行つたといふことが云へるであらう。特に、明治四十二年、大英博物館所蔵の「平家物語抜書」「イソポ物語」「金句集」の合綴本が、新村出によつて紹介されて以来（「南蛮広記」）、学界の関心は、俄然、それに集中するやうになり、国語の歴史的研究を促すこととなつた（第三章第二節（一））。

国語の系統論は、昭和に入り、橋本進吉の上代の特殊仮名遣の研究を契機として再燃して来た。橋本の研究を承けた有坂秀世、池上禎造等の研究によつて、古代日本語の音節結合に存する母音調和の現象が、アルタイ語に存するそれと類似性が認められ、日本語を、アルタイ語系に所属させる蓋然性に一の根拠を提供したと見られてゐる。

国語学の課題としての系統論の意義については、第二部第一章第四節「言語過程説の基本的な考へ方とその研究課題」に付説評論した。なほ、国語系統論の概略については、左の論文がある。

日本語の系統論はどのやうに進められて来たか　大野　晋　国語学第十輯

㈡　音韻史研究

イ　音声学と音韻史研究　言語が、音声と意味との二面を持つといふ言語観に従ふならば、その音声の面は、話手の側から云へば、音声器官を働かせる生理的現象であり、聞手の側から云へば、聴覚器官を働かせる生理的現象であると同時に、心理的現象でもある。また、音声は、音波として空気中を伝はるので、これを物理的現象としても捉へることが出来る。十九世紀後半以後、言語の音声は、生理学者、物理学者の関与によつて、特にその生理的物理的な面が研究されるやうになつた。我が国でも、音声の生理的な面の観察は、印度の音韻学である悉曇学の渡来によつて、早くから開けたのであるが、近代の音声学は、ヨーロッパの音声学の上に立つて発達して来たものである。英人エドワーズの「日本語の音声学的研究」（明治三十六年、昭和十年高松義雄訳）は、この方面の先駆であつて、その後、神保格（「国語音声学」大正十四年）佐久間鼎（「日本音声学」昭和四年）の研究が出るやうになつた。小幡重一（「実験音響学」昭和八年）は、物理学の側から、広瀬錦一（「音響心理学」昭和八年）は、主として心理学の側から音声を取扱つた。大正十五年には、音声学協会（初代会長は上田万年）が創設された。

以上のやうに、音声は、関係諸学科の助けによつて、詳細に観察され、記述されるやうになつたのであるが、それらは、音声を言語から引き離して、ただそれ自身を観察してゐるといふ嫌ひがあつた。音声それ自身が、いかほど精密に分析記述されても、それからは、音声が言語伝達において持つ機能といふものは明かにされないといふことがいはれるやうになつた。この傾向を是正する為に登場したのが、ボドワン・ド・クルトネー Baudouin de Courtenay（ポーランドの言語学者）一派の音韻論である。言語学の対象とするものは、音韻（phonème 音素とも訳されてゐる）であつて、生理的物理的な現象である音声ではないとする。音韻を研究する学問を音韻論（phonology）、音声を研究するのを音声論（phonetic）と区別するやうになつた。音韻が何であるか、また、それが言語からどのやうにして切取られるものであるかは、今日学者によつて説が分れてゐるが、クルトネーに従へば、音韻とは、我々の頭脳における音の観念で、それに隣る音、またはその他、この観念の生理的実現を偶然的に変化せしめ得る動因の如何に関係なく、独立に言葉の一要素をなし得べき単位としての音の観念であつて、それは、語と語とを差別する機能を持つものであると云はれてゐる（菊沢季生「新興国語学序説」七二。菊沢は、音韻の単位を音素と訳してゐる。）。言語学の一分科としての音韻論の目標は、それぞれの言語における音韻単位が何であり、また、それら音韻相互の対立関係、即ち音韻体系がどのやうなものであるかを明かにしようとするところにある。

音韻論の発達は、言語音と文字との関係についての新しい考へ方をもたらした。文字は、生理的に実現された音声を記載するものでなく、話手の頭脳にある音声表象即ち発音しようと意図した音韻を表示したものであるとするのである。このやうな見地からするならば、国語における音韻単位は、音節文字である仮名によつて表はされるものと認むべきか、それともローマ字によつて表はされる単音にまで分解したものに該当すると認むべきかについて問題が生じて来るのである。

ソシユール言語学では、音韻 phonème とは、パロルの連鎖において切取られたもので、それは、聴覚印象と分節運動との合体した複合単位である。音の単位は、聴覚的方面を無視しては、これを捉へることが出来ないからである（小林英夫訳「言語学原論」改訳本五五—五七）。従つて、音韻は、ラングの構成要素である「概念」の対応部分をなすところの「聴覚映像」と同じものではない。それは、どこまでも、パロルにおいて切取られたものであつて、分節運動の観念を含んだものである（同上書九〇）。ところが、トルベツコイ Trubetzkoy（プラーグ学派の言語学者）は、音韻と音声との別を、ソシュール学におけるラングとパロルとのそれぞれに所属するやうに理解した。音韻論的見解と、ソシュール学との結びつきは、音韻論の考への中に、既に萌芽があると認められるのであつて、音声表象即ち音韻を、その生理的実現である音声に先立つて存在する別個の体系であるやうに考へて、この両者を学問的対象としても別個のものとした。ラングの実現がパロルであるやうに、音韻の実現が音声であるとした。小林英夫は、これを、次のやうな図式に表はした（「音声学の性格」昭和十一年、「言語研究問題篇」に収む）。

言語《ラング》の学——音韻論
言《パロル》の学——音声論

右のやうな見解は、また金田一京助、橋本進吉にも継承されてゐる。

躰としての言語（言語体系）——言語《コトバ》といふものは、文化の一つであつて、（中略）——即ち躰としての言語であつて、此はあくまで具体的な構成体である。その形式は、音韻と呼ぶ所の音声観念であつて、繰返して経験された音声から構成された所のものであり、その内容は意義と呼ばれる所の事物観念、即ち音声と結合して経験された観念から構成された事物観念である（金田一京助「国語音韻論」昭和六年）。

右における「体としての言語」とは、即ちソシュール学におけるラングに相当し、音韻は、そのやうな体としての言語を構成する一要素と考へられてゐる。そして、そのやうな音韻は、音声の繰返しによつて成立する音声観念であるとされてゐる。

言語には言語表象としての言語（筆者註、ソシュールのラングに相当する）と、言語活動によつてその時その時に実現せられる現実の言語（筆者註、同じくパロルに相当する）と二つの方面があるのであるが、之に応じて言語の音声にも二つの方面がある。一つは言語を実地に用ゐた時の、実際に口に発し耳に聞く現実の音声であり、一は心の中に存在して、その音を発し、又その音を聞きわける事を可能ならしめる所の音声表象である。前者は物理的現象であり、後者は心理的現象である。近来この両者を区別する為に前者を音声又は音（英語 sound 仏語 son）と名づけ、後者を音韻又は音素或は素音（英語 phoneme 仏語 phonème）と名づける人がある（橋本進吉「国語学研究法」第一編第一章昭和十一年、橋本進吉博士著作集第一冊に収む）。

のやうに区別されてゐる。以上のやうにして、ラングとしての日本語から抽出された音韻と、その結合の法則を、日本語の音韻組織（或は音韻体系）といふのである。

音韻と音声との区別については、音韻は、単位的音声（単音）の一族であるとも云はれてゐる（ジョーンズ）。このやうに見れば、音韻は、クルトネーの定義したやうな、話手において、一つのものと考へられてゐる音声観念ではなく、観察的立場からする音声の抽象されたものといふことになる。金田一京助が、

その（筆者註、「躰としての言語」の意味）形式は、音韻と呼ぶ所の音声観念であつて、繰返して経験された音声から構成された所のものであり（「国語音韻論」一五）。

と云つてゐるのは、それに近い。

音韻と音声とは、ラングとパロルに分属されることになつたのであるが、この両者の間には密接な関係があり、両者相まつて、始めて言語音声の完全な認識が成立する。一般に、音韻の記述は、その音声的特質即ち発声の位置及び方法に基いて、母音、子音、唇音、舌音、口蓋音、鼻音（通鼻音）、喉頭音、破裂音、摩擦音、流音、更に声帯の振動の有無によつて、無声音（清音）、有声音（濁音）の区別をする。促音、撥音は、音声学的に観察すれば、それぞれ、破裂音、鼻音の長音化したものといふことになるのであるが、これを一つの音韻と認めるには、そこに、国語特有の音節構

造といふものを考へに入れなければならない。即ち、「アッタ」といふ音連続において、破裂音〔t〕が閉鎖してゐる時間だけ一音節を充塡してゐるといふ意味で、その部分を促音として一音韻に認めるのである。撥音を一音韻と認めるのも同様の理由による。長音も同様に、その延ばされた部分が、一音節を充塡するところから、これを一音韻とするのである。国語の音韻を規定するものは、音声的構造であると同時に、音節的構造である。

服部四郎は、音声学と音韻論とは、言語の音声的面を対象とする二部門で、車の両輪のやうな機能を果すものとして、この両学科を、截然と分つことに反対の見解を示してゐるが（「音韻論」昭和三十年九月、「国語学」第二二輯）、対象としての音声と音韻とを、言語においてどのやうに位置づけるかは、ソシュール理論のラングとパロルとの関係とも関連して、重要な事柄となつて来るのである。

音韻論的見解が、国語学に与へた重要な点は、言語音の歴史的研究の部門においてである。音声は、それがどのやうに繰返されても、一回毎に消滅してしまふので、それには歴史といふものが成立しない。歴史は、音韻にだけ成立するといふのである。金田一京助は、これを次のやうに述べてゐる。

　音声は、飽くまで生理心理的所産であつて、人間が生まれてから死ぬまで、毎日繰返して発してゐるが、その度毎に止むもので、これには歴史がない。

　音韻はそれとちがつて歴史がある。例へば、ヒバチは、三百年以前には〔ɸibatʃi〕であつた。それが江戸時代の初期から、江戸地方の方言から始めて京畿にも及び、段々〔hibatʃi〕になつて来、最近は、尚〔çibatʃi〕から、甚しきは〔ʃibatʃi〕にさへなる（「国語音韻論」三三―四）。

言語音の歴史は、観念的構成体として脳中に常住する音韻観念にのみ考へられるとすることは、ソシュールが、言語史研究を、ラングの変遷であるとしたことに呼応するものであつて、常住するものにおいてのみ歴史的変遷を認めて、個々の活動には歴史がないとする考へ方には、変遷には、常に変遷を荷ふ当体が無ければならないとする自然史の考へ方が入り込んでゐることが認められるのである。

ロ　ハ行音の変遷　国語のハ行子音は、現在においては、H音になつてゐるが、古くは、F音であり、更に古くは、P音であつたらうといふことは、上田万年によつて説かれて、当時の学界に大きな波紋を巻きおこした。（「P音考」明治三十一年、「国語のため」第二に収む）

P→Fの音韻推移の現象は、印欧語の歴史的変遷にも見られることで、印欧比較言語学では、いはば常識化された学説であつたから、同様な現象が、国語においても、あるべきであらうかと考へ、これを実証的に探求しようといふ興味をおこすのは、当然であるといへるであらう。しかし、単に理論的にだけでなく、確実な資料に基づいて、変遷推移の時期を考定することは容易なことでなく、国語史上の重要な課題として、その後の学者に継承された。PからFへ、更にFからHへ転化したのは、何時であつたかといふことについては、明かでない点があつた。PからFへの推移の年代については、奈良時代以前、或は奈良時代がその転換期であらうといふ推定説が提出されてゐるが、まだ、これを証明するに足る確実な証拠といふものは見出されない。ただ、F音存在の溯り得る年代については、種々な資料によつて、これを明かにすることが出来る。先づ、語頭のハ行音、例へば、「はる」（春）の「は」が、どのやうな音韻であつたかを知ることが出来る資料は、近くは、ヤソ会士の出版したキリシタン関係文献（第三章第二節）におけるローマ字表記、後奈良院御撰の「何曾《なぞ》」（その中に、「母には二たびあひたれど父には一度もあはず——くちびる」とあるを、新村出は、「母」を、fafa と発音した証拠とする）等であつて、それによれば、ハ行子音は、当時においては、F音であつたと推定される。南北朝時代、鎌倉時代にもF音の存在を推定することが出来る資料がある。更に、平安期に入れば、悉曇学者である東禅院心蓮（治承五年（一一八一）寂）の口伝を記した悉曇口伝、慈覚大師（貞観六年（八八二）寂）の在唐記等によつて、F音の存在は、平安初期にまで溯ることが出来る。奈良時代に入ると、F音の存在を断定する資料は殆ど見当らないが語中語尾のハ行音のあるものは、奈良時代において、ワ行音に転じた形跡があるので（万葉集に「かほ鳥」を「杲鳥」と書いてゐることから推定される。「杲」の字音「カヲ」を以て表記したものである。）、「かほ」の「ほ」の前時代音は、F音であつたと推定されるのである。もし、語中語尾のハ行音が、F音であるとすれば、語頭のハ行音もF音であつたらうと想像されるのである。即ち、ハ行の古音がPであつたとしても、それのF音への転化は、既に奈良時代に始つてゐたといふことが云へるのである。

次に、F音よりH音への推移の年代であるが、これについては、新村出は、F→Hの推移は、かなり長時日にわたつて、継続して行はれたこと、音声変化は、一律一様に行はれるものでなく、地方により変遷に遅速があること、語頭とか語尾とかで変化が一様でないこと、ハヒフヘホ五音中でも、ハの子音が早くH音になり、フの音がF音のままで残るといふ異同があること、また、ある場合には、変遷の経過が逆転することもあり得ること等のことがあることを予め注意する必要があることを述べ、「全本土の大部分が今日のやうにFを脱却して殆どHになり了つたのは、近世期の比較的後世のことであつて、FHの過渡期はかなり永く継続するものだといふことがわかる。」と述べてゐる（「波行軽唇音沿革考」昭和三年、「東亜語原誌」に収む）。

八　「カ」「クヮ」の混同、四つ仮名の混同、撥音の歴史的考察

「カ」「クヮ」の混同の歴史を明かにするといふ問題は、現実の国語問題、或は国語教育上の問題として提起されたことである。即ち、明治三十三年八月二十一日の小学校令施行規則において、字音仮名遣は、国語仮名遣とともに、すべて表音仮名遣によつて教育が行はれることとなつた。その際、「クヮ」「グヮ」は、それぞれ「か」「が」と表記することとされた。ところが、「クヮ」「グヮ」の音は、現に行はれてゐる地方もあり、その発音の相違によつて、語も従つて相違する事実があり、この区別を撤去することには、相当、問題があつた。そこで、明治三十五年、国語調査委員会が設けられてから、全国の音韻を調査することとなり、その中に、この「カ」「クヮ」の地方的分布の調査も含まれることとなつた（「音韻調査報告書」第二十二、二十三及び「音韻分布図」第二十七図）。

以上は、横の地理的調査であるが、同時に、縦の歴史的調査が必要とされるに至つたのである。新村出は、この問題を取上げて、次のやうに述べてゐる（「音韻史上より見たる「カ」「クヮ」の混同」明治三十九年、「東方言語史叢考」に収む）。

先づ、「クヮ」の音は字音に属することであつて、「クヮ」が「カ」に変じたのは、ある時代における音韻転化の現象

である。「クヮ」は、合音即ち唇的拗音で、同類として、「スヮ」「ルヮ」の如きがあるが、これらは、最初から原漢字音を棄てて、「サ」「ラ」の直音に発音し、カ行だけに存したが、その中でも、「クヲ」は存在せず、「クヰ」「クェ」は、次第に直音化し、「クヮ」だけが、近代まで厳重に守られて来たが、それが「カ」と混同することは、通俗社会においては、かなり早くから芽生え、近世初期に、京都の俗語においては、著しかつた（安原貞室の「かたこと」にその例が挙げられてゐる）。しかし、この混同は、江戸語及びその後継者である東京語において一層著しく、その普及によつて、今日、一般化する傾向にあり、音韻史上の傾向として、これを防ぎ止めることは出来まいとしてゐる。

次に、四つ仮名即ち「じ」「ぢ」「ず」「づ」の中、「じ」「ぢ」及び「ず」「づ」の表はす音韻が、それぞれ混同する現象、及びその時期の問題である。これらの現象は、前項のそれと同様に、方言音としての対立でもあるが、それ以上に、仮名遣の問題として取上げられて来たものである。鴨東蔌父の「仮名文字使蜆縮凉鼓《ケンシユクリヤウコ》集」（元禄八年刊、書名は、四つ仮名に関する代表的な語を連ねたものである。即ち「しじみ」「ちぢみ」「すずみ」「つづみ」）はそれである。

亀井孝は、「蜆縮凉鼓集を中心にみた四つがな」（昭和二十五年十月、国語学第四輯）といふ論文で、本書の国語学史的意義を論ずるとともに、四つがなが、当時仮名遣問題として取上げられるに至つた国語の音韻史的事実及び当時の音韻体系を問題にしてゐる。

次に、撥音「ン」については、江戸時代に、本居宣長と上田秋成との間に、古代において撥音が存在したか否かについての論争があつたが（「呵刈葭」本居宣長全集巻六、上田秋成全集に収む）、それは、音声学的にも、音韻史的にも扱はれたものではなかつた。明治時代に入つて、エドワーズは、この音の音声生理学的特質を捉へて、他の鼻音と区別し（高松義雄訳「日本語の音声学的研究」、原著は、明治三十六年刊）、大正時代に入つて、佐久間鼎（「国語の発音とアクセント」「日本音声学」（昭和四年刊））、神保格（「国語音声学」）等に受けつがれて、その解明が企てられた。佐久間に従へば、この音は、呼気を鼻腔に通じた時に、声帯の振動を急に中絶させるところに特色があり、それ故に、次に来る母音と結合して音節を構成することがないとした。神保は、「あんな」の場合の「ん」、「がんが」（雁が）の場合の

「ん」、「あんまり」の場合の「ん」は、それぞれ、nŋmの長音であり、「ほんを」（本を）の場合の「ん」は、口腔への僅かな通路を持つてゐて母音的性質を持つてゐるから、前者と区別して、ŋを以て表はす。以上は、専ら生理的な調音法の特質に対する観察に基づくものであるが、撥音については、他方に、音韻史的考察が要求された。撥音の成立変遷を文献に徴するには、それが、どのやうな仮名によつて表記されたかを明かにする必要がある。ここに、撥音表記法、特にそれを表はす仮名及びそれの用法研究が派生して来る（橋本進吉「仮名の字源に就いて」（著作集第三冊））。古訓点本（第三章第二節）中の漢字の鼻音韻尾、例へば、問（韻尾はn）、侵（韻尾はm）のやうな字音の韻尾の表はし方が、今日の「モン」「シン」のやうな表記に統一されて行く径路の研究などがそれである（吉沢義則「抄物の言葉について」昭和元年一月国語国文の研究第四号）。小倉進平は、「国語撥音の歴史的観察」（「国学院雑誌」明治四一年八九十月号）といふ論文において、この主題を、次のやうに具体化して、

日本語が国語として独立したる前後に当つて已に撥音の存在を認め得べきや。或は奈良朝又は平安朝に至つて初めて此の音の発生を見たりしや。又後世韓支との交通により一種特別なる撥音の輸入せらるゝ事なかりしか此等の問題が研究の題目となるなり（同上九月号）。

と述べ、漢字の三内撥音（唇、舌、喉の鼻音）が「ン」「ウ」に統合される径路及び国語において撥音の成立する事情を明かにしようとしてゐる。有坂秀世の『「カムカぜ」（神風）のムについて』（「国語音韻史の研究」昭和十一年四月号）といふ論文では、周到な考証に基づいて、上の「ム」は、「古くはmuの如く、明瞭な後舌母音を含んでゐたものと思ふ。」「それが撥音に転じたのは、撥音化が一般的に多く起つた平安時代前半期以降のことではなかつたかと想像されるのである」と結んでゐる。

撥音は、以上のやうな歴史的事実として観察される外に、体系的事実として見た場合、それ自身個有の音として成立したものでなく、多く音便現象として或は、音結合における現象として、成立するもので、従つて、他の音便、即ち促音便、ウ音便などと密接な関係があり、また、撥音化は、後続音の性質にも規定されることが多いといはれてゐる（浜田敦「促音と撥音」人文研究一ノ一・二）。

二　音韻変化の法則と変化の原因の究明

音韻変化に一定の法則があるといふことは、ラスムス・ラスク、ヤコブ・グリムによつて明かにされて、印欧比較言語学、語原学に科学的厳密性を与へた著しい事実であるが、特に、グリムの説は、大槻文彦の訳述したチャムバースの百科辞書中の「言語篇」の中に、「グリム氏の法則」として、早く我が国に紹介された（明治十九年）。上田万年の「P音考」は、P→F→Hの音韻変化の事実が、国語の上にもあることを実証しようとしたもので、その後の国語学界を賑はした。

音韻史研究の課題としては、史的事実の記述、法則の発見、更に、進んで、それら変化変遷の原因を説明することが重要とされた。新村出の「音韻変化作用の消長」（「東方言語史叢考」中）と題する論文は、室町時代に、広く一般に行はれた「官員」「親愛」「算用」等を、それぞれ、「カンニン」「シンナイ」「サンニョー」のやうに発音した舌内連声《レンジョウ》法が、今日では、連声法によらず、原音に還元して、「カンイン」「シンアイ」「サンヨー」と呼ぶやうになつた事実をとりあげて、その原因を説明しようとする。連声法は、何故活動を停止したかといへば、舌内のn韻が亡びて、喉内のngに近い撥音に近くなつてしまつたのが（筆者註、官はkanからkangに移つたといふのである）原因となつて、舌内の連声が停止するやうになつたといふのである。「音韻変化の諸原因」（同上書に収む）も、同じ問題を追究したものである。

橋本進吉の「国語音韻変化の一傾向」（著作集第四冊「国語音韻の研究」に収む）は、上田万年の「P音考」（国語のハ行音は、古くパ行音であったといふ説）をとりあげ、その変化の原因について述べたものである。右は、「国語音韻の変遷」（同上書に収む）中の第五項に述べた音韻変化の原因の究明を、「P音考」に関連して述べたもので、P→F→Hの傾向は、唇音退化に基づくものとした。橋本の見解には、ソシュールの言語理論が入つてゐて、音韻変化の説明にも、ソシュール理論の裏づけを以てしてゐることは注意すべきことである（「国語学研究法」著作集第一冊二六〇）。それに従へば、言語の変遷は、言語表象（筆者註。ソシュールのラングに相当する）の変化である。言語表象には、音声表象と事物表象（意味）とがある。知ることが出来る音声表象は、変化の結果であつて、変化そのものではない。変化を知るには、そのやうな表象が、言語活動によつて実現せられる場合の生理的心理的作用を見なければならない。ここに、音韻史的研究と音声学的研究の交渉を考へようとするのである。

ホ　橋本進吉の上代の特殊仮名遣の研究をめぐる諸問題　橋本進吉は、大正六年十一月に、「国語仮名遣研究史上の一発見――石塚竜麿の仮名遣奥山路について――」と題する一論文を発表した（「帝国文学」第二三巻十一月号。昭和四年、古典全集「仮字遣奥山路」上巻々首に転載。同二四年十一月、橋本進吉博士著作集第三冊「文字及び仮名遣の研究」中に収む。）。本書は、先づ、仮名遣といふことに、二つの意味があつて、一は、「い」「ゐ」「お」「を」等の同音の仮名を、どのやうにして区別して用ゐるかといふ仮名用法の主義に関することであり、二は、これらの仮名が使ひわけられてゐるとすれば、如何なる場合に如何なる仮名が用ゐられてゐるかといふ仮名用法の事実に関することである。第二の、仮名がどのやうに用ゐられてゐるかの事実に関する研究は、当時の音韻組織を明かにするに必要な基礎的研究であつて、本論文の意図が、そのやうな音韻組織を明かにする為のものであるといふ立場を明かにしてゐる。ただここに、用語の問題として、著者が、仮名の用法の主義とは別に、音韻と仮名用法との関係の実際に関する研究を、仮名遣研究と呼んで、仮名遣の語を拡張して使用したことは混乱を引き起こし易いことであつて、著者の意図するところに従つて仮名遣といふ語を避けて、音韻組織を明かにするための仮名の用法の研究とするのが、適切である。そのやうに理解することによつて、始めて、本論文の正当の位置が理解されることとなるのである。

次に、問題を、古代国語の音韻組織を明かにすることに限定し、その研究の基礎となる、古代の仮名用法を研究した代表的著作として、契沖の「和字正濫抄」、奥村栄実《てるざね》の「古言衣延《ええ》弁」及び石塚竜麿の「仮名遣奥山路」の三を挙げ、特に、「仮名遣奥山路」が、奈良朝の文献において、「え」「き」「け」「こ」以下、後代それぞれ一音と考へられてゐる十三音の仮名が、各両類に分れて、互に混ずることが無いといふ事実を述べてゐることを指摘する。しかしながら、この、同音にして、しかも仮名の用法が両類に分れてゐる事実が、何によるものであるかについては、竜麿は何も述べてゐないし、竜麿の研究の拠となつた宣長の研究にも述べられてゐない（宣長は、「古事記伝」巻一、仮字の事の条に、右の事実を述べてゐるが、その理由については、何も云つてゐない）。竜麿が指摘した、同音と考へられる仮名の使ひわけとは、例へば、「え」の仮名については、「衣」「愛」「哀」「延」「要」「曳」等の文字が用ゐられてゐるが、語によつて、例へば、「得」の意味の「え」には、「衣」「依」「愛」等が通用して用ゐられるが、「枝」の意味の「え」には、「延」「曳」だけが通用して用ゐられて、前者に通用した「衣」「愛」は用ゐられない。また、例へば、「け」についても同様で、「けり」の意味の「け」には、「祁」「啓」「鶏」「計」等が通用して用ゐられるが、「木」の意味の「け」に用ゐられる「概」「開」「気」等は、これに用ゐられることがないといふ事実である。このやうに、仮名が両類に使ひわけられてゐる事実が何によるかについては、竜麿は確言してゐないが、「古言別音鈔」(草鹿砥宣隆《くさかどのぶたか》)に引用した「仮字遣奥山路」には、「今の世にては音《コヱ》同じきも古言には音異なるところ有りて古書には用ひし仮字に差別ありていと厳になん有りけるを」とあつて、仮名の使ひわけが、音韻の差別によるものと解してゐたやうに見えるのである。即ち、「得《え》」と「枝《え》」は、音韻が異なり、「けり」と「木」の意味の「け」も、またその音韻が相違してゐたと考へられたのである。

最後に、本書を、契沖及びそれ以後の仮名遣研究史との対比において、仮名遣研究史上における歴史的価値について論じてゐるが、それは、既に述べたやうに、本書を仮名遣書の一つとして見たことから来てゐるのであるが、「国語音韻史の研究上にも極めて価値あるものであることを信ずるに至つたのである」と云つてゐるところに、著者の本書に対する評価があると見ることが出来るのである。著者が、本書の価値を見出すに至つた機縁は、著者が、独自の立場から、万葉集中の「ケ」の音の仮名に両類の別あることを発見し、キヒミメコ等の仮名にも同様の別があることを予測して研究を進めたことにあることが述べられてゐる。

因に、著者が、石塚竜麿のこの研究を、仮名遣といふ名称になづんで、契沖のいはゆる仮名遣研究書の系列において評価したことは、正しくない。もし、位置づけるならば、同じく契沖の研究書である「正語仮字篇」「和字正韻」、或は宣長の「地名字音転用例」「古事記伝」総論中「仮字の事」、義門の「男信《なましな》」「於乎《おと》軽重義」等の系列においてしなければならないのである。これらの研究は、漢字の用法と国語の音韻との関係を究明したものであつて、例へば、「伊」は

「イ」に、「相模」は「サガミ」にといふやうに、漢字と国語音との関係を究明したものであるが、ただそれらの研究においては、漢字を、「いろは歌」或は「五十音図」に用ゐられてゐる後世の仮名を基準にして考察した為に、「い」「ゐ」に相当する漢字の仮名用法については区別され、また、その音韻的相違も識別されたのであるが、後世の仮名において区別の無くなつた「紀」（木の意味）と「伎」（過去のきの意味）の使ひわけの如きは、ただ、語による使ひわけとだけ考へられて、それが音韻上の区別であるとまでは、考へ及ばなかつた。これを、音韻上の区別に基づくものではなからうかといふ推定にまで持ち来たらしたところに、石塚並に橋本の研究の価値が認められるとしなければならないのである。従つて、これらの研究は、万葉集等の上代漢字文献をどのやうに読むかといふ訓点釈義の研究に接続し、その基礎となる用字法研究の中に包含されると見ることも可能となるのである。

橋本進吉の如上の研究は、仮名遣の研究としてよりも、古代国語の音韻組織の究明といふところにその方向があつたことは、既に述べた。そして、昭和四年、右の論文が、古典全集に転載され、「仮字遣奥山路」とともに刊行されるに至つて、昭和年代以後の国語音韻史研究の源泉ともなり、また原動力ともなつた。

橋本は、昭和六年、「上代の文献に存する特殊の仮名遣と当時の語法」（「国語と国文学」九月号。「橋本進吉博士著作集」第三冊「文字及び仮名遣の研究」中に収む）を発表して、石塚竜麿の研究に対する補訂をなすとともに、上代の文字用法と音韻との関係の研究の効用について概説した。

先づ、竜麿の研究の補訂についてであるが、竜麿においては、「え」「き」「け」「こ」以下十三の仮名が、両類に分れてゐることを主張しながら、実際においては、かなり多くの例外を認めざるを得なかつた。しかしそれは、㈠東国語を除外せず、これを他の用法と一律に扱つたこと（東国語においては、この両類の別は、存在しなかつたか、或は混乱が多い）、㈡通行本によつたために、後世の転写から来る誤謬をそのまま資料としたこと、㈢語法に関する知識が不十分な為に、当然分つべきものを一つにしたため等であつて、それらを考慮に入れるならば、右のやうな例外が極めて少くなることが明かにされた。そして、この両類の別については、その後発見された資料等に基づいて、次のやうな結論が下された。

㈠ 両類の別は、音によつて遅速があるが、大体、奈良朝まで存在した。

㈡ 右の別は、東国語においては、存在しなかつたか、さもなければ、よほど混乱がはげしいと認められる。

㈢ 右の別は、これに用ゐた漢字の中国・朝鮮における発音や韻書の音の区別に照して、上代の国語の発音の区別に基づいたものらしく考へられる。

㈣ 右の別の中、「え」の仮名の両類（これは、ア行ヤ行のエに相当する）を除いて、他の十二の仮名は、互に相対応して用ゐられる。例へば、「き」の仮名の一つの類は、「ひ」「み」の一つの類と同様な場合に用ゐられる。従つて、か行四段活用の「き」の仮名（「支」の類の漢字を以て表はす）を、別の「き」の仮名に対して、甲類と名づけるならば、は行四段連用形の「ひ」の仮名（「比」の類を用ゐる）、ま行四段連用形の「み」の仮名（「美」の類を用ゐる）も、それぞれ、「ひ」「み」の甲類と名づけることが出来る。

即ち、

き°の甲類—支岐伎妓吉棄枳等
ひ°の甲類—比毘卑辟避譬等
み°の甲類—美弥弭寐湄等

本論文第五・六・七項には、仮名の両類の別から進んで、その機能の同じものを甲類乙類に区別する手続を詳細に述べてゐる。次に掲げる図表は、右のやうな手続きによつて、十三の仮名の両類を、それぞれ甲乙の両類に対応させたものである（本表は、橋本進吉「古代国語の音韻に就いて」（昭和十七年）中の附録「万葉仮名類別表」を省略して転載したものである）。

え	衣の類	衣愛哀埃依	ア行
	延の類	延曳睿叡遙要縁	ヤ行

き	岐藝の類	岐支伎妓吉棄弃枳企耆祇祁（清） 藝岐伎儀蟻祇嗜（濁）	甲類
	紀疑の類	紀帰己記嗜忌幾機基奇綺騎寄気既貴癸（清） 疑擬義宜（濁）	乙類
け	祁牙の類	祁計稽家奚鶏雞谿溪啓價賈結（清） 牙雅下夏霓（濁）	甲類
	気宜の類	気開既概槩慨該階戒凱愷居擧希（清） 宜義皚导碍礙偈（濁）	乙類
こ	古胡の類	古故胡姑祜枯固高庫顧孤（清） 胡呉誤虞五吾悟後（濁）	甲類
	許碁の類	許己巨渠去居擧虚據莒興（清） 碁其期語馭御（濁）	乙類
そ	蘇俗の類	蘇宗素泝祖巷（清） 俗（濁）	甲類
	曽敍の類	曽層贈増僧憎則賊所諸（清） 敍存鐏鋤序茹（濁）	乙類
と	斗度の類	斗刀土杜度渡妬覩徒塗都圖屠（清） 度渡奴怒（濁）	甲類
	等杼の類	等止登鄧騰縢臺苔澄得（清） 杼縢藤騰廼耐特（濁）	乙類
の	怒の類	怒弩努	甲類
	能の類	能乃廼	乙類
ひ	比毗の類	比毘卑辟避譬臂必賓嬪（清） 毗毘妣弭寐鼻彌弥婢（濁）	甲類
	斐備の類	斐非悲肥彼被飛秘（清） 備眉媚糜傍（濁）	乙類
へ	幣辨の類	幣弊蔽蔽敝平鞞覇陛反返遍（清） 弁甓謎便別（濁）	甲類
	閉倍の類	閉閇倍陪杯珮俳沛（清） 倍毎（濁）	乙類
み	美の類	美弥瀰弭寐湄民	甲類
	微の類	微未味尾	乙類

め	売の類	売咩謎綿面馬	甲類
	米の類	米毎梅瑇妹昧晩	乙類
も	毛		甲類
	母		乙類
よ	用の類	用庸遙容欲	甲類
	余の類	余與豫餘譽預已	乙類
ろ	漏の類	漏路露婁樓魯盧	甲類
	呂の類	呂侶閭廬盧稜勒里	乙類

石塚竜麿は、十三の仮名に、それぞれ用法上両類の別があることを、認めたに過ぎなかつたが、橋本進吉が、その各々を甲乙両類に分つて、それぞれの間に機能上の同一性があることを見出したことは、上代の仮名と音韻との関係、及びその音がどのやうなものであるかを推定する上に重要な手懸りを提供したことになるのであつて、この研究の一大進展であるといはなければならない。甲乙両類に分つたといふことは、たとへ、それが「き」の仮名であつても、「ひ」「み」の仮名であつても、甲類に属するものの間には、その発音に共通点があり、乙類のそれとは相違するものであると同時に、甲類と乙類との間には、同様の発音上の変異が、あることが、予想されることとなつたのである。

以上のやうな両類の別が、当時の国語の何等かの音韻上の区別に基づくとすれば、仮名の類別の相違は、語の相違を意味することとなり、当時の言語の解釈や語原の研究、延いては、上代の文献に基づく一切の学問に影響を及ぼすものと考へられるのである。

活用に関するものの例を挙げるならば、後世、四段活用といはれてゐる動詞の已然形と命令形は、同一音となつて区別が無くなつてゐるが、少くとも奈良時代には、已然形語尾は、乙類の仮名を用ゐ、命令形に甲類を用ゐてゐるので、活用形としては別にする必要がある。そして、助動詞「り」は、已然形に接続すると云はれて来たが、命令形に接続すると改めなければならない。

また、この類別は、ある動詞が、いかなる活用の種類に属するかの決定の根拠とされる。橋本は、後に、「上代に於ける波行上一段活用に就いて」（「国語国文」昭和六年十月、「著作集」第五冊）を発表し、従来、上一段活用とされて来た「乾る」「嚔る」が、古くは、上二段活用であつたことを立証した。後世、四段活用と考へられて来た「よろこぶ」といふ語が、同様の根拠によつて、奈良時代には、上二段活用と推定される（有坂秀世「祝詞宣命の訓義に関する考証」（国語と国文学、昭和十二年五月）「国語音韻史の研究」に収む。遠藤嘉基「万葉集中の活用語について」（文学、昭和十二年五月））。また、「はるけし」「のどけし」の連用形「はるけく」「のどけく」は、形容詞「よし」「きよし」「さむし」に、「……であること」を意味する「く」が付いて出来た「よけく」「きよけく」「さむけく」と外形上区別し難かつたが、前者が「け」の乙類の仮名、後者が甲類の仮名を用ゐてゐるので、仮名を見ることによつて、その語構成の相違を知ることが出来、従つて解釈上に有効である。なほその他、漢字表記の文献の訓読の適否を定める場合に、また、諸本に本文の異同がある場合に、いづれが正しいかを決定する根拠として、また、語釈を考へる場合等に、その正否を判断する根拠として、有力な武器となるものであることを述べてゐる。

以下、いはゆる上代の特殊仮名遣の研究が、どのやうな問題を派生したかを略述することとする。

（一）竜麿の研究において、補訂を要する仮名用法として、「ヌ」「チ」「モ」の音韻の表はし方に関する問題がある。竜麿は、「ヌ」に二類があるとしたのであるが、橋本は、「ヌ」は一つだけで「ノ」が二類に分れるとして、怒弩努を甲類、能乃廼を、その乙類と認めた（「国語学概論」第八章仮名遣の歴史、「古代国語の音韻に就いて」著作集第四冊一五七）。このやうにして、仮名用法が二類に分れるのは、五十音図の中の、イエオの段にだけ存在するといふことになつた。次に、竜麿は、「チ」「モ」の仮名が、古事記においては、「知」と「智」、「母」と「毛」に分別されてゐるやうに説いてゐるが、「チ」はただ一つだけで、「モ」は古事記においてだけ両類が厳存することが明かにされた（池上禎造「古事記に於ける仮名「毛・母」に就いて」（国語国文）昭和七年十月。有坂秀世「古事記に於けるモの仮名の用法について」（国語と国文学）昭和七年十一月）。

㈡ 甲乙両類の仮名の使ひわけが、音韻の特質に基づくものであることは、橋本の、「仮字遣奥山路」の紹介以来、推定されたことであり、しかもそれが、音節の子音に関するものでなく、母音に関するものであることは、理論的にも考へられたことであるが、これが実際にどのやうな音韻であるか（音価）を推定することが、研究の課題とされた。これを明かにするには、仮名として用ゐられた漢字の字音の性質を明かにすることが必要とされて、韻鏡における所属、朝鮮における漢字音、支那音韻史、現代支那方言音等の研究が派生して来る（有坂秀世「国語音韻史の研究」「上代音韻攷」、大野晋「上代仮名遣の研究」）。

㈢ 「エ」が両類に分れることは、竜麿の「仮字遣奥山路」に述べられてゐることであるが、他の十二の仮名用法の両類とは性質を異にし、別個に研究されて来た。即ち、奥村栄実の「古言衣延弁」（文政十二年序。「音声の研究」第五輯に覆刻）、大矢透の「古言衣延弁証補」（昭和四十年。「音声の研究」第五輯に転載）、等により学界に早くから知られたのであるが、橋本は、更に疑問の点を考定して、この事実を確認した（「古代国語の『え』の仮名について」著作集第三冊）。

㈣ エキケコ以下十三の仮名の用法が両類に分れ、それが、音韻の別に基づくものであらうといふことが明かにされたのであるが、これを、古代国語の母音交替や、古代国語の音節結合に適用する時、そこに次のやうな法則が見出されることが明かにされた。（有坂秀世「古代日本語に於ける音節結合の法則」国語音韻史の研究に収む）

第一則　甲類のオ列音と乙類のオ列音とは、同一結合単位内に共存することが無い。

第二則　ウ列音と乙類のオ列音とは、同一結合単位内に共存することが少い。就中ウ列音とオ列音とから成る二音節の結合単位において、そのオ列音は乙類のものではあり得ない。

第三則　ア列音と乙類のオ列音とは、同一結合単位内に共存することが少い。

なほ、音韻史研究に所属する事項に、アクセントの歴史的研究がある。主として服部四郎、金田一春彦等によつて開拓されたものであるが、業績は、左の文献に譲る。

(三) 文字史研究

文字の歴史的研究は、わが国語が、仮名と漢字とを使用、混用するところから、それぞれ、仮名の歴史的研究、漢字の歴史的研究とに分れる。文字は、視覚で把へられる延長性、即ち平面的な「形」を持つてゐるので、これを字形の変遷として考察することが比較的に容易である為に、仮名の字形については、既に江戸時代から、研究の対象とされ、資料からの異体字の蒐集及び原漢字からの脱化の経路についての説明が試みられて来た（岡田真澄「仮字考」文政五年刊 伴信友「仮字本末」嘉永三年刊）。

大矢透の「仮名遣及仮名字体沿革史料」（明治四十二年刊）は、仮名字体だけを主題としたものではなく、その中には、仮名遣、及び語彙のことにも触れられてゐるのであるが、仮名字体については、主として、古訓点本を資料として、その時代的変遷を明かにしようとしてゐる。春日政治は、平仮名片仮名の源流である奈良時代以前の漢字の表音的用法を出発点として、その沿革を明かにした（「仮名発達史序説」（昭和八年、岩波講座日本文学）「片仮名の研究」（同九年、国語科学講座））、仮名の中には、その字源について問題となるものがあつて、橋本進吉は、「ワ」及び「ン」の字源に関する論文を発表した（「仮名の字源について」「文字及び仮名遣の研究」著作集第三冊）。

漢字については、その字形の変遷は、シナ本土における問題であつて、直接、国語学上の問題とはすることが出来ないものであるが、文字構成法の点から云へば、国字、和字と称する、わが国独自の案出に基くものが注意されてゐる。漢字は、それ自体の中に、字形、字音、字義の三つの要素を持つてゐると考へられるところから、字音及び字義の史的変遷が、漢字の研究の中で説かれてゐる。

文字に対する観点は、以上のやうに、文字を言語から切離して、それだけを抽象して観察することの外に、これを、表現理解の媒介として、言語との関係において見る観点があり得る。万葉訓点研究史において、用字法の研究といはれてゐるのがそれである。文字を、表音文字、表意文字に大別するのは、このやうな文字の機能的観点であつて、例へば、

「波」字だけを取出したのでは、表音文字とも表意文字とも判断し難いのであるが、「風波」或は「波奈」を、それによつて表現され理解される語との関係において見る時、前者を表意文字、後者を表音文字或は仮名と呼ぶことが出来るのである。用字法の研究は、文字用法の体系についての研究であるが、これを歴史的に見れば、漢字だけを駆使して表記した上代のそれと、今日の漢字仮名交り文との間には、用字法の史的変遷が考へられる筈であるが、従来、用字法は、専ら漢字と、語或は語音との対応関係だけから捉へられて来た為に、文字全体の用字体系の変遷についての研究として見るべきものは、まだ現れてゐない状態である。

㈣ 文法史研究

文法の体系的記述と同時に、文法の史的変遷を記述し、説明することが、国語史研究の一環として重要な意味を持つものであることは、早く上田万年によつて唱道せられ（「国語と国家と」明治二十七年。三七頁参照）、中学校教授要目中の一項目としても、国語沿革の大要を授けることがうたはれてゐるのであるが、史的文法の記述といふことは、その前提として、各時代における文法的事実の記述が先行しなければならないし、更に、各時代における文法の記述のためには、文法記述の枠を設定すること、即ちどのやうな組織において、文法的事実を記述するかの点が明かにされなければならない。山田孝雄の「日本文法論」（明治三十五年、第一部第二章までを刊、同四十一年刊）は、日本文法の体系的記述の基礎的研究の意味を持つと同時に、史的文法を記述する為の基礎的研究としての意味をも持つことを明かにしてゐる。即ち、

> 著者はじめ歴史的文典を編せむと企てたり。然れども、現今の文典は著者の目より見れば、決して体制の可なるものにあらず。これによりて現今の文典の主義によりて歴史的文典を編せむか、支離滅裂に終らむこと目前に見ゆ。自家の体制を述べつゝ、歴史的変遷を叙せむか、事態頗錯雑紛糾を極めむ。ここに於いて自家の体制を別に特立せしめ、この自説にして果して世の承認を経ば、それに憑りて、歴史的文典を編せむも遅からじと思惟し、今は記述

的にのみ叙することとはなしぬ（同上書緒言）。

とあるによつて明かである。山田は右の緒言に述べたところの約束に従つて、

奈良朝文法史		大正二年五月、昭和二十九年重版
平安朝文法史		大正二年六月、昭和二十七年重版
平家物語の語法	二冊	大正三年十二月「国語史料鎌倉時代之部、平家物語につきての研究」後篇、昭和二十九年

等を公にした。これらは、「日本文法論」において設定された文法体系に従つて、それぞれの時代の文法的事実を記述すると同時に、その時代的推移を明かにし、またそれを説明したものである。

明治以後の文法史研究は、近代言語学の課題に従つて、その材料を主として、口語を記述したと推定される文献にとり、口語文法の歴史的変遷を記述することに主力が注がれたのであるが、山田は、話語文語の区別は、平安時代にあつても明瞭でなく、それが分れたのは室町期であらうといふ見解に立つて、以上の諸著においては、特にこの両者を区別することをしてゐない。明治時代後半より、大正年代へかけての、抄物《ショウモノ》並に吉利支丹文献等の口語資料の発見とともに、学界の関心は、室町期以後、現代に至る口語の文法の史的変遷に向けられ、次のやうな業績が公にされた。

足利時代の言語について	新村　出	明治二八年	東方言語史叢考
猿楽の狂言の用語	吉沢義則	同四一年	能　楽
口語法別記	大槻文彦	大正六年	
国語史料としての抄物	湯沢幸吉郎	同十五年	国語と国文学六月号、国語学論考
抄物の言葉に就いて	吉沢義則	昭和二年	国語国文の研究第四号

天草本平家物語の語法　湯沢幸吉郎　同三年　国語学論考
文禄元年天草版吉利支丹教義の研究　橋本進吉　同三年　東洋文庫論叢第九
室町時代言語の研究　湯沢幸吉郎　同四年、同三十年重版、初版は「室町時代の言語研究」
国語史上の一画期　春日政治　同七年　新潮社版「日本文学」講座
——文禄伊曽保を中心とした語法
徳川時代言語の研究　湯沢幸吉郎　同十一年、同三十年重版
天草版金句集の研究　吉田澄夫　同十三年　東洋文庫論叢第二四
江戸言葉の研究　湯沢幸吉郎　同二九年

以上のやうな研究の傾向は、明治以前の文法研究と、著しく相違する点であつて、これを概括すると、
一、明治以前は、国学の一環としての研究で、従つて、それは、古文献の解釈を目標とし、その手段としての意味を持つてゐたのに対して、明治以後は、国語の歴史的研究の一環として、史的見地において扱はれるやうになつた。
二、明治以前は、その目標に制約されて、その資料とする文献は、奈良平安時代のものに限定されてゐたのであるが、明治以後は、口語の文法史的事実を明かにすることが目的であるために、その資料は、文学的価値とは無関係にとられるやうになつた。

言文が二途に別れた後の時代における言語について、文法史的研究の関心は、必ずしも、文語における文法史的事実と、口語における文法史的事実とに公平に向けられたのではなかつた。関心は、専ら、口語の史的事実にあつて、文語史的事実にはなかつた。このことは、第二章第一節に述べた、近代言語学における言語に対する価値観に基づくものであつて、音声言語が、言語研究の真正の対象であるとする思想に由来するのである。例へば、

今日、端的に国語といゝ、日本語と云えば、われ等が日常口にし、耳にして居る口語を指すことには、何人も異議をさしはさむ者はあるまい（湯沢幸吉郎「室町時代言語の研究」自序）。

といふやうな断言もそこから出て来るのである。ところが、このやうな、口語の史的事実を記述し説明するには、過去の音声言語は、その瞬間に消滅してしまふのであるから、どうしても、音声言語を記録したと推定される過去の文献即ち文字言語に頼らなければならないこととなるのである。ここに、右のやうな目的にかなふ文献資料の捜索と、そこから、口語の文法史的事実を摘出するといふ困難な作業が要求されることとなるのである（第三章第二節）。

文法史的研究の課題が、以上のやうな状態であつたから、明治以後の文法研究が、室町期以後の文学作品を対象とする国文学研究と袂を分つに至つたことも当然である。このことは、根本的にいへば、言語を、その文化的価値とは無関係に、その自然な姿において把握しようとすることに基づくのであつて、この研究態度は、ひいては、従来の平安時代、奈良時代の言語の研究に及ぼし、不確実な転写本による研究を排して、より確実な、根本資料によつて帰納すべきことが主張されるやうになるのである。

(五) 語史研究

語そのものが何であり、その構成がどのやうになつてゐるかの問題は、主として文法研究の問題である。語の歴史的変遷の問題としては、語が、音韻と意味との結合体であるとする言語観に従へば、語の歴史的変遷は、一方、その構成要素である音韻の歴史の問題に帰着するので、残るところは、語の意味の史的変遷の考察と、その語が、いつから、どのやうにして用ゐられるやうになつたかの発生史的語源的研究とになるのである。

一般に、語の意味は、その語の音が喚起するところの内容的表象的なものについて云はれてゐる。従つて、意味の変遷の研究といふことは、これら内容的表象的なものが、時代的に拡張し、縮小する事実を記述し、説明することである。

語の意味が、時代によつて変遷することは、明治以前の国語における国語研究でも、気付かれてゐたことであるが（例へば、本居宣長「源氏物語玉の小櫛」）、意味の変遷を正面の課題として取上げ、これを説明しようとしたことは、やはり近代言語学の輸入以後のことである。明治三十年にダルメストウテルの La Vie des Mots (1886) が、金沢庄三郎によつて「ことばのいのち」の書名で翻訳された。同年に、ブレアルは、Essai de Sémantique (1897) を著し、言語の外形である音声の研究に対立する意味の研究に、Sémantique の名称を与へた。語の意味の歴史的変遷の研究においては、語の意味には、当代の政治、社会、経済その他の文化が反映するといふ考へに基づき、語の意味が変遷する原因を、社会事象の変遷に求めて、これを説明しようとした。このことから逆に、ある時代の社会を明かにするには、言語が、一つの有力な研究資料であるとされ、ここに、社会学と言語学との提携が考へられ、言語学的社会学、或は社会学的言語学が生まれて来るのである。言語そのものの分析によつて、当代の社会なり文化なりを知ることが出来る、そして、言語学の目的の一つがそこにあるとしたのは、意味学の成立以前に、マクスミユーラー、セイス等の印欧比較言語学において云はれたことで、明治三十一年に、上田万年、金沢庄三郎共訳による、セイスの言語学においても、語源学の目的は、ただ単に共通祖語を再建することにだけあるのではなく、それによつて、人類社会の歴史、思想の進化の跡を明かにすることであるとした。以上のやうな思想を承けてか、次のやうな著書が現れてゐる。

言語の研究と古代の文化　金沢庄三郎　大正二年

言語に映じたる原人の思想　同　同九年

語は、これを比喩的に見れば、事物とともにこの世に出生し、それが人の口から口へ受継がれて、いつしか、その生まれた因縁も忘れられてしまつて、ただその物の名だといふこと、ある場合には、それが、何かを指すといふことだけしか分らぬやうになつてしまふものである。この忘れられた語の因縁を探り、出生の根拠をつきとめたいといふ欲求は、洋の東西を問はず、かなり古くから、いづれの民族でも持つたことであるが、我が国でも、古風土記などにそれが現れて居り、語の出自を尋ねるといふことは、その後も引き続いて行はれて来たのであるが、その多くは、思ひつき程度以上のものでなく、その中で、新井白石の「東雅」の如きは、科学的実証性を求めたものとして、出色のものとされてゐる。語原学に、科学的根拠を与へたのは、十九世紀の比較言語学、史的言語学である。語の出生来歴には、必然的に、事物や文化の来歴が伴ふので、文化史的見地から云つても、充分興味の対象となるべきことである。ここに、語の史的考証と、史学や考古学との交渉が考へられて来るのである（新村出「言語の研究と古代史の研究」（大正八年一月）「民族と歴史」創刊号、後に、「東亜語原誌」に収む）。

新村出は、明治四十一年外遊し、大英博物館所蔵の天草版平家物語、伊曾保物語等のいはゆるキリシタン版文献を日本に紹介すると同時に、近世初頭の日欧交通と、それにまつはる外来語の史的考証に関する幾多の論文随筆を公けにした（「南蛮更紗」「南蛮広記」「琅玕記」その他）。

新村の、文献的資料に基づく語史考証に対して、柳田国男は、方言或は民俗の研究から、語原並に語の成立を説明しようとした（「国語史、新語篇」昭和十一年）柳田の方法論は、次のやうに述べられてゐる。

言語史は、ちやうど政治史などとは正反対に、（中略）我々の眼の前の事実、もしくは最も手近なる言語現象の、容易に何人にも認識し得られるものから発足して、所謂倒叙式に調べて行く必要がある（「国語史新語篇」五）。

此問題（筆者註「どうして一つの国語が、僅かな歳月の間に此様にまで、大きな変化をしなければならなかつたか」といふ根本の疑問を指す）を処理する第一歩は、先づ御互ひの知つて居る区域に於て、言葉が時につれてどう言ひかへられ、もしくは地を隔てゝどう言ひちがへられて居るかを、明かにすることである。眼のあたりの現象ならば想像を加へずに、直接にその原因を究むる方法がある。その原因が見つかると、次にはその同じ法則が、以前も同種の場合に働いて居たのではないかといふ問題に、近よつて行く手がかりが出来たことになるのである（「同上書」六）。

本書には、語の発生、廃棄に働く人間の心理作用が興味深く語られてゐる。そこから、語の時代的地方的差異の生じて行く根拠を見出さうとするのである。

第二節　国語史研究資料の探索

(一) 国語史研究における資料の意義

明治以後の国語学の主題が、近代言語学を継承して、音声言語（口語）を歴史的に研究することにあつたことは、前項で述べた。ところが、過去の国語は、言文一致運動が成功するまでは、すべて文語で書かれてゐて、口語を知ることが出来る資料といふものは極めて稀である。しかし、過去の口語は、すべてその瞬間に消滅して、これを今日において経験することは不可能であつて、すべてを、文字によつて記された文献に頼るより外に方法がないのであるから、ここに研究法上の難関があるわけである。その僅かな抜道は、文献の上に、時たま散見する口語と推定されるものを採集して、それによつて、当時の口語を記述するといふ方法である。大槻文彦は、この研究法上の困難を次のやうに述べてゐる。

今日、普通ノ文章ニ記ス言語ヲ文語トシ、談話ナルヲ口語トス。文語ト口語ト両途ニ別レ始メタルハ、平安朝時代ノ中世ヨリナリ。其ノ差違ハ、発音ト用言ノ語尾活用トノ変転ニ生ジタリ。古来ノ口語ノ変遷ヲ知ラムニハ、書籍ニ拠ラズバアルベカラズ。然ルニ、世ニ存スル書籍ハ、悉ク文語ニテ記シテアレバ、其ノ変遷ノ経路ヲ知ルニ由無シ。但シ、両語相別レテヨリ、文語ハ学ビテ始メテ記シ得ルモノトナリシガ故ニ、数百年来ノ文語文ハ、人々己ガ日常ノ口語ニアラズシテ、スベテ、学ビテ記ス擬古文ナレバ、コレヲ記スニ当リテ、思ハズ取外シテ、往々口語ヲ雑フルコトアリシナリ。此ノ事アルニ考ヘツキテ、乃チ幾多群書中ニ就キテ、其雑ヘタル口語ヲ探リ、遂ニ十巻二十巻中ヨリ一二語ヲ拾ヒ、五十巻百巻中ヨリ三五語ヲ索メ得テ、（全ク見出サヾリシ書固ヨリ許多ナリキ）斯ノ如クシテ、辛ウジテ変遷ノ痕ヲ認メタリ（口語法別記例言四）。

これは、誠に容易ならざる研究方法の困難であるが、この困難を排して、これを遂行させたものは「口語こそ、言語学の真正な対象である」とするヨーロッパ言語学の至上命令であつたのである。そこで、問題は、出来るだけ、当代の口語を知ることが出来る資料を得ることである。ここに、資料の探索といふことが、重大な問題になつて来る。資料の有無といふことが、殆ど、研究の死命を制することになるのである。

口語研究資料といふのは、それが、当代口語を復元するのに助けとなる文献の意味であるから、必ずしも、当代の実際の口語をそのまま記録したものだけではない。口語について、ある種の説明を下した音韻書、文法書の類もこれに入る。ロドリゲスの文典に記されてゐる音韻文法の解説の如きはそれである。また、今日伝へられてゐる謡物、語物、声明《シヨウミヨウ》等の発音も、ことごとく過去の言語そのままとはいふことが出来ないけれども、過去の言語を知る一の助けとはすることが出来る（橋本進吉「国語史研究資料としての声明」著作集第四冊）。

(二) キリシタン関係文献

キリシタン関係文献といふのは、文禄慶長の頃渡来したポルトガル宣教師によつて残された宗教関係の文献と、日本語学習書辞書の類をいふ。これらの文献は、彼等宣教師が、宗義を布教するために、先づ、国語を学習する必要から、当時の国語を、ポルトガル式のローマ字を以て書き記し、天草、長崎等において、耶蘇会の名において刊行したもので、当時の国語の音韻、語彙、文法を知るには、絶好の資料となるものである。勿論、これらの文献は、我が国からは、早く姿を消して、ヨーロッパの秘庫に、僅かに一本或は数本が珍蔵されてゐるに過ぎないものであるが、エルネスト・サトウ Ernest Mason Satow（元日本駐在の英国公使館員）の日本耶蘇会刊行書誌 The Jesuit Mission Press in Japan, 1591-1610（註一）によつて、その存在が報告され、後、新村出が外遊の折、大英博物館所蔵の「口訳平家物語」「伊曾保物語」「金句集」合綴本の抄録を日本に将来し、これを一般に公にしたので、ここに、キリシタン版を資料とする国語研究の道が開かれるに至つた。

右の外に、なほ、ロドリゲスの日本大文典（註二）、日葡辞書（註三）が新村出によつて紹介された。

これら資料の国語学的価値については、春日政治は、次の諸点を挙げてゐる。

一　作製年代の明かなこと

二　時代の純口語文で記されてゐること

三　中央の標準語で記されてゐること

四　ローマ字で記されてゐて、当時の発音を知り得ること（国語史上の一劃期――文禄伊曽保を中心として――昭和七年、新潮社版日本文学講座）

純然たる口語資料とはいふことが出来ないが、当時の通俗文語で書かれた文献に、ドチリーナ・キリシタン（文禄元年天草刊）がある。橋本進吉は、本書を資料として、文法、語彙、語法に亘つて詳細な研究を発表した（「文禄元年天草版吉利支丹教義の研究」昭和三年刊、東洋文庫論叢第九）。

狂言記は、その成立が、大体、キリシタン関係の資料と平行してゐると推定される国内文献であるが、狂言の伝流と共に、時代的に方処的に少からず改められたと見られる節があるので、根本資料としては疑問を持たれてゐる。

キリシタンの語学書の研究に関しては、土井忠生の「吉利支丹語学の研究」（昭和十七年）がある。

(三)　抄（鈔）物

「抄」或は「鈔」といふことは、ここでは、註釈本の意味で、室町時代、五山の禅僧等が中心となつて、漢籍仏典の註解を試みた一群の文献をさしていふ。例へば、「史記」を註解したものが、「史記抄」、「蒙求」を註解したものが、「蒙求抄」であつて、国語史研究の立場からいへば、その註解の文が、資料としての価値を持つて来るのである。抄物は、必ずしも国語で記されるとは限らず、漢文で註解されたものもあるが、今の場合、勿論、国語の抄が価値があるので、抄物といへば、それら国語による抄を指してゐるのである。これらの抄物は、講義の聞書であるから、普通の文章語の表現と異なり、口語的要素を持つたものであるが、抄物の著者が学者であるといふことと、講義の内容が、学問上に亘る事柄が多いために、うぶな生きた口語そのままといふわけには行かず、多分に文章語的性格を持つた口語と見なければならないのであるが、他に口語的資料の少い室町時代においては、貴重な資料とされてゐる。

抄物の資料的価値を紹介したのは、新村出であつて、その講演「足利時代の言語に就いて」（明治三十八年、「東方言語史叢考」に収む）において、口語史研究の意義とともに抄物を紹介し、そこに現れた口語の特質について述べてゐる。湯沢幸吉郎も「口語資料としての抄物」（大正十五年六月、国語と国文学）において、口語資料として見た場合の抄物の価値の限界を述べるとともに、それが、当代口語の発音、語法、語彙を知る上に有効な資料であることを述べ、吉沢義則もまた、「抄物の言葉に就いて」（昭和二年、国語国文の研究第四号）において、抄物における音符の成立について述べてゐる。湯沢幸吉郎は、抄物における語法的事実を記述して、「室町時代言語の研究」（昭和四年刊、同三十年再刊）の大著を完成した。抄物の、資料としての探索は、今日もなほ続けられて、その報告が「抄物目録」（国語国文二二ノ一〇・二四ノ一）として公にされた。

抄物の言語は、多く関西系の言語によつて書かれたものであるが、近時、関東系の言語によつて書かれたものも発見されるやうになつて、関東方言の源流を知る上の有力な資料とされてゐる。

(四) 点本

点本とは、漢文を国語に訳読する場合、原文の行間や字面の周囲に、文字や符号を加へて、国語の読み方を示したところの文献を云ふ。例へば

観ル花　或は、登ルレ山ニ

のやうに、「花」字の左下に附けた・点は、国語の助詞「を」を表はす符号であり、「登」と「山」との左中間に加へたレは、語を顛倒して読むことを表はす符号で、返り点と呼ばれるものである。また「観」「登」「山」等の右下に加へた仮名「ル」「ニ」は、国語に訳した場合の、国語の語尾及び助詞の表記である。これらは、原漢文を訳読した場合に、始

めて現れるもので、これらの符号を、乎古止点、仮名を仮名点といひ、総称して、訓点、和点或は単に点といひ、このやうな訓点を加へた書物を点本、訓点本或は加点本といひ、このやうな点を加へることを加点するといふ。これらの訓点に従つて、原文を読めば、それは、当然、国語の文章として読まれることになるのである。

原漢文に訓点を加へる加点作業は、漢文を学習するやうになつた時代に、既に存在したと推測されるのであるが、現存の点本は、平安初期以上には、溯れない。年代の明かなもので、最も古いものは天長五年（八二八）に加点した成実《ジョウジツ》論の点本である（正倉院蔵）。

点本の国語資料としての価値は、加点当時の原物が存在することで、そのあるものには、加点の年代が明記されてゐるから、最も信頼すべき資料とすることが出来るのである。一体、平安時代の文献は、文学的作品として、多くのものが、今日伝へられてゐるのであるが、制作当時のものをそのまま伝へてゐるものは殆ど無く、すべて、転写を経て来てゐるので、その間に、転写の誤りや、後世の改竄を経てゐるかの疑ひがあつて、確実に、その当時のものであるといふ保証が出来にくい。その点、点本は、制作当時のままを伝へてゐるために、確実な資料とすることが出来、文学的作品の欠陥を補ふことが出来るのである。しかし、点本も、時代が下るに従つて、形式化するために、当代言語の如実の姿を知り得るのは、大体、鎌倉期以前のものとされてゐる。

次に、点本に現れた国語の性格であるが、それが、漢籍の訳読文として、物語文とは異なつた位相の言語であることは、容易に想像されるところであり、また、加点といふことが、原文の上に施されるものであるところから、原文の性格の制約を多分に受けたところの一種の飜訳文としての特質を持つてゐると考へられるのである。

点本は、それが含んでゐる種々な言語的な要素の故に、既に古くから、その利用価値が考へられてゐた。第一に、漢字に施され《ママ》国語の訓法は、これを漢字との関係においてみるならば、一種の対訳字書とみることが出来る。契沖が、万葉集の字面を訓み下すために、遊仙窟の訓点を援用したごときがそれである。

橋本進吉は、「万葉集の語釈と漢文の古訓点」（昭和七年、日本文学論纂。著作集第五冊「上代語の研究」に収む）において、古訓点を利用した語釈の例を示してゐる。これらの場合は、原文の字面が、国語語彙の解釈の手がかりとなるのである。

点本は、そこに用ゐられた片仮名が、成立当時の字形を保存してゐるので、それによつて、片仮名の変遷を知ることが出来る。伴信友の「仮字本末」（嘉永三年刊）大矢透の「仮名遣及仮名字体沿革史料」（明治四二年）春日政治の仮名の研究のごときがそれである（第三章第一節(三)）。

点本の研究は、そこに加へられた符号である乎古止点を国語として読下することが、極めて困難であるところから、最初は、乎古止点の研究として出発した。次に、それが国語に復元されるに至つて、そこから、当時の音韻、語彙、語法を帰納し、漢文訓読体の源流としての文体研究にまで進んで来た。春日政治の「西大寺本金光明最勝王経古点の国語学的研究」（乾坤二冊、索引一冊、昭和十七年刊、斯道文庫紀要第一）は、奈良西大寺所蔵の金光明最勝王経十巻に加へられた、平安初期と推定される訓点によつて、当代の音韻、語彙、語法を帰納し記述した最も代表的なものである。

点本は、多く社寺に所蔵されて、学界に知られたものは、その一部分に過ぎない。吉沢義則はその探索の結果を、点本書目（昭和六年、岩波講座「日本文学」の中）として公にしたが、その後も、遠藤嘉基、中田祝夫等によつて、探索が続けられてゐる。訓点資料の中で、既に複製刊行されたものの目録が、「訓点資料刊行本目録」として編集されてゐる（築島裕「訓点語と訓点資料」第三輯）。昭和二十八年十一月、訓点語学会が創立され、機関誌「訓点語と訓点資料」（昭和二十九年四月、第一輯刊行）を刊行し、新資料の紹介、資料の完全読解、索引の作製等に努力してゐる。

点本並に点本に関する事項を総括的に論じたものとして、

訓点資料と訓点語の研究　遠藤嘉基　昭和二十七年
古点本の国語学的研究（総論篇）　中田祝夫　同二十九年
古訓点の研究　春日政治　同三十一年（論文集）

註一　「口訳平家物語」「伊曽保物語」「金句集」の合綴本のロートグラフは、大正十年、東洋文庫に到着し、一般に知られるやうになつた。

「伊曽保物語」については、新村出は、翻字して、「文禄旧訳伊曽保物語」として刊行し（明治四四年）、更に、補訂して、「天草本伊曽保物語」として刊行した（昭和三年）。

「金句集」については、吉田澄夫に、「天草版金句集の研究」がある（昭和十三年、東洋文庫論叢の中）。

「口訳平家物語」については、亀井高孝がローマ字本文を、漢字仮名交り文に翻字して刊行した（大正十五年）。

註二　「ロドリゲス日本大文典」（慶長九―一三年）は、外人宣教師の日本語学習のために編纂されたものであるが、口語文語に亘り、更に方言俗語敬語の用法にまで及んで詳細に日本語が記述されてゐるので、今日から見て当代国語の実際を知るに得難い資料となる。土井忠生の「ロドリゲス日本大文典」の翻訳が完成した（昭和三十年）。

註三　日本語をポルトガル語で解説した辞書。口語、文語、方言、俗語を採集してあるので、当代の語義、用法を知る上に貴重である。

レオン・パジェスは、ポルトガル語を仏訳して、日仏辞書を著した（一八六八年、昭和二八年縮写本刊）。

第三節　国語史記述の方法と時代区分の問題

吉沢義則の「国語史概説」（昭和六年刊）緒言に、国語史研究の国語学における位置と、その記述の方法とを、次のやうに述べてゐる。

国語史は国語学の一部門である。国語について研究する学問が国語学であるが、その研究には大別して四つの方面が数へられる。その一は比較的研究で、国語を、それと同一の起源を持つと予想せられる他の国語と比較して、その音韻・語彙・語法等の上から、相互に如何なる関係があるかを究め、更に国語の祖先語は如何なるものかといふ問題を解決しようとする。その二は歴史的研究で、国語そのものについて、その音韻・語彙・語法等の時代的変遷と、その変遷の由来する所とを明かにして、国語が如何にして現状に至つたかを究めようとする（以下略す）。

著者は、なほ、理論的研究と、実際的研究とを挙げて、歴史的研究の受持つ面を明かにしてゐる。そして、国語の歴史的記述は、国語の音韻語彙語法の各々について、時代的に記述するとともに、その変遷の由来するところを明かにしようとすることであるとした。この歴史的記述の方法は、諸家の国語史研究を通じて変らない態度であり、方法であると見ることが出来るが、国語史が、音韻語彙語法の分析的記述の総和から成立つと考へられたところから、史的記述の右の三部面は、それぞれ各個別に、記述される傾向が強く、国語史を一つの全体として認識し、記述するといふ試みは、従来においてはなかつた。吉沢の右の著書は、統一的国語史記述の最初の試みである。それならば、国語史の時代区分は、どのやうな見地からなされたかを見るのに、例へば、山田孝雄の「奈良朝文法史」序論には、次のやうに述べられてゐる。

言語文法の変遷は風土人情の変遷に基くこと多しと見ゆ。即、奈良朝と平安朝との如き頗、著しき変化を見るなり。すべて古代記録に存せる言語は、大抵は当代の標準語にして、其の標準語は多くは政治的中心の土地に存するものなるを以て政治的中心たる土地の位置及びその在住の人間等によつて重大なる感化を及ぼさるゝものなり。

右の見解は、結局、文法史的事実は、政治の中心である土地と人間との移動によるものであるから、文法史の区分は、政治史的区分に従ふべきであるとの考へであつて、山田は、次のやうな時期区分を設定した。

奈良朝以前
奈良朝期
平安朝期
院政鎌倉期

室町期

江戸期

次に、春日政治が、天草版「伊曾保物語」を資料として試みた「国語史上の一劃期――文禄伊曾保を中心とした語法――」（昭和七年、新潮社版「日本文学講座巻二」）における見解をみるに、ここでは、

> 言語は時と共に変化する。しかし其の変化はさう急激に截然的に現れるものではなくて、漸次にかつ連続的に行はれゆくものであるのみならず、それが必ずしも政治史のそれに伴はれるものとは言はれないのであつて、之が時期を画することは頗る困難な事である。

として、必ずしも、文法史的事実と政治史との平行を考へてゐないが、ある社会情態が言語生活を支配する事実のあることは、認めようとするのである。それならば、本論文は、国語の史的区分を、主として、何に求めようとするかといへば、それは、国語（口語）の史的変遷の事実そのものにおいてである。先づ、音韻の点についていへば、ハ行音は、この資料の示すところに従へば、fからhへの過渡期になつてゐる。また、ジとヂ、ズとヅの区別については、本資料は、正しい仮名遣の最終のものであつて、それ以後になると混乱が著しくなるのであるから、本資料の時代即ち桃山時代が、その一劃期と考へられるとするのである。語法についても、例へば、二段活用動詞の一段化は、「経《ふ》」といふ動詞一つだけであつて、他は、殆ど二段活用の形式を保つてゐるのであるが、本資料以後になると、その一段化が極めて顕著になる。また、推量の助動詞「う」「うず」が、動詞に接続した場合、「あらう（アロー）」「賞翫せうずる（ショーズル）」は、一様にオ列長音、或は、オ列拗長音となる。上二段「亡びう」は、「ホロビョー」で、まだ、「ホロビ・ヨー」といふ「よう」の推量助動詞の発生を見なかつた。また、この時代は、「給与」の意義を持つ「まらす」が、聞手に対する敬意を表はす助動詞「まっす」「ます」に移る過渡期である。「こそ」の係りも、本資料では、已然形の結びが保たれてゐて、江戸期に入つて、漸次、亡んでしまふのである。以上のやうに、この時代は、国語の音韻、語法に亘つ

て、現代国語の基調をなす形が出来上つた時代であるといふ意味で、国語史上の一劃期とみることが出来るといふのである。以上は、国語内部の音韻や語法の変化によつて、史的区分を劃さうとするのである。

安藤正次の「国語発達史序説」（昭和十一年「国語科学講座」）は、国語の歴史的変遷が、政治的社会的変動によつて醸成されるといふ見解から、史的区分を次のやうに立ててゐる（三三）。

一　大化の改新から奈良朝の初期に至る時代
二　鎌倉時代
三　明治維新以後

右は、国語史の劃期を示したものであつて、その中間に位する、いはゆる国語の史的時代については政治史的名称を用ゐず、

国語の成立期
集中・偏在の時代
分散・均等の時代
二元・対立の時代

といふやうに、中心国語の分裂、統一といふやうな観点から、史的推移を記述し、そのよつて来たるところを、政治史社会史に求めようとするのである。例へば、奈良時代平安時代の中心国語が、都人の言語、宮廷の言語に限られ、これを、集中的偏在的であるとするのであるが、それは、右の時代の政治文化が、首都に集中し、貴族階級に偏在してゐた為であるとする。これに反して、江戸時代以後になると、口語と文語とが対立し、上方言葉と江戸言葉とが対立して来る。これには、それぞれ、幕府の文教政策や政治的中心の移動が背景をなしてゐる。結語に、安藤は、国語発達史を規定し、それは、国語史的事実が、どのやうな歴史上の事実に基づいて起こつたかを説明することであつて、国語史的記

述とは別であることを付け加へてゐる。

安藤の試みた、国語発達史の記述は、音韻語彙語法の部門別に従つて史的事実を記述するやりかたとは、いたく相違したものを感じさせる。これは、恐らく、著者がソシュール言語学におけるラングのやうな実体的なものを、中心国語と考へ、それの消長、分裂、統一などに、国語の史的事実を見、それらと、政治史、社会史との関係を見ようとするところに、右のやうな国語発達史が成立したのではないかと想像されるのである。ソシュールは、このやうな言語の事実を扱ふのを、「外的言語学」として、言語の体系的事実を扱ふ「内的言語学」に対立させてゐる。

ソシュール言語学の理論を承け、国語史といふものがどのやうなものであり、その史的記述をどのやうにするかの問題を原理的に扱つたのは、橋本進吉の「国語学研究法」（昭和十年「国語国文学講座」（雄山閣）の中、橋本博士著作集第一冊に収む）である。

> 言語は変遷する。変遷は歴史をもつものにのみ存し、歴史は時間的に継続する事象に於てはじめて可能である。言語活動は、その時その時に完成せられるものであつて、持続性が無い。之に反して同一の言語を用ゐる社会の個人の心中に一様に存し、個人の生命を超えて永く伝はるものは言語表象である。それ故、言語の変遷は、つまり言語表象の変化である（第二編第四章言語の変遷と史的研究）。

ここに「言語表象」といはれてゐるものは、ソシュールが、個人の機能とは別に、個人に外在する社会的習慣の体系であるとするラングに相当するものであり、それが個人を超えて持続するが故に、歴史が成立すると考へるのである。次に、

> 言語の変遷は、言語表象の変化であつて、言語表象には音声表象と之に伴ふ事物表象（即ち意味）とがある。この二つは、元来は別々のもので、それが聯想作用によつて結合されてゐるに過ぎないのであるから、これらは互に他に関係なく変化し得るものであつて、一方の変化は必ずしも他の変化を伴はない。又、言語を構成する種々の個々の単位や構成法（筆者註。構成の単位や構成法とは、橋本の「国語学概論」第三章第二項に従へば、音声単位と意味単位、文語においては文字も単位であり、それらが、どのやうに結びついて、文を構成するかを明かにすることである）も、それ〴〵それだけ

で変化して、その変化が他に及ばない事がある。それ故、かやうなものの変遷は種々の単位や構成法の一つ一つについて別々に観察し、その上で、更に互に関聯するものについて考究すべきである。

右に述べられてゐる「種々の単位や構成法の一つ一つについて別々に観察し」といふことは、具体的には、本書の第五章音声の史的研究、第六章語彙の史的研究、第七章文法の史的研究がそれを示してゐることになる。しかし、以上の記述は、ただ変化の結果であつて、変化そのものではない。国語史記述の究極の目標は、

我々は、かやうな結果からしてその原因に溯り、そこに生じた変化の本質を究めなければならない。それには、変化しない以前の言語と変化した以後の言語とを、単に当時の言語表象として考へるのみならず、それが言語活動によつて実現せられる場合の生理的及び心的活動について考へ、言語変化の以前及び以後に於てその生理的及び心的作用にいかなる変化があつたかを見て、その如何なる要素又は作用の変動推移に基づくものであるかを考察しなければならない。

とするのである。

次に、時代区分については、各期の言語について、音声、語彙、文法の三点について、その相違する点に着目して、時期を劃するといふ考へが述べられてゐる（「国語学概論」第七章口語の変遷）。本書には、概括として国語（口語）の史的変遷を次のやうに述べてゐる。

口語は、第二期即ち平安朝から室町時代に至る間に於て、種々の点に於てその面目を改め、更に江戸時代の初期に於ける種々の変化を経て遂に現代口語のやうな特徴を具ふるにいたつた。現代の標準語及び多くの方言は、語彙や種々の表現法に於ては江戸時代の口語と大に趣を異にした所があるけれども、その音声及び語法の大綱に於ては、江戸時代の口語とさしたる相違はない。

国語史の概説書を挙げれば、

古代国語の研究	安藤正次	大正十三年	
国語史概説	吉沢義則	昭和六年	
上古の国語	佐伯梅友	同八年	国語科学講座
中古の国語	安田喜代門	同八年	同
近古の国語	土井忠生	同九年	同
近世の国語	佐藤鶴吉	同八年	同
国語発達史序説	安藤正次	同十年	同
国語史序説	安藤正次	同十一年	刀江書院「国語史叢書」
同　上古篇	佐伯梅友	同十一年	同
同　近世篇	湯沢幸吉郎	同十二年	同
同　新語篇	柳田国男	同十一年	同
同　文字篇	山田孝雄	同十二年	同
同　系統篇	金田一京助	同十三年	同
国語発達史大要	今泉忠義	同十四年	
国語史概説	湯沢幸吉郎	同十八年	
古代日本語	浜田　敦	同二一年	
国語史要	佐伯梅友	同二四年	
奈良時代の国語	佐伯梅友	同二五年	三省堂「国語双書」

第四章　文法研究――その位置づけと対象規定及び品詞分類基準の問題――

明治以後の国語学における文法研究といふ課題は、近代言語学の主流的なものの上に立つてゐるといふことは出来ない。国語学における文法研究は、もつと別の側から、促されたものと見るのが至当である。

日本で、西洋文法書の組織に倣つて、国語の文法を記述しようとしたのは、オランダ語の文法を学習するやうになつてからであり、鶴峯戊申《シゲノブ》が、「語学新書」（天保四年刊）にそれを試みたのが、最初である。オランダ文法の組織は、他の西洋諸国語のそれと同様に、その淵源は、ラテン文法書、更に溯れば、ギリシヤの、特にアレクサンドリヤにおける文法研究につながるといはれてゐる。その目的は、言語の技術に関することを説かうとするものであつて、十九世紀に至つて、近代言語学が盛んになつた時代においても、それとは、全く別のものとして考究されて来た。近代言語学では、系統研究にしても、歴史的研究にしても、言語の類縁性をいふ根拠に、文法的構造の同一性といふことが、重要であるとはされてゐるが、文法研究それ自体は、決して近代言語学の重要な目標の中には数へられてゐない。上田万年が、明治二十七年に行つた「国語と国家と」と題する講演（「国語のため（一）」に収む）中に、今後、考究せらるべき国語学上の諸問題を列挙してあるが、その中に「如何に歴史的文法は研究せらるるか」「如何に比較的文法は研究せらるるか」といふことがいはれてゐるが、これは、文法体系を研究の主題とすべきことを云つたのではない。近代言語学では、文法研究は、一つの既成の事実として、その上に立つて新しい分野を開拓しようとしたのである。

鶴峯が、オランダ文法の記述の方式を受け入れて、国語の文法を記述しようとした時、当然、在来の国学者の国語研究が、これと類似のものとして対比されたことは事実で、西欧の学書に、より高い学術的価値を認め、国語においても、これと同等の文法書を持つ必要が、痛感されるやうになつて、多くの西洋式文法書が生み出されることになつた。その間にも、言語的性質を異にする西洋語の文法を、そのまま国語の記述に適用することの不合理も認められるやうになり、西洋式、日本式の両者の間を、往反しながら、大槻文彦の「語法指南」（明治二十二年、「言海」の巻首に掲げた）から、「広日本文典」（明治三十年）に至つて、漸く、国語文法の体系的記述が整ひ、以後の教課文法記述の一の標準となつた。しかしながら、一方、近代言語学の要請である歴史的文法の確立のために、その前提として、確固たる、科学的文法の体系が確立されることが急務とされるに至つて、文法研究が、一科の学として取上げられるやうになつた。山田孝雄の「日本文法論」（明治四十一年）は、以上のやうな意味を以て現れるに至つた（同上書緒言三）。本書に引き続いて、「奈良朝文法史」「平安朝文法史」（共に大正三年刊）が刊行されたことによつてみても、山田の文法研究の目的が、歴史的文法編述にあつたことは知られるのであるが、同時に、文法研究が、それだけで独立して、国語学の一領域を占めるものであることが自覚されるやうになつた。「日本文法学概論」（昭和十一年）には、文法研究を、次のやうに位置づけてゐる。

> 凡そ言語は既にもいへる如く歴史的展開をなすものなれば、これを研究するにその史的展開の迹をたどりて研究するをうべし。西洋に起れる言語学は主としてこの史的研究の結果に基づくものにして随つて言語の研究は史的研究をなせば十分なるものにして文法の研究の如きは学問にあらずとまで誤解せる学者近頃までわが国には存せしなり。言語の研究に歴史的の研究の必要にしてそれが相当の学問的価値ある事は勿論なれども、しかも歴史的研究が言語の研究の全体にはあらざるなり。たとへば歴史的研究を施す時にはある語或は言語組織のある成分の成長発展をみてこれを明かにすることは得べきなれど、その国語の全体の組織は如何にしても見られぬ筈なり。この、国語の全体の組織はその国語をば一時静止的地位にあるものと見て、その横断面を見る態度をとりて観察せずば見られぬも

のなり。（中略）抑もかゝる社会の事相に対する学問にはいつも縦断的に見る歴史の研究と横断面的に見る組織の研究との二方面の存する筈なり。今文法学はこの横断的に見る組織の研究たるなり。即ちこれはある国語につきて静的に見て同時に関係的に存する言語材料とそれら材料が相関し相依りて組織する体系の研究なりとす（第一章十六—七）。

右は、近代言語学の歴史的研究の偏向に対して異議を述べ、歴史的研究は言語研究の全部ではない。歴史的研究の外に、静止的、横断面的、組織的、体系的研究があり、文法学研究は、そこに属するとしたのである。右の見解が、何に基づくかは、著者の言明がないので、確言することは出来ないが、恐らくソシュール言語学の理論に基づくものであらう。ソシュールは、言語を、樹木の幹にたとへ（「言語学原論」一一七）、縦断面の研究を、通時言語学とし、横断面の研究を、共時言語学とし、従来の通時言語学偏重に対して、共時言語学の必要を強調してゐる。そして、共時言語学とは、語が相互に張合ふ体系を研究するものとしたのである。このやうな理論に基いて、史的言語学に対して、文法研究が、言語研究の半を担当するといふ見解が生まれたものであらう（言語過程説では、体系的研究を、必ずしも文法研究に局限しない）。この見解は、「日本文法論」には、まだ現れてゐない。そこでは、ホイツトニーの説、

言語は吾人の表彰せむと欲する思想及感情の符号として種々に結合し若くは配列せらるゝ音声の変化なり。

を援用して、言語には、思想と声音とがあつて、文法学は、辞彙学と共に、言語の思想的方面を研究するものであるとした（「日本文法論」序論一）。左の表解によつて明かである。

- 語学
  - 直接に言語の本質に関するもの
    - 声音学
    - 言語の思想的方面に関するもの
      - 辞彙学
      - 文法学
  - 記載法

即ち、「日本文法論」では、声音学に対立するものとして、「概論」では、史的言語学に対立するものとして、それぞれ、文法学の位置づけを行つてゐるのである。

同じくソシュール言語学の影響によつて生まれたと考へられる、橋本進吉の国語学の体系においては、文法学の位置づけは、必ずしも同じではない。橋本は、先づ、文法研究を、

すべて言語構成の法式又は通則を論ずるのが文法（筆者註。文法論或は文法研究の意味である）又は語法であるとすれば（「国語学概論」二九）

のやうに規定し、次に、言語の構成とは何かといへば、言語に対する一つの観点から導き出されるもので、およそ言語を組立てる要素的なもの、及びその構成法である。言語は、根本的には、音声と思想との結合体であつて、そのそれぞれに構成要素が分析される。従つて、音声の構成に関すること、即ち単音から音節が構成される法則の如きも、文法学の対象になるといふことになるのである。この考へ方は、観点が対象を規定するといふソシュール理論に立つたもので、実質的には、構成内容である音声と思想とを含むものであるが、その両者に亘つて、それらの法則的なものを、文法研究の対象と考へたことにおいて、山田が、「日本文法論」において、音声を除外して、思想に関するもののみに、文法論の対象を限定したことと対照的である。山田が、後に、文法研究を「言語材料とそれら材料が相関し相依りて組織する体系の研究」（「日本文法学概論」十七）と規定するやうになつたと同様に、橋本も、また、文法研究を、「意味を有する言語単位（筆者註。文、文節、語、接辞、語根等）の構成法」（「国語学研究法」著作集第一冊二〇九）と規定したことは、文法学の対象を、音声と意味との合体したものに求めようとすることにおいて一致してゐる。しかし、ここに、単位的な語とはどのやうなものであるかといふ、文法学上の問題が出て来るのである。山田は、「一の語」といふことでその限界を明かにしようとし（「日本文法学概論」第三章）、以上のやうにして認定された語について、これを類別するのが、品詞分類であるとするのであるが、品詞分類論は、その分類の基準を何に求めるかによつて諸説が分れる。山田に従へば、先づ、一切の単語は、これを同の方面より見れば、それが単語であることにおいて一致してゐる（「日本文法学概論」八四）。それならば、これらの単語は、何によつて類別されるかといへば、それらの語が、具象的観念を有するか、否かによつて、前者を観念語とし、後者を関係語とする。この類別は、同時に、これ

らの語が、談話文章を構成する上に及ぼす職能作用の異同に対応する。観念語（名詞、代名詞、数詞、形容詞、動詞、副詞、接続詞、感動詞）は、それだけで、一の思想を表はし得るのに対して、関係語（助詞）には、このやうな職能がないといふのである。今ここでは、語の分類の末端に至るまでのことを問題にしようといふのではない。重要なことは、語の表はす思想内容と語の職能とに分類基準を求めたといふことである。

橋本は、その文節論の立場から、句切れによつて構成される文節は、意味の句切れと一致する。これを文構成の最小単位とする（「国語学概論」一八―九）。次に、語が、文節を構成する場合の仕方によつて、一は、それ自身で一文節をなし得べきもので、これを詞、独立する語、自立語（教科書「中等文法」）などといひ、二は、常に前者の語に伴つて文節を構成する語で、これを辞、独立しない語、付属語（「中等文法」）などと呼ぶ。これは、分類の基準を、文節の構成法に求めて、語自身に類別の根拠を求めなかつたことにおいて、山田文法の方法と、その根本において共通したものを持つてゐる。語は、意味と音声、内容と形式との合体したものとして、すべて共通した性質を持つてゐるとすることは、近代言語学における根本観念であつて、この考へに立つかぎり、語の類別は、語の相互関係即ち職能か、或は、意味或は形式のいづれかに重点を置かざるを得ないのである。山田は、主として、これを、職能と意味に求め、橋本は、これを文節といふ文の音声的形式に求めて、類別の問題を解決しようとした。以上のやうな立場に対して、言語過程説に基づく文法体系においては、言語を、表現過程とすることによつて、過程的構造を異にする二種類の語を類別することが出来た。これは、語それ自身の性質に基準を求めたところの分類といふことが出来るのである（第二部第二章第五節）。

第五章　方言問題と方言の調査研究、方言区劃論と方言周圏論

近代言語学において、方言が研究の対象とされるやうになつた理由については、第一部第二章第一節に述べたやうに、方言こそは、言語の最も自然の姿を示すものであり、それは、書かれた言語に優先して、研究の対象とされなければならないといふ言語観に導かれたものである。方言研究は、要するに言語が地域的に異なるといふ事実を調査し、その拠つて来たるところを説明し、そこに言語の一つの根本的性格を捉へようとするのであるから、その第一着手は、先づ、各地の言語を採集し、これを記録することから始める必要がある。ここに方言採集といふことが必要とされるので、それは、宛も、博物学者が、動植物や鉱物を採集することと酷似してゐる。言語学を、明治初年には、博言学と云つたことにも、そのやうな言語研究の態度や方法が反映してゐたのではなからうか。

明治以来の国語問題の一つとして取上げられた方言問題は、全く性質の異なつた問題である。明治維新が、中央集権制の体制で出発した時、言語問題として直面したことは、国語が方言的に分裂して居つて、一国家、一社会の共通的標準的言語が存在してゐないといふことであつた。方言問題は、標準語制定、標準語教育の問題と関連して起こつて来た問題である。標準語を確立するためには、方言に対して、何とか手を打たなければならないといふところに、方言問題の中心があつたのである。当時、未だ、標準語が確立してゐない時代において、標準語問題は、標準語制定の問題としてしぼられた。標準語を制定する為には、その準備として、先づ、各地の方言を拾集し、それを取捨選択して、そこか

ら標準語を制定するといふ方法がとられた。このやうにして、方言問題或は標準語問題と、方言調査、或は方言採集とが結びつくこととなつたのである。方言分布の状況を調査することが、方言問題解決の基礎と考へられたのである（新村出「足利時代の言語に就いて」明治三十八年）。国語調査委員会が、全国の音韻や口語法を調査するとともに、方言採集簿を作製したのは、以上のやうな趣旨に基づくものと見ることが出来るのである。

言語学的な方言調査が、我が国に行はれるやうになつたのは、先づ、外人の手によつてである。明治八年、英人ダラスによつて、米沢方言に関する研究が発表され（日本アジア協会紀要）、次いで、明治二十八年、英人チヤムブレンは、琉球語に関する研究を同紀要に発表した。これらの研究に刺戟されて、我が国に方言研究が起こり、国語調査委員会の方言調査事業に連なるのであるが、これらの博物誌的方言調査が、方言問題の解決或は標準語制定の下準備としてなされたところにも、近代言語学の方法に対する絶対信頼感を認めることが出来るのである。方言調査が、方言問題解決の基礎であるとする、この両者の関係に対する認識は、今日においても、変つてゐない。しかし、方言学のその後の動向を見れば、方言学と方言問題とは、次第に分離して、標準語制定のための方言学から、方言学のための方言学へと、方言学は、方言の記述学として発達し、方言問題とは、次第に無縁の道を歩むやうになつて来たと見られるのである。標準語の取扱ひについても、これを種々な方言の中の一つと見て、それが標準語に形成されて行く歴史的過程に興味が持たれた。新村出の「国語に於ける東国方言の位置」（明治三八年、「東方言語史叢考」に収む）「東国方言沿革考」（明治四二年、同上書に収む）は、右のやうな意味で扱はれた論文であつて、ここに、方言学と国語史学との結び付きが見られる。

標準語を、方言の一つとして相対的に扱ふといふことは、言語に対する価値的意識或は規範的意識を排除することで、そのやうに扱ふことが、言語の科学的研究を意味することが、当時の方法論にうたはれた（藤岡勝二「国語研究法」）。標準語に、ある価値を認めたり、方言を卑しい言語と考へることは、言語に対する一種の偏見であると考へられてゐたのである。ところが、方言問題なるものの性格を見ると、それは、痛切な生活問題と結付いてゐて、方言的習慣の為に、人との社交が障げられるといふやうな事実、延いては、その人の生涯に暗い陰を投げかけるといふやうな事実、これらの事実を通して、方言と標準語と、いづれが、生活上価値があるかの問題として考へられてゐるのである。方言学は、方言を研究的価値の上から、優先的に取扱はうとするのに対して、実際問題としての方言問題は、方言を社会的機能の上から、その実践的価値について、考へようとするのである。教育上の問題としても同じで、明治以後の国語教育は、標準語教育として終始して来たのであるが、それは、全く標準語の持つ社会的機能を重視するところから来ることで、方言学が、如何に方言の言語学的価値を主張しても、それは、ここには、通用しない。ここに、近代言語学の派生した方言学の非現実性が存するのである。このやうにして、方言学は、方言問題とは、全く袂を別つて、珍奇な動植物を採集して、その系統分類を考へる博物学的学問として発展して行つたのである。この背反は、昭和の方言学再興期を迎へて、一層顕著に現れて来たことである。

　昭和に入つて、方言学は再び隆盛の時期を迎へた。しかし、それは、実際問題としての方言問題の解決を目指したものではなく、より濃厚に近代言語学の線に沿つて発展したものである。

　その発展に、大体三つの方向を区別することが出来る。一つは、民俗学の資料としての方言研究であり、二つは、言語地理学的方言研究であり、三つは、方言区劃の研究である。第一の民俗学的研究は、ローマン主義言語学の問題を継承したものと見られるもので、文献以外の音声言語の中に、当時の習俗や生活を明かにする資料（主として語彙）を求めようとするもので、柳田国男を中心とする研究である。第二の言語地理学的研究は、語彙の分布状況の調査から言語の歴史的事実を明かにしようとするもので、昭和の初、ジリエロン（一八五四―一九二六）のフランス言語地図図巻、その系統に属するドーザの言語地理学が紹介された。言語地理学は、「俚諺の分布に基づいて、語の争闘、語の変形、語の複合、語の旅行など言語の生態を支配する諸法則を、発見し、俚諺の上に語の歴史を再構成する事を目的とする」（東条操「方言の研究」）学問である。柳田国男の「蝸牛考」（昭和五年）は、カタツムリを指す方言の分布状況を調査して、方言が、波の波紋のやうに、次第に遠隔の地に波及するものであることを実証して、これを方言周圏論と称して、いはゆる方言区劃の成立を疑つた。

第三の方言区劃論は、東条操の「大日本方言地図・国語の方言区劃」（昭和二年）に代表されるものである。氏に従へば、方言とは、ある地方の言語現象全体を指すもので、その体系の中の特定の語だけについて研究する場合は、これを俚諺研究として区別する必要があるとした。方言学の総和が、国語学を形成するといふ考への出て来る所以である。

大日本方言地図・国語の方言区劃	東条　操	昭和二年	
方言と方言学	同	同十三年、同十九年増訂	
方言の研究	同	同二四年	
蝸牛考	柳田国男	同五年、同十八年重版（創元社）、言語誌叢刊	
全日本アクセントの諸相	平山輝男	同十五年	
荘内語及語釈	三矢重松	同五年	言語誌叢刊
附　荘内方音考	氏家剛太夫		
浜荻	堀　秀雄		
壱岐島方言集	山口麻太郎	同五年	同
滋賀県方言集	大田栄太郎	同七年	同
仙台方言音韻考	小倉進平	同七年	同
北飛弾の方言	荒垣秀雄	同七年	同

第六章　国語問題と国語学

第一節　国語調査委員会の設立とその研究業績

明治の国語学の建設には、国語の実際問題の解決のためといふことが、大きな動機になつてゐるといふことは、第一章第二節に述べたことである。明治二十七年、留学から帰つた上田万年は、一方、ヨーロッパ言語学の基礎の上に立つて、近代科学としての国語学を建設することに努力し、言語学的知識の普及に努めるとともに、それによつて、国語問題の解決に資さうとした。明治三十年に発表した「国語会議に就きて」（「国語のため」㈠）は、国語問題の解決には、フランスの学士院のやうな国家的な機関を設立して、国語教育上疑義のある発音、文字、仮名遣、文法等の基準を明かにするための調査研究をすることが先決問題であることを提唱したもので、後の国語調査委員会の構想ともいふべきものである。その要旨は、会議は公開し、議決は広く学者、教育者に頒ち、その反駁を取捨し、その忠告を損益し、一定時期の経過を待つて、その決議を教育界に応用する等のことが述べられてゐる。上田万年のこの希望が実現して、明治三十五年、国語調査委員会の官制が議会の承認を経て、ここに始めて国語の調査研究機関が発足することとなつた。この委員会は、大正二年、行政整理により一旦廃止され、後に、臨時国語調査委員会となり、更に国語審議会となり、終戦後、昭和二十三年、国立国語研究所が、その調査研究を担当する機関として新設されて、今日に至つてゐる。

国語調査委員会は、国語の研究調査の機関であると同時に、国語問題解決のための国語政策を立案する機関であつて、設立と同時に、国語の将来向ふべき方向を、調査方針の名目によつて、

一、文字ハ音韻文字《フオノグラム》ヲ採用スルコトトシ仮名羅馬字等ノ得失ヲ調査スルコト

二、文章ハ言文一致体ヲ採用スルコトトシ是ニ関スル調査ヲナスコト

三、国語ノ音韻組織ヲ調査スルコト

四、方言ヲ調査シテ標準語ヲ選定スルコト

の四項目を定め、差し当り、漢字節減、普通文の整理、仮名遣、外国語表記等の調査をなすことを規定してゐる。調査会の調査事項は、右に述べたやうに、極めて実際的な問題を目標としてゐるのであるが、これらの調査事業に対して、国語学が、どのやうな形で関与したかについては、先づ、委員会の業績を見ると、

仮名遣及仮名字体沿革史料　大矢　透

仮名源流考、同証本写真　同

周代古韻考、同韻徴　同

国語史料鎌倉時代の部｝平家物語につきての研究　前編　山田孝雄

後編　同

口語法、同別記　大槻文彦

等の如き、国語の文字音韻語法の歴史的研究に関するもの、及び

音韻調査報告書

音韻分布図　二十九枚

口語法調査報告書
口語法分布図　三十七枚
方言採集簿

等の如き、方言分布の調査に関するものが、重要な部分を占めてゐる。（第三節に国語学との関係を述べる）。

第二節　国立国語研究所の調査研究

国立国語研究所が、国語の調査研究の機関として設立されるに至つた経過は次の通りである。昭和二十一年九月、国語審議会が、「現代かなづかい」及び「当用漢字表」を決定、答申すると同時に、国語国字問題解決のために国語の研究機関を設置する要望及び請願が、国語審議会及び民間諸団体より、文部大臣及び衆議院、参議院に向つて提出された。同二十三年十一月、国立国語研究所設置法案が、両院を通過し、同十二月二十日法律第二五四号を以て公布され、二十四年一月初代所長に、西尾実が任命された（設立に至る経過については、同研究所年報（一）に、また当時、文部省国語課長であった釘本久春の詳細な報告が、「国語学」第三輯に掲げられてゐる）。

国語研究所の調査研究の目的は、設置法の第一条に、「国語及び国民の言語生活に関する科学的調査を行い、あわせて国語の合理化の確実な基礎を築くため」とあるやうに、国語の実際問題の解決のための調査研究を行ふといふところに、主要な目的があつて、そのことが、いはゆるアカデミックな国語研究と相違するところであり、また、それを、共同研究の機関としたところに、従来の研究室における個人研究とは異なつた性格のものとして発足したわけである。以上のやうな調査研究の体制に応ずる研究所機構は、昭和二十九年（一九五五《ママ》）度においては、大体次のやうになつてゐる。

第一研究部｛話しことば研究室
　　　　　　書きことば研究室
　　　　　　地方言語研究室

第二研究部｛国語教育研究室
　　　　　　言語効果研究室

第三研究部—近代語研究室

国語研究所の目的が、国語の実際問題の解決に資するとあつても、その調査研究は、どこまでも科学的であり、基礎的でなければならないことは当然であるが、それならば、それらの調査研究は、どこにその新しい性格を打出したかといへば、昭和三十年（一九五五）に刊行した「国立国語研究所要覧」に、次のやうに要約されてゐる。

　創立以来、国立国語研究所は、国民相互の意志通達において、また新聞放送公示等のマス・コミュニケーションにおいて、用語用字の統一や整理をはかることが急務であることを認め、国民の言語生活の実態を明らかにすると共に、現代語の本質を究めることに重点をおいて調査研究を進めた（研究の目標と内容）。

当然のことながら、その調査研究の対象を、新聞、雑誌、放送、講演、談話等の日常生活に密接な関係のある言語の諸形態に求めたといふことは、従来の研究が、歴史的研究といふ課題の制約からして、これも当然のことながら、主として古代語に偏して、近代語の研究が振はなかつたことと相対して、研究の一大進展であるといふことが出来る。更に、その研究方法を見るのに、

　話しことば・書きことばの両面から、放送・講演・談話または新聞・雑誌等における言語について、音韻・語彙・文法および表記法の各面にわたつて調査を行なつている（同右）。

といふやうに、現代語の記述を、音韻・語彙・文法・表記法等の問題にしぼつたことは、国語国字問題の焦点を、現代

語の用語用字の統一、整理にある（前掲引用文）としたことに即応しようとしたものであることが考へられる。
研究所の発足当時（昭和二十四年四月以降）の研究計画については、昭和二十四年度研究所年報(一)（昭和二十六年三月刊）に報告されてゐる。また、同所員永野賢の要約が、雑誌「国語学」（第三輯、昭和二十四年十一月）に掲載されてゐるので、次に研究題目だけを摘記することとする。

研究題目

一、特定地点における言語生活全般の実態調査および研究
二、東京方言および各地方言の調査および研究
三、日常の談話、講演、放送等における話し言葉の調査研究
四、新聞、雑誌、単行本、公用文等における書き言葉の調査研究
五、共通語と方言との関係のしかたについての調査研究
六、明治以後の主要文献における表記法の調査研究
七、国語学習能力向上の方法に関する調査研究
八、国語学習の効果測定に関する調査研究
九、国語教育研究資料の集成
一〇、国語教育の歴史に関する調査研究
一一、標準語制定の原理に関する調査研究
一二、国語国字の能率に関する調査研究
一三、マスコムニケーションに関する調査研究
一四、国語の歴史的発達に関する調査研究

なほ、一―四項の研究については、

以上の調査研究によつて、将来「各地方言辞典」「全国方言辞典」「同義語類義語辞典」等を編修する。

また、一〇―一四の研究については、

一〇以下各項目の調査研究は明年度以降の研究を加え、やがて「現代標準語辞典」の編修に到達する。

の註記が加へられてゐる。

次に、国語研究所が刊行した報告、並に資料は、次の通りである（昭和三十一年八月）。

一、国立国語研究所報告

㈠ 八丈島の言語調査　昭和二十五年三月（一九五〇）

昭和二四（一九四九）年の調査　第一研究室中村通夫外六名担当

㈡ 言語生活の実態　同

――白河市および附近の農村における――

㈢ 現代語の助詞・助動詞――用法と実例――　同二十六年三月（一九五一）第二研究室永野賢担当

㈣ 婦人雑誌の用語――現代語の語彙調査――　同二十八年三月（一九五三）

㈤ 地域社会の言語生活　同二十八年三月（一九五三）

――鶴岡における実態調査

㈥ 少年と新聞　同二十九年三月（一九五四）

――小学生・中学生の新聞への接近と理解――

㈦ 入門期の言語能力　同二十九年三月（一九五四）

㈧ 談話語の実態　同三十年三月（一九五五）

(九) 読みの実験的研究
——音読にあらわれた読みあやまりの分析—— 同三十年三月(一九五五)
(十) 低学年の読み書き能力 同三十一年三月(一九五六)

一、国立国語研究所年報
(一) 昭和二十四年度
(二) 同二十五年度
(三) 同二十六年度
(四) 同二十七年度
(五) 同二十八年度
(六) 同二十九年度

一、国立国語研究所資料集
(一) 国語関係刊行書目 昭和十七年—二十四年 昭和二十五年三月
(二) 語彙調査——現代新聞用語の一例—— 同二十七年三月
(三) 送り仮名法資料集 同二十七年七月

高校生と新聞 同三十一年六月 国語研究所・日本新聞協会
青年とマス・コミュニケーション 同 同

明治以降国語学関係刊行書目

国語年鑑　昭和二十九年版　同二九年五月
同　〃三十年版　同三十年七月
同　〃三十一年版　同三十一年六月

以上の計画並に業績を通覧すれば、既に述べたやうに、研究調査の対象を、現代語のあらゆる面にとつたことは、研究所の目的からして当然のことであるが、従来の言語学国語学が殆ど問題にしなかつた課題であることが分るが、それだけに、将来開拓すべき多くの問題を残してゐると云つてよいであらう。

第三節　国語問題と国語学

明治時代における言語学の輸入、国語学の建設といふことには、実際問題である国語国字問題の解決のためといふことが、大きく作用してゐたことは、上に述べたところであるが、この両者がどのやうに連関するかといふことは、国語学者の側からいへば、軽々しく見過すことが出来ない問題である。国語学の建設当初においては、近代言語学の課題を忠実に追究すれば、それがそのまま、国語問題の解決に資するであらうといふ信頼感があつたのであらうが、近代言語学の中には、もともと、実際問題の処理といふ課題はなかつたのであるから、国語問題と国語学との交渉といふことは、我が国の学者に課せられた独自の課題であるといつてよいのである。新村出は、国語調査委員会の事業と標準語制定の問題とに関連して、次のやうなことを述べてゐる。

標準語の制定といふことに先だつては、言葉遣の取捨選択と云ふことが必要になつてくる。（中略）其取捨選択を決する所の規矩準縄と云ふものは何を以てするかと云ふことに付きましては随分種々議論もありますけれども、（中略）準備としては、第一に現在の国語の分布を調査しなければなりませぬ。（中略）其次に過去に於ける国語の変遷の調査……歴史的の調査が必要になつて来る（明治三十八年「足利時代の言語に就いて」（東方言語史叢考））。

右の意味するところは、将来の方策を考へるには、過去と現在の事実が明かにされてゐなければならないといふことで、ここに国語政策論と国語史研究及び国語の方処的研究との関連が、成立するとするのである。ただ、国語政策論そのものが、規範的事実であるのに対して、国語史的事実、国語の方処的事実の、単なる音韻、語彙、語法の分析と記述とを以て、その準備的調査としたところに、政策論と国語学的理論との変態的な結付きが成立したことになるのである。政策論の基礎的研究としては、言語における実践的規範的事実の考察が先行しなければならなかつたにも拘はらず、そのことが無かつたのは、元来、ヨーロッパの近代言語学は、言語の実践における事実といふものを、殆ど問題にしなかつたところから来たことである。新村出は、この事情を、次のやうに述べてゐる。

この初期の国語調査事業は、動機と形式とは規範的であつたにした所が、又時にその種の成績と試案とを発表したこともあつたが、大部分の実績は国語史料と方言資料との編集などが、記載的なものもあれば、説明的なものもあり、規範的なものも交るといふ具合であつた（日本言語学私観）。

この調査事業と、言語学国語学との結付きは、いはば、医師の診断に、解剖学の知識を利用しようとしたやうなもので、それは、何かの役にはたつであらうが、直接に結びつくものとは考へられない。診断にとつては、もつと人間の生理現象や生命現象の研究のやうなものが必要であつたにも拘はらず、その事が気付かれなかつたといふことは、ヨーロッパ言語学が、言語研究の絶対的な規範であるといふ信頼感があつたからである。その上、言語の分析が、ただ、音韻、文字、語彙、文法の点だけにあつたといふことは、その後の国語問題のとりあげ方を、漢字節減論や、仮名遣論だけに限定してしまつて、国語国字問題の発生する場が、どこにあるかを、思索し、考察する道をふさいでしまつた大きな原因になつてゐる。

また、言語を実体的に見、道具として見る言語観は、言語改革といふことを、言語における音声と文字との関係を改めれば成就する、文字は、言語の外形に過ぎないのであるから、これを仮名に改めようと、ローマ字に改めようと、国語の本質的部分は、少しも変らないのだといふ、極めて安易な政策論を生み出す原因になつた。このやうな政策の立案と、国語調査の形式は、今日にまで、依然として糸を引いてゐるのである。これも、ヨーロッパ言語学の解剖学的性格といふものを、喝破することが出来なかつた過信――誤信といふ方が適切である――から来たことである。方言問題と方言の調査研究との間にも、同様なことがあるのである。

以上のことは、今日の国語研究所の調査研究にも移していふことが出来る。

国語国字問題解決のために、国語国字の調査研究と、その機関が必要であることは、国語研究所設置の請願書の中にもうたはれてゐて、理念的には、これを否定するものはないのであるが、さてそれならば、そのやうな目的の為には、どのやうな問題を、どのやうにして調査研究するかといふことになると、今日の国語学も、言語学も、はつきりした答へを持ち合はせてゐるわけではなく、それら、正統派的国語学言語学の研究方法は、その比較的歴史的研究の課題に応じて設定されたもので、それが、そのまま、国語問題といふ実際的な問題の解決に資することを使命とする国語研究所の目的に間に合ふとは考へられない。国語国字のどのやうな点に問題を求めるべきかといふことは、今後の、研究所自身の創意に委ねられた重要な課題であるといはなければならない。

研究所は、「現代の言語生活及び言語文化の調査研究」といふ根本主題を展開さすために、問題の一つを、特定地域における言語生活と、共通的な生活場面における言語生活とに分ち、それぞれの言語生活を、その生活との関連において捉へ、その交渉を観察しようとする。共通語を話す度合を決定する要因は何かを調査して、共通語を話さなければならない場面がつみ重ねられることによつて、共通語を話す度合は高まつていくといふ極めて平凡な結論を、厳密な方法によつて実証する（「報告」（一）一二三）。八丈島、白河市、鶴岡市等における一連の調査研究がそれである。

一方、言語生活の実態調査（従来、言語の分析的記述といはれて来たもの）と称して、先づ、書きことばと話しことばの二つの領域に分つて、それぞれについて音韻、語彙、文法の記述をする。文法についていふならば、現代語の助詞助動詞の用法と実例とを網羅して記述する（「研究所報告」（三））。「談話語の実態」（「研究所報告」（八））も、また、同様な方法による。語彙についていふならば、現代語の語彙の実態を、語彙総数使用度数によつて捉へ、これを推計的方法によつて表現しようとするのである。これらの調査の目的は、日本語における基本語彙がどのやうなものであるかを明かにすることによつて、国民教育課程に寄与しようとするのである（「研究所報告」（四）、研究所資料集（二））。

以上に概観したところによつて知られるやうに、国語問題の解決に資するためにとられた国語の調査研究の方法は、主として正統派的言語学国語学の構造分析の方法に従ひ、更にそれを、従来、殆ど試みられなかつた推計数理的方法によつて、結論の客観性を獲得しようとしたものであるが、これらの方法が、果して、実際問題解決への基礎的な調査研究であると云ひ得るかどうかといふことになると、なほ、問題が残されてゐるのであつて、例へば、国語国字問題の一つに、漢字の問題があるが、だからといつて、漢字の構成法のやうなものを歴史的に研究すれば、そのやうな問題の解決に役立つかといふと、そこには疑問が出て来ると同様に、ただ、語彙文法を取り出して、これを観察すれば、国語問題の解決への基礎となるといふことは容易に信ぜられない。

国語国字問題といふものは、一体、何を意味するのか、明治以来、やかましく議論されたことでありながら、その事実の正体は、必ずしも明かにはされてゐない。このことが、明かにされてゐなければ、その解決の基礎的調査研究を、どうすべきかも分らない筈である。国語が混乱してゐる、不統一であるといふことが、よく云はれる。しかし、それが、国語における、どのやうな事態についていはれてゐるのかといふことになると、決して、明かにされてゐるとは云へないのである。研究所が、用語用字の統一整理をはかることを、国語問題解決の急務と認めたことも、目的は、国語の混乱、不統一を救ふところにあつたと判断されるのであるが、この問題を、語彙の数量的調査でおさへようとすることが、果して、この問題への基礎的研究になるかといふことは、常識的には、容易に納得がゆかないのである。国語の簡易化といふことは、決して非難すべきことではないのであるが、それに対する政策として、漢字の画数を減じ、使用字数を制限する手段だけが、唯一の道であるとするやうな政策論を認めてよいものかどうか、この問題は、もつと根源に溯つて、漢字の煩雑さといふことが、どのやうな事実について云はれるかを調査研究すべきであるにも拘はらず、問題の焦点を、そのやうなところに求めることが少かつたのは、このやうな調査研究を支へるものと信頼されてゐる、言語学国語学の記述方法が、言語の要素的分析に偏して、文字、語彙、文法そのものだけしか問題にすることが出来なかつたところに、原因があると見られるのである。研究所は、「言語生活」といふ雑誌を監修して、現代の国語生活の種々な問題に、大きく目を放つてゐるのであるから、そこから、国語問題解決への基礎的な調査研究が何であるかを問題にする糸口を見出すことが期待されるのである。

第二部　言語過程説に基づく国語学

第一章　総　説

第一節　国語学、国語、日本語

国語学は、国語を対象とする科学的研究であり、その体系である。国語は、ここでは、我々の自国語である日本語を指すのであるから、国語学は、日本語についてのあらゆる事実を研究する学問であるといふことになる。次に、国語学の対象とする日本語とは何であるかといへば、日本語とは、「英語、ロシヤ語、シナ語などと並んで、それとは、異なつた言語的特質——これを、日本語的特質と云つてよい——を持つた言語である」と規定することが出来る。国語学の対象の限界が、日本語的特質の有無といふことにあるとするならば、その特質をどのやうなものとするかによつて、異なつて来るが、対象としての日本語が、最初から決定されて与へられてゐるものでないことは、明かである。それが、日本国外で語られる場合でも、日本人以外の民族によつて、語られる場合でも、それらが、ひとしく日本語的特質を持つものであるならば、すべて、国語学の対象となり得ることを意味するのである。この対象規定によつて、我々は、「ある外国人の日本語」或は、「アメリカに国籍を有する二世の日本語」といふやうなものをも、国語学の正面の対象に据ゑることが出来るのである。

ところで、日本語を右のやうに規定することは、「犬」を「犬としての特質を持つた動物」と規定すると同様に、単なる同語反覆であつて、少しも日本語を説明したことにならないのであるが、右の規定は、国語学の出発点として重要な意味を持つてゐるのである。右の規定の中には、「言語」「日本語的特質」といふ、二つの未知の概念を含んでゐる。この二つの概念を明かにすることによつて、「日本語」が明かにされるのであり、それは、即ち国語学の研究せらるべき課題を示したことになるのである。

ソシユールは、そのラングの理論から、我々が、日本語と考へてゐるやうな言語の存在形式を次のやうに説明してゐる。

言語は、各人の脳裏に貯蔵された印象の総和の形をなして、集団のうちに存在する（ソシユール「言語学原論」改訳本三一）。

これを日本語の場合に当てはめると、我々個人個人の頭の中に記憶されてゐる語の総和が、「日本語」であるといふことになる。これは、言語を実体的なものと見るソシユール理論の当然の結論である。ソシユールは、右に引き続いて、

その様は同じ辞書を各人が一部づつ所有してゐるのに似通ふ（同右）。

とも云つてゐる。ともかくも、日本語とは、我々の所有する語の総計として考へられてゐるのである。従つて、日本語は、個人個人においてでなく、集団において存在するといふことになるのである。ところが、このやうな「日本語」の規定では、『犬』は日本語で、『ドッグ』は英語である」とか、「日本語がうまく話せない」といふやうな場合の「日本語」の意味を説明することが出来ない。それらの「日本語」は、決して、総和としての「日本語」を意味してゐるとは考へられないのである。

言語過程説は、後に述べるやうに、言語を、表現理解の行為として考へる。従つて、日本語を、他の言語と区別する根拠は、その行為（精神・生理的過程現象としての）の特質にあるといふことが出来る。我々の言語行為は、個別的の面に着目すれば、甲乙丙……、皆相違して同一のものはあり得ないが、普遍的な面に着目すると、甲乙丙……に行為としての共通性があり、

それは、明かに英語的表現行為に対立する。例へば、「犬」を云ひ表はすのに、「イヌ」といふ音声によつて表現する行為の共通性を、我々甲、乙、丙、丁は、一様に持つてゐる。このやうな行為の一様性平均性といふことは、言語行為が思想表現の手段として行為されるところから成立するのであるが、日本語とは、言語行為の、一つの特異性について云はれることであるから、「イヌ」と云ふ語を、それだけ表現した場合でも、これを日本語であるといふことが出来る。日本語は、行為として成立するのであるから、日本語に習熟してゐるといふことは、日本語的行為の習慣を獲得したことを意味する。外国語でも、その発音を、日本語における音声結合の習慣に従つて発音するならば、日本語と認めることが出来る。少くとも、日本語らしいといふ印象を与へることが出来る。このやうにして、多くの外国語（漢語はもちろんのこと）が、日本語になつた。逆に、日本語でも外国語的に発音すれば、日本語としての印象から遠ざかる。

以上は、主として、音声的特色について日本語を規定したのであるが、日本語的習慣は音声ばかりでなく、文法についても云はれることである。修辞についても、それが一般の習慣に外れた場合には飜訳口調、直訳口調として受取られる。

国語学は、表現理解行為一般について、日本語的特質が何であるかを明かにすることであるから、先づ最初に、言語の、表現理解行為としての一般性を明かにする必要がある。これは、右の日本語の概念規定の中の、もう一つの未知の概念を明かにすることを意味する。

第二節　言語についての仮説としての言語過程説

言語過程説とは、言語を、人間（いふまでもなく個々の人間である）が自己の思想感情を、表現し理解する行為（或は活動）そのものであるとする、言語に対する一つの仮説であつて、言語を、要素が結合して構成された実体的なものとする言語構成説に対立する一つの考へ方である。言語過程説を、ここに、言語に対する一つの仮説として提出するといふことは、言語研究の方法上から見て、極めて重要な意味を持つてゐる。一般に、どんな学問でも、研究の対象は、一定の限界性を持つたものとして、研究者の前に置かれる。「花」を研究しようとする者には、「花」は一個の個物として、研究者の前に置かれて、「花」の限界を疑ふといふことはない。研究者は、その前に置かれたものを、観察記述すればよいのである。ところが、歴史学の対象とする「歴史」といふやうなものになると、「花」が一個の個物として、観察の対象となるやうには、その対象の限界性を明かに示すことはない。研究者は、何かを対象としようとするのであるが、その「何」は、決して明確ではない。

人間の事実に関することは、対象としては、多くの場合に、不明確なものが多いが、自然科学の場合でも同様なことがあるのではないかと思ふ。「言語」は、一般に、対象としての限界が、明確であるやうに考へられてゐるが、そして、また、それが、不明確な対象であることが、余り疑はれて来なかつたが、少し考へてみると、我々は、「花」を研究対象とするやうには、「言語」を対象として捉へることが出来ないことを知るのである。紙の上に書かれた文字が、言語ではないかと考へて見ても、それは、紙の上におされた印刷用の液体の染みに過ぎないもので、我々が、言語を考へる時には、それとは別のもの、それ以上のものを考へてゐることが分るのである。耳に聞えて来る音声でも同様で、聴覚印象そのものが言語であるとは、どうしても考へられない。一体、我々が、学問以前に、常識的に捉へてゐる言語とは、どんなものであるか。それは、感覚だけでは、その全貌を把握することが出来ないものであることを知るのである。目に見ることの出来ない星は、或は精密な望遠鏡で観察出来ることもあるが、言語の正体が、そのやうな機械の助けで捉へることが出来るかは疑問である。ここに言語研究の最初の難関があることを知るのである。このやうに、感覚だけではその全体を捉へることが出来ない対象を、どうして研究するかと云へば、それには、言語とは、恐らくこのやうなものであらうといふ仮説を設けて、それによつて、言語に関する事実や現象を説明して行くのである。もし、それによつて、そのやうな事実や現象を説明することが出来た場合、前に設けた仮説が真理であるといふことになり、そこから、どのやうな事実や現象が、言語に属するものであるかを明かにして行くのである。このやうに、言語研究では、対象そのものの限界性を明かにして行くことが大切な仕事になるのである。それは、言語学国語学の対象の性質が、他の科学の対象と相違してゐるところから来ることである。近代言語学で、「言語」を、音声と意味との結合体とする場合でも、我々は、そのやうな結合体を、「花」を対象とするやうには、これを経験することは出来ないのである。してみれば、言語を、右のやうな構成体と考へることも、一個の仮説に過ぎないのであるが、言語学も国語学も、これを自明の理として出発したところに、むしろ危険があるのである。

言語過程説は、言語構成説における言語の考へ方の矛盾を認識するところから出発する。もし、言語を一つの構成体と見るならば、言語学は、当然、音声を対象とする生理学或は物理学と、意味を対象とする心理学とに分属されて、言語学は、その独自の対象を見出すことが出来なくなる。これが、疑問とされる第一の点である。右の、問題を解決するために、ソシュールは、概念と聴覚映像との結合したものをラングとして、これを言語学の真正の対象と考へた。概念も、聴覚映像も、ともに心理的なものであるから、ソシュールの設定したラングは、確かに彼のいふやうに、心理的実体であり、それ故に、言語学が、心理学と生理学（或は物理学）とに解体される危険から、免かれることになるのであるが、いふところのラングは、言語の最も具体的な事実である、表現及び理解の事実とは、何の拘はりのないものとされた。これが、疑問とされる第二の点である。言語を以上のやうに考へることは、たとへソシュールのやうに、これを心理的実体であるとし、表現において使用されるところの資材であるとしても、そのやうなラングの人間に対するありかたは、自然が人間に対するありかたと少しも異らない。従つて、その研究課題は、このやうな実体相互の張合つてゐる状態（共時態）か、実体の変遷（通時態）かに限定されてしまふ。これが、疑問とされる第三の点である。以上のやうな諸々の疑問点を解決するものとして、日本の古い国語研究に現れた考へ方が取上げられることとなつた。そこでは、言語は、専ら、人間がその思想を感覚的なもの（音声或は文字）を媒材として外部に表出し、また、そのやうな感覚的なものによつて、何等かの思想を獲得する、表現及び理解の行為そのものであると考へられてゐる。そこでは、言語が、要素の結合体として、実体化せられる代りに、言語は、人間の心理・生理的過程現象として捉へられることとなる。これが、言語過程説（或は観）といはれる所以である。このやうに言語を考へることは、言語を、概念と聴覚映像との結合体であると考へる場合と同じやうに、言語についての仮説に過ぎないのであるが、しかし、それは、我々の、言語についての具体的な経験に対する省察から設定された仮説であつて、経験の奥に、或は、それ以前にあるものとして予見された、ソシュールのラングの如きものとは性質を異にする。しかし、それが仮説であることにおいて同じであるから、これが真理となる為には、凡て言語の現象に属すると考へられる事実が、この仮説によつて、余すところなく、合理的に説明されることが要求されるのである。言語過程説は、修正されるかも分らない、言語に対する一つの豫見であり、国語学の究極の目的は、国語そのものの、対象としての限界性を明かにするところにあるといへるのである。

第三節　言語過程説と国語学史

言語が人間の表現理解の過程的事実として成立するといふ考へ方は、古い日本の国語研究の中に暗示を得たものである。そこで、先づ、国語学史の研究から出発する（岩波講座「日本文学」中の「国語学史」昭和七年刊、単行本「国語学史」昭和十五年刊）。解釈における用字法の研究に例をとつても、漢字を、正訓、義訓、真名仮名（「花」を「波奈」と記す如き用法）、和訓仮名（助詞「かも」を「鴨」と記す如き用法）に分類するごときことも、漢字を、表現或は理解における一過程として考へてゐなければ、出て来ない結論である。また、語を類別して、「詞」（シ、或はコトバ）と「辞」（ジ或はテニハ、テニヲハ）とし、詞を、「さす所あり」といひ、辞を「心の声なり」と説明するところにも（鈴木朖「言語四種論」）、語を一つの表現と見、その表現過程に相違があるものと考へたと解釈するより外に、考へやうがないのである。もとより、国語学史は、言語が表現理解の行為であるとする考へを、正面に打出したものとはいひ難く、極めて幽かにそれを観取出来る程度に止まるのであるが、言語過程説は、それを土台として、それに全面的な補修を加へ、それを以て、国語学の体系を構築する場合の基礎理論としようとするのである。従つて、この言語観は、国語学の一局部門にだけ適用されるやうな理論でなく、国語学の全面に、その射程を持つことを期待するのである。従つて、また、この言語観は、従来、国語学において取上げられた問題の適、不適を批判し、その新しい位置づけを見出さうとすると同時に、更に進んで、従来取上げられなかつた全く新しい研究部門の展開を試みるのである。

第四節　言語過程説の基本的な考へ方とその研究課題

(一)

言語過程説に基づく国語学の体系は、言語を、「人間の表現理解の行為」であるとする仮説的理論を出発点として、これを、具体的な言語的事実に実証しつつ、その体系を組織する。言語を、人間の表現理解の行為であるとする命題は、その中に、発展的な種々の重要な概念を含んでゐる。先づ、言語を行為と規定することについて、行為とは、人間の有目的的活動であるから、生理的な反射運動のやうなものと異なる。言語は、常に目的を持ち、その目的を実現する為の技術によつて成立するものである。このやうな目的意識や技術を、言語の中に正当に位置づけることが要求される。言語を行為と規定すれば、それは、若干の概念のずれを除いて、生活、活動等の概念と同義語である。従つて、言語、言語生活、言語活動は、皆、同じことを云つたものと見ることが出来る。

(二)

言語を、人間の表現理解の行為であるとすることは、言語を、人間の行為一般の中に位置づけたことを意味するのであつて、先づ、言語といふ行為が、他の人間行為とどのやうに交渉するかといふことが問題にされなければならないことを意味する。このことは、常識的にも、容易に想像がつくことであつて、言語行為は、決して、それだけが、孤立して成立するものでなく、常に、他の行為や生活と密接に交渉し、言語行為が、他の、行為や生活を制約すると同時に、他の行為や生活が、また、言語行為を制約する関係にある。このやうな関係を、言語行為と他の行為との機能的関係といふ。

(三)

言語を、人間の表現理解の行為であるとすることは、言語を、人間の他の表現理解の行為である音楽、絵画、舞踊などと対比して、その共通点や相違点を明かにすることである。言語表現とこれらの表現とは、表現者である人間が、内部的な思想や感情を、外部に客観化して表出する点において、皆共通性を持つてゐるが、その相違する著しい点は、音楽が、音の高低強弱により、絵画が、線と、色彩により、舞踊が、表現者自身の身体的運動を媒材として成立するのに対して、言語表現は、音声・文字を媒材として成立するといふやうに、内部的なものを外化する際の、表現媒材を異にしてゐるところにある。この相違点は、言語自体の類別にも適用出来ることである。言語表現には、音声を媒材とするものと、文字を媒材とするものとがあり、前者が「話す」といはれてゐることであり、後者が「書く」といはれてゐることである。言語理解には、同様に、音声を媒材とする「聞く」行為があり、文字を媒材とする「読む」行為がある。結局、言語過程説においては、言語は、「話す」「書く」「聞く」「読む」それぞれの行為において観察されなければならないといふことになるのである。

(四)

言語を、人間の表現理解の行為であるとする時、その人間とは、必ず、特定な具体的な個人個人を意味するので、個人を離れて、個人一般の言語といふものは、考へやうがない。我々が、「日本語」といふ時、個人を離れて、そのやうな言語が存在するやうに考へがちであるが、「日本語」の意味するものは、我々個人個人の言語行為を抽象して得られた概念である。我々個人個人の言語行為には、英語やシナ語と比較して、日本語的性格とでもいふべき特質がある。そのやうな特性を持つてゐれば、私が、今、口に出した「ハナ」(花)といふ語も日本語であり、彼が文字に書き表はした「花」といふ語も日本語である。日本語が、個々の言語行為以外に存在しないことは、我々が考へる「馬」といふ動物が、個々の「馬」以外に、それとは別に存在しないのと同じである。

言語をこのやうに考へて来ると、個々の人間の間の言語に、なぜ統一が生まれるか、また、なぜ分裂が生まれるか、そのやうな統一や分裂が生ずるのは何故であるかといふやうなことが重要な研究問題として取上げられなければならない理論的根拠が出て来る。また、外国起原の語が、外来語として用ゐられ、やがて、日本語と呼ばれるやうになることに対する説明も可能になつて来る。

(五)

言語を、人間の表現理解の行為であるとすることは、言語が、人間の心理作用と生理作用との複合から成立つてゐることを意味する。しかし、それは、要素的結合として成立するのでなく、心理作用より生理作用へ、生理作用より心理作用へといふやうに一種の過程現象として成立するものである。従つて、言語は、精神生理的過程現象であるといふことになる。言語過程説の名称が与へられた所以である。

(六)

言語過程説に基づく国語学の研究課題は、当然、上に述べたやうな基本的な考へ方、換言すれば、対象の性質に基いて展開する。

言語を、人間の表現理解の行為であるとすることは、換言すれば、言語を、一つの人間的事実であるとすることである。人間的事実は、必ず、他の人間的事実に支へられて成立するものであつて、ただ問題とされる事実だけを取出して、それに焦点を合せたのでは、そのものの真相を捉へることは困難であり、時としては不可能である。自然界の事実にはこのやうなことはない。火山の爆発や地震の発生は、人間的事実とは無関係に、他の自然界の事実との因果関係に支へられて発生する。人間的事実が、以上のやうなものであるならば、言語の観察は、先づ何よりも、これを、人間的事実全体の中に置いて観察する必要がある。言語は、政治や経済や教育、その他、人間の社会関係の構成、即ち万般の人間的事実に交渉を持つ。しかし、そのやうな交渉は、甲乙といふ個々の人間の間に行はれる言語の受け渡しを媒介として、始めて成立するのであるから、先づ、この言語の受け渡しの事実を明かにする必要がある。言語の受け渡しといふことは、言葉を換へて云へば、甲が表現し、乙が理解する伝達の事実に他ならない。従来、言語学でも、国語学でも、伝達の事実が、研究課題として正面に据ゑられたことはなかつた。そこでは、言語は、常に、伝達とは、別個の存在理由を持つものとして取上げられて来た。言語が、伝達の事実として取上げられなければならないことは、言語を、人間の表現理解の行為であるとする、言語過程説の根本的な考へ方の当然の帰結であると同時に、経験的事実としても、当然、問題にされなければならない最も具体的にして重要な問題である。

次に、伝達の事実は、表現行為及び理解行為から成立するのであるから、先づ、表現行為及び理解行為について、その各々がどのやうにして成立し、表現過程及び理解過程が、どのやうなものであるかが、明かにされる必要がある。言語過程説の出発点は、先づ、以上のやうなところにあると見てよいであらう。

以上述べたところを、その出発点から発展段階へと列挙すれば、凡そ、次のやうになる。

一、表現理解の行為が成立する為の外部的条件
二、表現理解の過程的構造
三、伝達の事実及び伝達成立の条件
四、言語と生活との交渉

以上のやうな研究課題の設定は、音韻、語彙、文法の三部門に従つて、国語（特に音声言語の）の歴史を記述しようとする、明治以後の国語学の課題とは、著しく相違したものである。歴史的研究の課題は、それ自身として、決して否定さるべきことでなく、やはり、国語のある事実に焦点を合はせたところに出て来たものであることは、間違ひなくいひ得ることであるが、ただ、そのやうな課題が、国語研究の全領域であるといふやうな錯覚を生ぜしめたところに問題があるのである。しかし、右のやうな研究課題は、根本に溯れば、近代言語学の持つ構成的言語観に規定されたものであつて、右の言語観に従ふかぎり、言語学の中心課題は、実体的言語の共時的体系と、通時的変遷とを記述するより外にしかたがなかつたのである。右のやうな研究課題が、言語過程説の体系において、どのやうに位置づけられなければならないか、また、それを位置づけるためには、どのやうな改修を行はなければならないかといふことも、一つの大きな問題である。

言語過程説において、国語の歴史をどのやうに考へ、また、記述するかは、後の第六章に述べることとして、ここでは、近代言語学を継承した、明治以後の国語学の系統的研究及び歴史的研究を、その課題の取上げ方の点について、批判を加へたいと思ふ。

明治以後の国語学は、先づ、国語の系統についての研究を課題として取上げることによつて、言語学の共通的課題に仲間入りしようとした。印欧言語学の輝かしい成果を、日本語と、その周辺の言語との間にも、獲得しようとすることは、西欧比較言語学者が、早く着目したことであるが（大野晋「日本語の系譜論はどのやうに進められて来たか」国語学第十輯）、国語学者の側においても、それが当然、国語学者の任務であり、責任であると考へられた。系統論の科学的な樹立の為には、先づ、国語の歴史についての実証的研究が先行しなければならないといふ、方法に対する批判が提出されて（例へば、新村出「言語の比較研究に就きて」明治四五年。「東方言語史叢考」に収む）、やがて、国語学の研究の焦点は、国語の歴史的研究に移るのであるが、当初においては、歴史的研究は、系統的研究への手段、前提と考へられてゐたのである。日本語の系図を明かにし、これを、一つの系統図 genealogical tree に作り上げることが、国語学の世界的視野であると考へられた。この課題設定の方法には、次のやうな問題があるのである。第一に、ヨーロッパ言語学が、印欧言語族について、系統的研究を課題としたのは、印欧言語相互に、著しい系統関係があるといふ、対象それ自身の実情が然らしめたもので、この課題自身があらゆる言語に、普遍的に先行して課せられるといふものではない。研究課題は、所与の対象の中に求められなければならないのである。日本語について見るのに、日本語とその周辺の言語との間に、系統関係の存在を経験させるやうな事実は、観念的には考へられても、経験的には存在しない。即ち、日本語の系統といふ問題は、学問的には設定されても、日本人の生活経験とは縁遠いものであるといはなければならない。そのことが、研究者である我々の生活に何等かの意味を持つと判断されることによつて、それが対象として取上げられる意味を持つて来るのである。各国の大学が、自国の文化に関するものを優先的に取上げるのは、それに、研究上の便宜があるといふことだけではなく、それ以上に、その対象なり課題なりに、その国民にとつて、人生的な意義が、見出されるからである。我が国で、西洋文化とその源流に関することが、オロチョン族やギリヤーク族の民俗よりも優先的に取上げられるのは、そのやうな文化が、今日の我々の生活にとつて重要な意義があると判断されるからである。このやうに見て来ると、明治以後の国語学が、国語系統論を優先的に取上げたのは、ヨーロッパで問題になつてゐることであるから、こちらでも、それに従ふといふ以上に、何等必然性はないのである。国語それ自身に沈潜して、そこから汲みとつて来た問題とはいふことが出来ないものなのである。第二に、さてそれならば、国語学として優先的に取上げなければならない、国語自体の持つ問題は何かといへば、それは、国語の中に、多量にシナ語的要素が混入したといふ事実、そして、それらが、今日なほ、大きな役割を持ち、種々な問題を投げかけてゐるといふ事実である。この事実は、功罪いづれにせよ、国語における一つの大きな事実として、誰しも不問にすることが出来ないものである。このやうな事実は、言語学上、言語の借入れの事実として扱はれてゐるが、系統的事実が主になつてゐるヨーロッパ言語においては、借入れの事実は、それほど大きな問題としては扱はれてゐない。日本は、地理的文化的関係から、日本語とは、全く性質の異なつたシナ的言語の要素を多分に摂取して、今日の国語を形成して来た。この事実を、国語学の中にどのやうに位置づけるかといふことは、国語学に課せられた重要な任務である（以上は、「東大国語研究室会における談話――国語学の方法論に対する一提案――」『国語研究法』に収む）。第三に、いはゆる系統研究といふものが、言語の歴史的研究と同意義に考へてよいかといふ疑問である。いはゆる系統研究の扱ひ方には、多分に、自然科学における系統発生史的な考へ方が入り込んで、言語を、原始形態からの分岐、派生として捉へようとする。従つて、その言語の純粋性を溯源的に追究しようとするものである。この研究の方向を、樹幹図式的方法と名づけるならば、いはゆる歴史的研究といはれるものは、音楽にしても、絵画にしても、各時代に、どのやうに異質的なものが流れ入つて、新しいものを創造したかを見ようとするのである。一時代における文化は、常に混質的な全体として把握されねばならないとするのが、歴史的な扱ひ方であると思ふ。このやうな扱ひ方を、河川図式的方法と名づけるならば、国語の場合にも、国語の中に、シナ語的要素が混入した事実こそ、歴史的研究の重要な課題であるといふことが出来るのである（以上は、「国語学原論」続篇第六章五（国語史の特質一、樹形図式と河川図式））。

以上は、国語系統論及び国語史研究の課題の取上げ方に関することであつて、いはば、研究以前の態度に関することである。言語過程説に基づく国語の歴史的研究の構想については、後の第六章において述べることとする。

第五節　言語過程説における言語研究の方法

言語の観察において、我々が経験的に捉へ得るところのものは、音声と文字だけであつて、それは、観察の対象とするところの第三者の言語行為の一部分に過ぎない。それならば、第三者の言語行為の全体を、対象として把握するには、どうしたならばよいか。これは、非常に困難な、また、重要な問題である。ところが、一般には、この方法は、安易に

行はれてゐる。例へば、

　誰か人が来たらしい。

といふ第三者の言語を捉へて、「らしい」は、推量判断を表はす助動詞であると説明する。この時、この観察者は、この第三者の表現した「らしい」といふ語を、対象として把握し、それを観察したと思つてゐる。ところが、よく考へてみると、我々が捉へたものは、この話手の音声だけであつて、それを、話手の推量判断と判定したのは、実は、その音声によつて、観察者が理解したものを、この話手のものと考へたことに由来するものと見なければならないことを知るのである。現代語を観察する場合には、観察者の経験を、話手に投影して、これを話手の経験として記述しても、それほど、支障を来たすことがないのであるが、これには、自ら限界があり、言語観察の方法について、考慮をめぐらして置く必要があるのである。右の常識的な方法について見ても明かなやうに、我々は、第三者の言語経験を、そのまま直接に観察することは不可能であつて、一度、これを観察者の経験として再構成する必要がある。このやうにして再構成された経験を、観察（厳密には、内省といふべきである）し、記述するところに、第三者の言語経験の観察が成立するものと見なければならない。以上のやうに見て来れば、観察者によつて観察される言語経験は、観察者の経験であつて、決して、第三者の経験そのままとはいふことが出来ないものであるが、観察者の経験を、出来るだけ第三者の経験に近づけて、観察者の意識の中に再構成することが、出来るならば、これを第三者の経験と認めてよいわけである。第三者の経験を、観察者の中に再構成する作業を、一般に解釈と云つてゐる。解釈とは、要するに、第三者の主体的経験を、観察者の主体的経験として、持込むことであつて、ここに始めて、言語観察の道が開かれることとなるのである。言語観察には、以上のやうな方法以外にないといふことは、自然が、観察者の経験の外に、対象として置かれてゐるのと著しく相違するところである。言語研究者は、常に、自己の言語経験を観察することになるのである。

　解釈作業といふことは、古語を観察の対象とする時、一般にとられるところの方法であるが、現代語の観察においても、方法的には考へられてゐなければならないことである。例へば、方言の記述において、観察者の無雑作な理解が、そのまま、話手の経験に合致しないことは、屡々方言が誤解を起こすことからも容易に分ることである。

言語の観察が、解釈作業を前提とするといふことは、観察者が、その言語について、優れた実践者であることを前提とすることを意味するのであつて、極端な場合は、未知の外国語を観察するやうな場合で、観察者は、音声の機械的な記述以上に、その言語を対象として把握することが、不可能とされるのである。

第六節　国語研究の対象と資料

ソシュールの理論に従へば、我々の経験する言語的事実といふものは、「個人的であり、瞬間的である。それには個別的事例の総和以上の何物もない」（「言語学原論」改訳本三二）とされ、また、それは、「多様であり混質的である。数個の領域に跨り、同時に物理的、生理的、且つ心的であり、なほまた個人的領域にも社会的領域にも属する。それは人間的事象のいかなる部類にも収めることができない。その単位を引出すすべを知らぬからである」（同上書十九）とされ、言語学の対象とすることが出来ないものであるとされた。ソシュールにおいては、言語学の対象は、ラングであつて、それは、言語活動として顕現する以前の、陰在するところの語の総和とその体系であると考へられてゐる。この思想に基づいて、国語学者の努力したことは、具体的な言語活動を資料として、陰在してゐるラングを記述することであつた。音韻、語彙、文法の三部門による国語の記述といふことは、右のやうな考へ方に従つて出て来るのである。この立場においては、一切の言語的記録は、ラングを記述するための資料としてしか考へられない。ある文献が、当代国語の語彙を記述するには役に立つが、他の事実を記述するには、全然役に立たないといふことになれば、それは資料的価値としては劣るといふことになる。例へば、キリシタン関係の諸文献は、それが表音的方法に近い、ローマ字によつて国語が記載されてゐるが故に、当代国語の音韻を明かにするには、絶好の資料であるといふことになるのである。このことは、第一部第三章第二節国語史研究資料の探索の項で述べたことである。

言語過程説に従へば、言語は、個人個人の行為として成立し、それ以外に、言語が存在するとは考へられないとする。言語研究者の対象とするものは、我々が経験する個々の言語行為であつて、それを観察し、記述し、その特質を明かにすると同時に、そこから一般的法則を抽象し、日本語の特質を描き出さうとするのである。この立場の相違は、極めて重要である。この立場においては、例へば、我々の前に置かれた一部の小説、一本の手紙は、それ自体が、一個の具体的な言語的事実として、対象的に取上げられ、それぞれの言語行為の特質が、余すところなく究明されなければならない。これは小説や手紙が、資料として取上げられたのでなく、対象として取上げられたことを意味する。そして、小説と手紙との相違は、国語学上の問題として、考へられなければならないこととなるのである。従来の国語学でも、記録とか文書とか会話とか相談とかいふやうな言語的事実の類別が問題にならなかつたのではない。橋本進吉は、これらを、「国語の多様性」といふ観点から問題にし（「国語学原論」一五）、それらを、「互に独立した別々の言語」（同上書一七）と見てゐる。そして、それらを音声、語彙、文法、文字等についてその内部構造を明かにし、それらが、いかなる社会団体によつて用ゐられ、また、いかなる場合に用ゐられるかを調査することの必要を説いてゐるのであるが（「国語学研究法」著作集第一冊二二六）、それらのことも、ソシユールのいはゆるラングとしての特異性を明かにしようとしたもので、具体的な記録そのもの、会話そのものの言語的特質を、追究しようとしたものではない。総じて、ソシユール理論において、対象といふ時は、具体的に顕現したパロルの奥にある、顕現以前の言語の体系について云つてゐるので、具体的な言語的事実（言語過程説において対象とされるもの）は、すべて、陰在した言語体系を記述するための資料としての意味しか持たないこととなるのである。例へば、点本（第一部第三章第二節（四））一つとつてみても、今、目の前にある具体的な点本は、その中に見出せる音韻、語彙、文法等の事実が、当代国語の音韻、語彙、文法等の事実を記述するのに、新しい材料を提供し、訓点語といふラングの体系を明かにする資料として意味が与へられるのであるが、点本そのものが、一つの具体的な言語的事実として、国語学の対象となることは、見失はれがちである。具体的な言語的事実としての点本とは、どういふことかといへば、それが、原漢文を翻訳するといふ一つの言語的事実の現れであるといふことである。外国語の訳読といふことは、一般の言語行為から見れば、特異な事実であるが、それが、言語的事実以外のものとは、云ひ難く、かつ、外国文化を摂取することが多い我が国の地理的文化的環境からいへば、外国語の訳読といふことは、決して特異な事実とはいへないわけであるし、そのやうな事実を介して、国語の状況にも種々の影響を及ぼしてゐるのであるから、この事実を、国語学の対象として取上げることには、十分に意味があるといへるのである（第六章第二節）。

以上述べて来たやうに、表現理解の行為として成立したものは、媒材が音声であれ、文字であれ、すべて、国語学の対象として、取扱はれなければならない。それならば、国語研究の資料といはれるべきものは、どのやうなものであるかといへば、例へば、平家物語巻頭に、「盛者必衰のことわりをあらはす」とあるが、右の文中の「盛者」は、漢字の表意的方法で表はしてゐるので、その発音は表面には、現はれてゐない。そこで、この語を、平家物語成立当時の音に復元するには、他の資料に拠らなければならない。平曲の譜本である「平家正節」には、これを、「ジヤウシヤ」と訓んでゐるし、韻鏡（註一）によれば、「盛」は、漢音セイ呉音ジヤウであるから、右の「ジヤウ」の音には、根拠があることが分る。その他、保延二年（一一三六）三月十八日書写の「法花経単字」に、

盛　自令（・・は濁音を表はす）

とあり、平安末期成立の色葉字類抄シ部に、

盛衰シヤウスイ

とあつて、古くから、「盛」字がジヤウの音であつたことが分る。従つて、「盛者」を、シヤウジヤと訓むのは、後の時代の転訛であるとしなければならない（以上は、橋本進吉「盛者必衰」、著作集第四冊二四―二五）。このやうに、当代言語の実相を明かにするに役立つも

のとして、援用される文献が、即ち国語資料である。国語資料の中には、そのもの自身が、対象となるべき国語文献である場合もあるが、中には、五十音図の各行の音の発音法を記したもの（慈覚大師の「在唐記」、「悉曇口伝」）や、シナ人が、日本語を、漢字を以て筆録したものや、国語の音韻や文法的事実を説明したロドリゲスの「日本大文典」の如きものに至るまで、凡その国語の事実を明かにするために傍証となり得るものが、国語資料といはれるべきものである。点本が、それ自身、国語的事実であるとともに、一方、それが資料的価値を持つことは、すでに述べた。

註一　唐末五代の間に成立した漢字音の配列図。漢字を、その語頭の子音、有声無声、四声、韻（二百六韻）等の相違によつて配列したもので、配列図上の位置によつて、その漢字が、どのやうな音であるかが推定される。

第二章　言語成立の外部的条件と言語の過程的構造

第一節　言語成立の外部的条件

言語が成立するための外部的条件を考へるといふことは、言語を、言語だけとしてでなく、その具体的なありかたを把握するために必要な方法である。例へば、一隻の船を考へる場合に、これを、その要素に分解して、鋼鉄とか、木材とか、機関部とかを考へる方法に対して、船によつて運搬される旅客、貨物、船長等を考へることを意味する。これらのものは、船を組立てる内部的な要素ではなく、船に対しては、全く外部的なものではあるが、それらのものなくしては、船は、その成立の根拠を失ふであらうし、また、それらのものによつて、船そのものの構造も規定されるであらう。今、船そのものに対する、右のやうなものを、その外部的条件といふならば、言語についても、これを規定する外部的条件を考へることが出来ると同時に、また、必要なことである。言語が成立するための、欠くことの出来ない外部的条件として、次の三つのものを挙げることが出来る（私は「国語学原論」正篇第一篇第五項では、存在条件といふ語を用ゐたが、ここでは、成立条件と改め、更にそれを、内部的なものと区別する為に、外部的条件と名づけた）。

一　言語主体

二　場面（相手、聞手）

三　素材

一の言語主体は、表現或は理解行為の主体である。主体を、表現理解の主体として限定した場合、それが、表現理解において、音声を媒材として用ゐるか、文字を媒材として用ゐるかによつて、次の四つの言語行為を区別する。
言語主体を、類別するのに、命令者、質問者、司会者などと分類することも可能であるが、媒材の相違による分類が一般にとられてゐるのは、それが、言語の機能に重要な関係を持ち言語としての特質を左右するからである。媒材による主体の類別は、次の通りである。

- 表現主体
  - 音声を媒材とする……話手
  - 文字を媒材とする……書手
- 理解主体
  - 音声を媒材とする……聞手
  - 文字を媒材とする……読手

以上のやうな主体は、いふまでもなく、言語の内部のものではないが、それなくしては、言語行為といふものは、成立し得ない。表現の上に表はされる第一人称の代名詞は、主体それ自身の直接に表現されたものでなく、主体が、一個の素材として、客体化されて表現されたもので、話相手である聞手を素材化したものが、第二人称の代名詞となるのに相対する。主体は、自己自身を素材として表現する以外に、自己自身を、そのまま直接に表現する。例へば、画家は、自画像によつて、自己を素材として表現することがある以外に、静物や風景を描いても、そこに、彼の個性的な、ものの感じ方を表現しようとする。これを、主体の直接的表現或は主体的表現と名づけ、素材的表現或は客体的表現と区別する。

言語主体は、言語成立の一切の根源であつて、言語は、主体によつて性格づけられる。「ずけずけものを云ふ」「あいまいな云ひ方をする」「控へめにものを云ふ」等の表現の態度は、主体の生れつきの資質にもより、また、教育によつても養はれる。言語における技術も、また、主体が表現を調整する能力と見ることが出来る。次に述べる場面も、素材も、また、主体によつて見られてゐる場面であり、また、素材である。このやうに、言語過程説は、言語における一切のものを、主体に還元して考へようとする理論であるから、これを、主体的言語学といふことが出来る。主体を考へることは、主体を全然除外した近代言語学の考へ方に対立する一つの重要な点である。

二の場面は、話手に対立して、表現が向けられる当の相手を焦点として、その周囲に拡げられた状景、環境であつて、それは、話手と、ある志向関係において結ばれてゐる。言語表現は、常に何等かの場面において成立するものであり、場面は表現の下地であるといつてよい。表現と場面との間には、機能的関係が存在する。即ち、言語表現は、場面に制約されると同時に、また、場面をも制約し、これを変化させる。場面を変化させるといふことは、主体と聞手との関係を変化させることである。私の前にゐる甲は、私が甲に向つて、言語を発する前は、全く無関係の他人として相対してゐるに過ぎない。私が甲に向つて、ある命令の言葉、或は依頼の言葉を発することによつて、私と甲との間には、命令者と被命令者、依頼者と被依頼者の関係が成立する。或は、このやうにも考へられる。私が甲に、そのやうな言葉を発するのは、甲が、それを引き受けて呉れるであらうといふ甲に対する信頼感、換言すれば、私と甲との間に存する場面的志向関係があつて、このやうな言葉が発せられたのである。私と甲との間に、右のやうな関係を構成することが困難に感ぜられる場合は、私は、甲に向つて、右のやうな関係を実現するにふさはしい表現形式を工夫し、調整する。見ず知らずの人に向つて、いきなり「金を貸せ」と云つても、相手が、それに応ずるとは限らない。相手は、被命令者、被依頼者となることを、拒むに違ひないのである。言語が、種々なる対人関係を構成することが出来るのは、言語と場面との間に機能的関係があるからであり、言語と場面との、右のやうな関係は、究極において、主体と場面との間に、機能的関係があるからである。

言語表現の上に表はされる第二人称の代名詞は、場面の焦点である聞手が、直接に表現されたものでなく、聞手が一個の素材として、客体化されて表現されたものであることは、主体の素材化である第一人称代名詞と同じである。

三の素材は、主体によつて語られる一切の事物事柄である。本来、主体に対立してゐる第三者的なものは、すべて素材となり得るが、主体の主観的な情意に関するものも、主体がこれを客体化する時は、素材となり得る。「私のよろこび」などと表現される「よろこび」は、本来は、主体そのものの作用であつて、主体に対立したものではない。主体自身、或は聞手をも素材化することがあることは既に述べた通りである。

以上述べた、言語行為を支へる外部的条件となつてゐる主体、場面、素材の三者は、これを次のやうに三角形によつて象徴することが出来る。

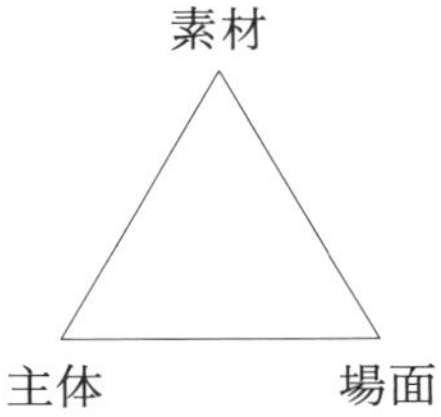

言語行為は、右のやうな三角形に支へられて、成立するものであり、これを、定義的に云ひ表はすならば、言語は、

誰（主体）かが、誰（場面）かに、何（素材）かを語る（表現する）ところに成立する。

といふことが出来るであらう。この中の一つを除いても、言語は成立し得ないのである。

言語において、成立の外部的条件を考へるといふことは、言語それ自身が、それらの条件によつて制約を受けるといふ事実が認められるからである。船が、運搬される人や物の制約を受けることによつて、旅客船として、或は貨物船として成立するのと同じである。これらの条件を捨象しては、ものそれ自身の具体性を捉へることが出来ないのである。

第二節　言語の過程的構造

(一)　意味作用

言語は、主体、場面、素材といふ三つの外部的条件に支へられて成立するものであることは、前項で述べた。ここで、右の条件に支へられて成立する言語そのものについて、述べるべき順序になつた。言語が、どのやうなものであるかの概略については、第一章第四節に述べたのであるが、そこでは、言語を、人間の表現理解と考へた場合、それが、どのやうな事実と関係し交渉するかを、遠心的に述べて、国語学の課題の位置づけをした。ここでは、求心的に、表現理解過程としての言語の構造を明かにしようと思ふ。

ここに意味作用とは、主体が、表現しようとする素材を、どのやうに把握するかの、把握の仕方をいふのである。一切の事物事柄は、主体を離れて、客観的には、同一のものであつても、表現されるべき素材として、主体の前に置かれる時、主体の、その時その時の立場によつて、常に同一のものとして把握されるとは限らない。一個の人間であつても、画家が見れば、モデルの意味を持ち、医者が見れば、患者としての意味を持つやうに、素材をどのやうに把握するかは、それを受取るものの、それぞれの立場が決定する。そして、その立場は、同じ人でも、刻々に変化するから、同一素材でも、その捉へ方は、千差万別になる道理であるが、その中にも、かなり一般化した捉へ方と特殊な捉へ方とが出来るわけである。表現としての語は、以上のやうな、素材の捉へ方、即ち意味作用を表現したもので、素材そのものを表現したものではない。語が、決して素材そのものを表現せず、素材の把握の仕方を表現するものであることは、語が、絵画や音楽のやうに、相手の理解に直接に訴へることが出来ない理由ともなり、また、一つの語が、意味作用を一つにする異なつた素材に共通に用ゐられる理由ともなる。例へば、「財産」といふ語が、素材に対する「生活を豊かにするもの」といふ意味作用の表現とすれば、この語から、我々は、直接に素材的事物そのものを理解することは出来ない。素材としては、金銭の場合もあらうし、家屋の場合もあらうし、技芸を職業とするものにとつては、手足も「財産」といひ得るからである。

右は、素材的事物としては異なつたものが、同じ意味作用によつて、同一の語として表現される場合であるが、逆に、同一素材でも、意味作用を異にすれば、そこに別個の語が成立するわけである。石油発動機船については、「トントン」（瀬戸内海）、「トントンブネ」（讃岐の小豆島）、「トントコ」（安芸の佐木島）、「ポンポンセン」（周防の屋代島）、「ハイカラブネ」（和歌山の南海岸）等の地方的差があることが報告されてゐる（柳田国男「国語史新語篇」）。また、「蝸牛」を表はす語が、「デデムシ系」「マイマイ系」「カタツムリ系」「ツブリ系」「ナメクジ系」等に別れて、全国に非常に多くの異名が分布してゐることも報告されてゐる（柳田国男「蝸牛考」）。柳田国男の右の二著は、方言異名の新陳代謝、伝承の事実を明かにしようとしたもので、正に、現代国語学の歴史的研究の一翼を荷ふことを意図したものであるが、観点を変へるならば、これを意味作用の事実として見ることが出来る。これは、方言的対立として現れるばかりでなく、日本語と外国語との間にも認められることである。例へば、〔筍〕は、「竹の子」であるといふ素材に対する捉へ方によつて、国語の「タケノコ」といふ語が成立するのであるが、英語では、同一素材を、bamboo shoot（竹の若枝）として把握する。〔銀河〕を、「天の川」或は、milky way と表現するのも同様な事実である。

比喩も、一般には、語の臨時的意味であるといはれてゐる。例へば、〔天上の星〕を、「空の花」と表現した時、この「花」は、「星」を云つたもので、この語の持つ概念内容「花」とは別の臨時的意味が与へられてゐると説明する。しかし、これも、意味作用の考へに立つならば、この表現者（詩人）は、「星」を、地上の「花」と同様なものとして把握したがために、「天上の花」といふ表現が生まれたと解せられるのである。我々は、この詩人の把握の仕方に共感を感ずるので、「花」が「星」を臨時的に意味するといふのでは、この表現の意図するものが無意味になつてしまふのである。

敬語、忌詞《いみことば》、(註一)隠語(註二)も、特殊な意味作用において成立する語である。

註一　忌詞は、素材を、一般的な意味作用で表現せず、素材を、別個のありかたのものとして把握し、間接に、その素材を相手に理解させる表現である。例へば、〔死〕を、「なくなる」「かくれる」といふのは、〔死〕を、「姿を消す」「姿を隠す」といふ事実として捉へたもので、一般的な表現によつて、素材を端的に理解させることを回避するのである。不吉な事実、不浄な事実の表現に用ゐられる。

註二　隠語は、「かくしことば」ともいはれ、一般には、理解されず、自己の仲間だけに理解される語である。隠語の方法には種々あるが、特殊な意味作用もその一つである。例へば、盗品を処分することを、「ばらす」といふやうなものである。隠語が、一般社会に理解されるやうになれば、隠語としての価値を失つてしまふ（楳垣実「隠語辞典」）。

(二)　音声表出

素材に対する意味作用或は概念作用は、次の過程において、表現の媒材である音声に、これを移行して外界に表出する。音声的表出それ自身も、一つの過程的構造をなしてゐて、実際に口腔器官によつて音声を発する以前の、ただ音声表象として、言語主体の脳裏にある段階と、それの生理的実現の段階とが考へられる。主体的意識によつて識別されてゐる音声単位を、ここで音韻と名づけることにする（生理作用によつて実現される音声は、主体的意識とは別にこれを観察記述することが出来る。その時の単位が音声である）。

従来、言語学の重要な部分を占めてゐた音声論或は音韻論は、以上のやうに、位置づけされることとなる。

第一部第三章第一節(一)イ「音声学と音韻史」の項に述べたやうに、ソシュール理論の影響は、音韻をラングに属するものとし、音声をパロルに属するものとして、学問の所属領域を全く異にするものと考へて来た。今、これを、言語過程説の中に取込むならば、音韻と音声とを、音声表出の過程的序列の中に位置づけ、心理的表象即ち主体的意識としての音声と、その生理的実現としての音声とに区別する。このやうに見て来るならば、音韻は、音声の一族でもなく、また、具体音声から帰納された音声の概念でもない。主体的意識としての音声即ち音韻は、それ自身の中に、これを類別する根拠を持たないので、一般には、音声としての成立に関与する生理的条件によつて、唇音、舌音、喉音、鼻音等を区別する。これらの点から見ても、音声と音韻とを、別個の科学に分属させるのは、不合理である。

音声の考察記述には、一般に、単位的音声を抽出し、その結合において、音節を規定し、リズムを説明する原子論的立場がとられてゐる。もし、この立場を脱却して、形態《ゲシタルト》説的立場をとるならば、また、別個の説明が可能になつて来る。即ち、音声的表出において、先づ、その言語に、固有のリズムが予定されてゐることを想定する。国語に固有のリズム形式は、等時的拍音形式と呼ばれるものであつて、音声が、このリズム形式の一こまを充填することによつて、ここに音節が実現される。リズム形式の充填は、生理的には、調音部位の変化によつて実現される。例へば、「さくら」といふ語の音声表出は、先づ、国語固有のリズム形式を

の図を以て示すならば、「さくら」は、

の如く、リズム形式に規定されて実現され、そのリズムの一こまを充填する「サ」「ク」「ラ」が、それぞれ音節である。この場合、「サ」は、音声符号では、一般に、“sa”のやうに表はされる。服部四郎は、これを、sの調音から、aの調音へ移るもの、即ち二調音の連鎖であると説明してゐる（岩波全書「音声学」第三章第五項四三頁）。しかし、この説明は、実際の調音の事実に合致しない。これは、二調音の連続でなく、二調音の累加、即ち一調音であることが分る。即ち、sが発音される時は、

既にａの調音の準備が出来てゐて、この両音は同時に発音されると見なければならない。これが、as のやうに配列される時は、これを同時に発音することは、絶対に不可能であつて、二調音となり、リズムの二こまを充塡して、二音節となる。

撥音「ン」、促音「ッ」、長音「ー」は、調音の性質からいへば、それぞれ、鼻音、舌音、母音といはれなければならないのであるが、これらは、それだけで、リズムの一こまを充塡する性質があるので、国語において、これらを、それぞれ、一音韻と認める理由が生ずるのである。「ン」は、後続音に支配されて、「アンマ」（按摩）「カンダ」（神田）「リンゴ」（林檎）のやうに、それぞれ、m, n, ŋ となるのであるが、それは、客観的な観察によつて、さう区別されるだけで、我々の主体的意識としては、この三者に区別を意識してゐないので、国語の「ン」は、ただ一つであるといふことが出来るのである。

母音子音の区別は、一般には、その音声的特質によつて規定しようとするのであるが、これも、音節構成の機能上の区別に基づいて規定する方法が考へられる。例へば、ａとｋとは、ともにそれだけで音節を構成することが出来るし、同時的調音によつて、音節「カ」を作ることが出来るが、ｍとｋとをとつて見ると、それだけで、一音節を構成する機能においては、同じであるが、ｍとｋとが同時的調音によつて、"km" といふ一音節を作ることは、絶対に不可能である。ところが、ａに対しては、ｍはｋと全く同じ機能において結合し、同時に、ｉに対しても、ｕに対しても同じである。これは、ｋｍは、同類の音であり、これを、子音とするならばａｉｕ……も、また、それに対立する同類の音であるとして、母音とすることが出来るのである。ｍｎは、音声的性質において、母音的であるといはれてゐるが、ａｉｕ等が、ｋと結合するやうには、ｍｎはｋと結合しないのであるから、音結合の機能の上からは母音とはいふことが出来ない（以上は、「国語学原論」正篇、各論第一章音声論を要約したものである）。

㈢ 文字表出

音声過程から、更に、これを別の媒材である文字に移行することによつて、文字言語が成立する。文字的表出も、音声的表出と同様に、一の過程的構造を持つてゐる。実際に、手の運動によつて、文字が記載される以前の、ただ文字表象として脳裏にある段階と、それの生理的運動による実現の段階とがあり、前者は、音韻に相当するものであり、後者は、音声に相当するものである。音声において、具体的な個人差よりも、主体的意識としての音声（音韻）が重要であるやうに、文字においても、書かれた文字の個人差よりも、主体的意識における文字表象が重要である。我々が、文字を読む場合でも、それらの個人差は、捨象されて、言語としての機能を持たない。活字は、文字表象の客観化されたもので、そこでは、個人的なものは、全部、捨象されてゐる。芸術的な書道は、文字において、言語としての機能以外のものを、求めようとするので、実用的書道（例へば、お家流の如き）においては、出来るだけ、個性を殺して、抽象化しようとするのであるが、文字の重要な機能は、正にそこにあると云つてよいであらう。

文字を、それが表現し、また、理解を要求する機能の点に着目して分類する時、表意文字と表音文字とに分つことが出来る。この二つの分類は、言語主体の、表現意図の別に根拠があるので、紙の上に書かれた線の集合それ自身に根拠があるわけではない。従つて、「波浪」の「波」は、意味を表現したものと解釈して、これを表意文字とし、「波奈」は、「花」の音声を表現したものと解釈して、これを表音文字といふのである。「波」字一字を取り出したのでは、主体的な意図が判明しないかぎり、いづれに所属させるべきかは分らないのである。

語の仮名表記は、一般に、語の音声を表記することを意図したものであるが、それは、具体的な音声を表記するものでなく、主体的意識としての音声表象を表記するものであつて、撥音「ン」が、具体的音声としては、m n ŋであつても、表記の仮名としては、「ン」「ん」だけが用ゐられる根拠はそこにある。主体的意識を離れて、音声の個別相を出来るだけ厳密に表記しようとする時、この文字を音声符号といふ。

表音文字は、最初にこれを用ゐる時は、語の音を表はすことが、目的であるが、意味、音声、文字の連合習慣が、習熟されるに従つて、文字は、その中間の表音意図を跳び越えて、その語が表はさうとする意味に直接に結びつく傾向がある。視覚印象が、直にある観念を呼びおこすのである。これを表音文字の表意性と云つて、例へば、今日、助詞を表はす「は」「を」「へ」は、元来は表音的意図を持つた表音文字であるが、助詞として用ゐられた時は、そのやうな機能を全く失ひ、理解する方も、そのやうに理解するのである。これは、文字の持つ視覚性から来ることである。

文字に、表意的機能を持たせた代表的なものは、漢字であるが、表音文字の場合でも、文字に、屡々表意的機能を荷はせようとする。「三日月」を、「みかづき」と表記した場合の「づき」は、「つき」の表記を、そのまま持込むことによつて、この語の意味の理解を助けようとするのである。これは、号符に属するものであるが、「、」や「。」によつて、文脈の断続を示し、“j'ai” “I'll” のアポストロフのやうに、音声には、全く無関係な、文法的職能を表はすものがある（以上は、「国語学原論」正篇、各論第二章文字論を要約したものである）。

第三節　音声言語と文字言語

言語を表現理解の過程的行為とする時、表現の媒材として音声或は文字を用ゐることによつて、それぞれ、「話す言語」或は「書く言語」が成立し、音声或は文字を媒材として理解する時、「聞く言語」或は「読む言語」が成立する。話す言語、聞く言語を一括して音声言語といひ、書く言語、読む言語を一括して文字言語といふ。音声言語、文字言語の相違は、媒材の相違であるから、言語過程の相違として考へることが出来る。しかしながら、音声言語と文字言語の相違を、ただ言語過程の相違だけに帰着させることは不十分である。それらは、それぞれに、言語の機能を異にしてゐる。先づ、音声言語は、電話とかラジオとかの機械を媒介にしない限り、話手と聞手とは、音声が到達する限界内に位置してゐる必要がある。音声言語の媒材とする音声は、瞬間に消滅するものであるから、話手と聞手とは、即決の場に置かれてゐるといはなければならない。理解を後日にするといふことは許されない。従つて、その表現素材も、右のやうな条件の制約を受けるから、即決に不適当なものは、音声言語の素材とすることは出来ない。これに反して、文字言語の場合は、文字の定着によつて、相手が、地理的に、時間的に離れてゐても、言語の機能を発揮することが出来る。むしろ、そのやうな条件において思想の伝達を意図しようとするところに、文字言語の成立した理由があるといへるであらう。従つて、表現の素材も、瞬間的理解を越えたものを素材とすることが出来る。以上のやうな音声言語と文字言語との相違によつて、それらが、それぞれ別個の人間生活と結びつき交渉を持つてゐることが分る。音声言語が日常卑近な生活、例へば、日用品の買入れとか、他人の援助を求めるとか、火急の場合の処置とか、要するに即決を要する生活と交渉し、文字言語が、文化の継承とか、複雑な問題の処理とか、高度の知的活動のためとか、要するに高度な生活と交渉を持つ所以である。

明治の国語学が、音声言語を重視して、文字言語を第二義的なものとしたことは、その根底をなす言語観に基づくものであるが、言語過程説は、音声言語と同時に、文字言語も、また、言語研究の重要な対象とされねばならないことを主張するのである。その根拠は、文字を、音声とともに、言語の媒材として位置づけたことにある。

第四節　言語に類似したもの及び言語の素材と区別されるもの

言語を定義する場合に、言語に類似したものを挙げて、言語の特質を闡明する方法が試みられる。その場合、その対比の対象に選ばれるものは、言語を、どのやうなものと考へるかによつて異なつて来る。ソシュールは、概念と聴覚映像（音の表象）との結合体を記号（signe）として考へ、言語を、記号一般の中に位置づけようとする。これは、言語を、表現行為と考へ、表現行為一般の中に、言語を位置づけようとする、言語過程説の立場と著しい対照をなす。神保格は、「言語学概論」（大正十一年刊。本書の言語に対する考へ方は、ソシュールのそれに極めて近い）において、言語に類似したものとして、学校で鳴らすベル、人を呼ぶ拍手、危険や停止を知らせる赤旗、会場を知らせる矢印等、これらは、感覚を刺戟する一定の音、色、図形に、一定の意味が結合したもので、言語に似てゐる。更に、ある表情によつて、その人の心中を知る場合、土の上に残された足跡によつて、盗人が忍び込まうとしたことが分つた場合、これら表情や足跡は、それによつて、人に、あることを知らせる結果になつたので、やはり言語に似てゐる。ただ、後の場合は、人に知らせることを目的としないので、これを、無意的表出運動と名づければ、前の場合は、それを目的としてゐるので、有意的表出運動と名づけることが出来る。言語は、人間の一定の声を使ふ有意的表出運動として、他の表出運動と区別されるのである。ここから神保は、言語を、意味のある音声であると規定した（同上書十三）。

以上は、言語を、記号の中に位置づけようとする考へ方である。この考へ方で行けば、言語を、他の記号即ちベルとか、盗人の足跡とかからは、一往、区別することが出来るのであるが、言語を、音声と意味との結合体と見るところから、例へば、怒りを込めた筆跡で、

明日は、お目にかゝりますまい。

といふ文面の手紙を、相手に書き送つた場合、相手によつて理解されるところの「明日は会はない」といふ報告内容と、差出人の不愉快に思つてゐる感情とが、ともに、文字や音声に対応する意味内容と理解されて、両者の間に区別を見出すことが困難になるのである。音声言語でも同じで、我々の言語には、屡々ある感情が結びついて、それが、顔つきや、目つきや、身振りとなつて現はれる。西尾実は、これらを含めたものが、言語の実態であつて、言語を、「思想を音声で表はしたもの」とか、「意味」と音声との結合などと規定するのは、生きた言語の実態を捉へてゐないといふやうな意味のことを述べてゐる。

われわれの言葉といふものは、耳で聞かれる音声のほかに、普通に考へられているよりもはるかに多く、また、有力に、目で見られる目つき・顔つきが、また、手つき・足つきが、さらに、からだ全体の動きや状態が加わつたものので、あるいは、その両者が一体となつて働き、あるいは後者が前者に代つてその任務を果し、あるいは、後者が前者を裏切つて、一種独特な意味表現を形成したりする（「言葉とその文化」一、言葉の実態）。

といふ時、言語は、右のやうな身振や表情を含めていふのであるか、また、そのやうな身振や表情によつて表はされる話手の思想感情も、音声によつて喚起される思想感情と同様に、この表現における意味といふことが出来るものであるかが問題にされなくてはならない。今の言語学は、確かに、右のやうな身振や表情を捨象して、言語の本質的領域を設定しようとする。西尾の見解に従へば、「それは、切つて血を流し、切つて命を失わせるような無理を犯すことで、それでは、言葉の実態をも、また、言葉の歴史をも尽すことができないのではないだろうか」といふことになるのである（同上書）。

右の見解は、具体的な言語を扱はうとする国語教育者としての発言であつて、言語学の対象とするものは、それとは別個のものであるから、右の抗議は当らないとして、斥けるべきであるといふ見解も成立たないことはない。ソシュール的な記号概念から云へば、言語記号にまつはる身振や表情は、言語以外のものに違ひないし、言語記号と、そのやうな身振や表情との関連を問題にする理論は、ソシュール理論の中には、見出せないのであるが、さりとて、西尾の見解に従つて、具体的なものを、具体的なものとして、何等の分析を加へないといふこと、また、分析を加へるといふことは、ものの生命を殺してしまふと考へることは、学問そのものの根本的な使命に反することである。国語教育において、言語について考へるといふことは、既に、それは、言語の科学的分析を予想するものである。分析することが、ものの生命を破壊するのでなく、生命を破壊するやうな分析を、問題にしなければならないのである。生命を破壊しない分析を考へることが必要なのである。

この問題に答へるために、先づ、言語過程説の立場における見解を述べようと思ふ。

言語過程説においては、その基本的な考へにおいて、言語を、先づ、表現として考へる。従つて、言語類似のものとして、音楽、絵画、舞踊等の表現活動が挙げられる（第二部第一章第四節）。これらは、表現活動そのものとしては、共通性を持つてゐるのであるが、それぞれに、表現の媒材とするものを異にする。その中で、言語と音楽（特に声楽）とは、音声を媒材とする時に共通性を持ち、文字（それは、線の集合である）を媒材とする時に、絵画と共通性を持つて来る。言語と声楽との相違は、前者が、音声の質的相違ア、タ、S、P等の相違によつて、ある事物の概念を表はさうとするのに対して、後者は音声の高低強弱の変化によつて、感情を直接に表現しようとする。言語と絵画の相違は、前者が、線によつて、音声や概念を表はさうとするのに対して、後者は、それによつて、表現題材を模写しようとする。このやうに見て来ると、言語と、それに類似したものとの相違は、媒材とするところの音声や文字の末端にあるだけではなく、事物や事柄を表現する場合の、表現過程の構造にあるといふことが出来る。既に述べたところの（第二部第二章第二節（一））、思想感情を、客体化し、概念化して表現するといふ過程は、他の表現活動と著しく相違する点である。これを、単に、音声とそれに対応する意味内容として見るならば――即ち記号として見るならば――その重要な相違点を逸してしまふことになるのである。言語には、以上述べたやうに、表現内容を客体化し、概念化して表現する「詞」に属するものと、主体を、直接に表現する「辞」に属するものとがある（第二章第五節）。

例に挙げた、

明日は、お目にかゝりますまい。

といふ表現において、文字を乱暴になぐり書きにしたり、音声に怒気を含ませたりするのは、主体の直接的な表現であつて、客体的概念的に表現される、「明日は会はない」といふ報告の内容とは、全く別個のものとして区別されなければならない。それが、客体的概念的表現に絡み合つてゐるからといつて、素材的意味と同一視することは許されないのである。音声に結びつく身振や表情は、表現における素材に関するものではなくして、表現主体に関するものである。主体に関するものは、「辞」その他の形式で表現されるけれども、客体的なものとして、表現するためには、これを、「詞」に置き代へなければならない。身振や表情も、これが音声の形式に置き代へられ、更に、「詞」として表現される時、始めて言語といひ得るので、それが身振や表情に止まるかぎり、これを言語とはいふことが出来ない。言語に身振や表情が伴ふのは事実であつても、それを含めて言語の完全体と見るのは、正しくないので、言語は、純粋に言語的表現にならうとするところに、言語としての理想があると考へなければならない。もし、このやうに考へなければ、言語教育の目標も設定することが出来ないこととなるのである。言語を純粋に言語的にするのは、丁度、絵画を純粋に色彩と線で構成しようとするのと同じで、絵画に、立体的な奥行を設けたりすることが邪道となるのと同じである。正しい演説は、憤りの感情を、卓を叩いたり、足を踏み鳴らしたりすることによつて表現することではなくして、もし、そのやうな気持ちを表現したいとするならば、これを言語の形式を以て表現するのを、正しいとしなければならない。

以上は、言語に伴ふ身振や表情から理解される相手の感情は、その言語の表はす素材とは別個のものであることを明かにした。次に、咳払ひによつて、人の存在を知らせるやうな場合、その咳払ひが「人が居るぞ」といふ意味を表はしてゐると見る考へ方についてである。これは、咳払ひに、言語同等の価値を認めようとする考へ方である。しかし、この場合も、「人が居るぞ」といふ思想内容を、咳払ひといふ音声によつて表現したのではなく、咳払ひをすれば、相手が、当然、人の存在を察知するであらうといふ、相手の推理力に対する信頼に基づくところの表現であつて、これを、言語の意味として考へるのは、原因結果の事実を無視して、刺戟と反応とを、ただ対応関係として結びつけたに過ぎないのである。庭の足跡から盗賊が入つたことを知つたり、煙が上つてゐることから、火事であることを知つたりするのは、皆、同じで、これらを、記号に対する意味と理解してはならないのである。

以上によつて、言語の特質は、音声や文字が、相手に何を理解させるかといふところにあるのではなく、どのやうな手続きによつて理解させるかといふ、表現と理解の過程にあるといふことを知るのである。この原理は、言語と言語でないものとを分ち、更に、言語において、「詞」と「辞」とを分つ場合にも、一貫して貫かれてゐるのである。

第五節　文法論の体系

一般に、表現には、素材的客体的なものと、それに向けられる主体の意識とが、渾然と結合して、一つの統一体を構成するものであることは、音楽においても、絵画においても、文学においても同様である。そのいづれかを重く見ることによつて、写実的とか印象的とか、或は叙事的とか抒情的とかの区別が生ずるけれども、純粋に、素材的、或は純粋に主体的なものだけを表現するのは、特殊な場合であらう。遠近法だけを主題とした風景画は前者に近く、シュールレアリズムの絵画は後者に近いといひ得るかも知れない。言語、特に国語においては、素材的なものと、主体的なものとを、それぞれ、別個に言語として表現することが出来るといふ点で、他の芸術的表現と著しく相違する。ある事物や事柄を、体言や名詞として表現するのは、純粋に素材的表現であり（厳密にいへば、一つの事物や事柄の表現にも、それが語として表現されるには、素材に対する主体の意味作用が関与するのであるが、それは、語を成立させる条件であつて、意味作用そのものを表現するのが目的ではない）、感動詞として表現するのは、純粋に主体的表現である。「あゝ」とか「おや」といふやうな表現においては、主体によつて志向されてゐる素材的なものは、背景に隠れて、ただ、素材に対する志向作用だけが、表現として打出されてゐるのである。素材的なものの媒介によらずに、主体的なもののみが表現されるといふ点で、それは、音楽的表現に近いといひ得るかも知れないが、感動詞としての表現は、常に、何かに対する喜びとか、何かに対する肯定とかであつて、その「何」が、前提となつてゐるといふ点で、音楽的表現とも相違するといへるのである。ともかくも、言語表現には、二つの著しく異なつたものがあり、素材の表現に属するものを、

「詞」と名づけ、主体の表現に属するものを、「辞」と名づける。この二つの表現は、それぞれに、その表現過程に相違があると認められる。前者は、表現されるものを、素材化し、客体化し、概念化する過程を経るものであり、後者は、主体の、素材或は場面に対する立場、態度等を、素材化等の過程を経ず、そのまま直接に表現することによつて成立するものである。これを表示すれば、次のやうになる。

詞――表現内容を、素材化（客体化、概念化）の過程を経て表現するもの、客体的表現

辞――表現内容を、素材化（客体化、概念化）せず、そのまゝ直接に表現するもの、主体的表現

本来、主体に対立して存在するものは、「山」「花」「高い」「咲く」のやうに、「詞」として表現されるのであるが、主体（表現者の意味である）。感情、意志等は、素材化することによつて、「よろこび」とか「決意」とかの「詞」として表現することが出来るが、同時に、直接に、「まあ」とか、「行くぞ」の「ぞ」とかの感動詞助詞等即ち「辞」によつて表現することが出来る。第三者或は第二人称者の感情意志等は、本来、話手に対立した事柄であるから、「辞」として表現することは出来ない。このやうに、「詞」と「辞」とは、その表現内容の点で相違があり、「詞」は、一切の客体界または客体化したものを、表現し、「辞」は、主体に関するものだけを表現する。

次に、「詞」と「辞」とは、それぞれ、独立に表現されることが出来るが、一般には、「詞」と「辞」とは、相互に対者を予想し、両者結合して具体的な表現となることは、本項の初めに述べたことである。これは、我々の意識の構造に対応するもので、「疑問」といふ主体的な感情は、疑問とされる素材的な事実に対応するもので、そのやうな素材的事実なくしては、主体的な疑問の感情も起こり得ないのである。例へば、

甲は来ますか

といふ表現において、疑問の表現「か」は、「甲は来る」といふ素材的事実が、この話手の「疑問」の感情の志向的対象となつてゐることを表はしてゐる。これを、もつと簡略にすれば、

来るか

といふ表現が成立つ。「来る」は、疑はれてゐる素材で、「か」は、その疑ひの表現である。これを、一般化すれば、次のやうな図式に表はすことが出来る。

詞
辞

客体的な素材と、それに対する主体的志向作用は、意識の構造としては、包まれるものと、包むものとの関係にあり、味はれるものと、それに対する味覚の関係にあるのであるが、言語表現では、この両者が、線条的に連結して表現される。丁度、客車に対する機関車のやうな連続関係で表現される。しかし、その関係は、上に述べたやうに、包まれるものと、包むものとの関係、即ち次元の相違があつて、それを表はすのに、上のやうな図式を用ゐたのである（「国語学原論」第三章文法論二三八―二四二）。言語表現の場合でも、客体的なものと主体的なものとは、常に、連続的に連結して表現されるとは限らず、客体的なものを包むやうな形式で表現されることがある。火事を見て驚いて、

火事！

と叫んだ場合には、右の驚きの感情は、この「火事」といふ語全体を包んだ形で、語全体に特殊な語調を与へる。これを、通常の語連結に直せば、

火事
！

のやうになるのであるが、！は、「火事」を包んでゐるものとして理解する必要がある。この場合、素材である「火事」に志向する主体的な感情は、語の調子を色づけるが、特別に語の形を以て表現されてはゐない。しかし、そのやうな主

体的なものが無いといふわけでは無い。無い場合には、単純な語になる。そこで、このやうな、語形式を持たない主体的なものを、零記号の辞、と呼び、そのあるべき位置を、他の辞との対比の上から、次のやうにして示す。

　火事▨　　▨は零記号の辞である

右に述べて来た詞及び辞は、必ずしも通常いはれてゐる語には限らない。例へば、

　雪をいたゞいて、雲表にそゝりたつ富士の山よ

と云つた時、「雪をいただいて、雲表にそそりたつ富士の山」全体が、辞「よ」と結びつく。換言すれば「よ」といふ感動によつて志向される素材的なものは、「雪を……富士の山」全体であり、従つて、それは、一語に相当するといひ得るのである。

以上は、言語表現に二つの性質の異なつたものがあり、一方を詞と呼び、他方を辞と呼ぶこと、詞と辞との間には、次元の相違があり、この両者は、結合して、具体的な思想の表現となることを述べて来た。これが、文法学の対象となる言語の具体的な姿である。

次に、言語表現には、「山」「犬」「雨が降る」「花が赤い」等のやうに、それ自身で完結して一個の統一体と考へられるものと、「雨が」「花が咲けば」等のやうに、統一した表現の一部で、それ自身、未完結の表現と認められるものとがある。完結し統一した表現を、言語における単位と名づければ、言語には、凡そ次の三つの単位を区別することが出来る。即ち、

一、語
二、文
三、文章

である。語は、通常、文法学でいはれてゐる「語」であるが、その中で、「いはゆる」「とんだ」のやうな連体詞といはれるもの、また、「すでに」「はなはだ」のやうな副詞といはれるものは、動詞形容詞の連体形、連用形と同様に、完結し統一された語とは考へられず、他の語を修飾するものとして、未完結である。これらの語が、他の語を修飾するものと考へられるといふことは、実は、この語が、零記号を持つた句（ここで句といふのは、詞と辞の結合で、未完結なものをいふ）であることを意味する。

文は、「雨が降つた」「霧が深い」のやうに、完結した形式を持つた表現である。前者は、助動詞「た」が、全体を統一し、終止形によつて完結し、後者は、「深い」の次に連結する零記号の辞によつて統一されてゐる。文章は、ある主題の下に書かれた、或は話された纏つた文章、談話等である。これら三種の単位は、それぞれ、その統一原理を異にするが、それだけで、一つのまとまりを構成してゐることにおいて、一つの楽曲、一幅の絵画に相当する。文法学は、これらの単位を対象として、それらが一の統一体であることの原理を明かにしようとするものである。同時に、未完結な表現（句）について、それが、全体に対する部分であることの所以を明かにしようとする。ここで、単位と云つて来た名目の意味は、それ自身で完結した統一体であるものを指してゐるので、分析において、究極に到達したものを単位といふのとは異なる。従来の文法学は、究極不可分の分析的単位を、語とし、その結合法則を文法と考へたのであるが、ここでは、先づ、全体が与へられ、これを単位と名づけ、その単位がどのやうに組立てられてゐるかを明かにしようとする。前者の考へ方を原子論的といふならば、これは、形態《ゲシュタルト》説的といふことが出来るであらう。

言語の単位的なものに、「文章」を数へたのは、言語過程説の提案であつて、従来、これは、修辞論としては扱はれて来たが、未だ、文法論として扱はれるには至らなかつた。それは、今日、学として十分に組織されるまでには至つてゐないが、文章は、単なる文の連続とは考へられないものであり、それの全体性、統一性の究明といふことは、問題としては、十分要請されてゐるといふ意味で、文法学の対象と認むべきものである。

言語は、その外部的条件に支へられたものとして、その法則は、当然、それらの条件に対応するものでなければならない。従来の文法理論は、表現における素材の秩序を明かにすること、語と語との連結の法則を明かにすることが主であつて、表現における主体及び場面といふものは、殆ど考慮されてゐない。従つて、文法的記述が平面的で、実際的具体的といふことが出来ない。言語過程説の文法体系は、詞と辞との区別をすることによつて、成立条件の中、素材と、主体との関係を明かにし、主体を、素材に対する機能と、場面に対する機能とに分けることによつて、表現が、聞手に対して、どのやうな制約を与へるかを明かにして、言語の社会的機能の問題に対して道を開かうとしてゐる。例へば、

甲は来るか。

といふ表現において、助詞「か」は、「甲が来る」といふ素材的事実が、話手において疑問とされてゐることを表はす（二五七頁参照）と同時に、この「か」は、この表現の相手である聞手に対して問ひかけてゐることを表はす。換言すれば、この「か」は、話手と聞手との間に、質問者と被質問者との関係を構成する機能を持つてゐるといふことが出来るのである。このやうな文法的記述は、その根底に、言語表現の機構といふことが、予め考慮されてゐることによつて、可能になつて来るので、ソシユールのやうに、言語機構の外にあるラングを問題にする立場からは出て来ない。

第三章　伝　達

第一節　伝達事実と伝達における空間

第二章第二節に述べた言語の過程的構造は、専ら、表現行為について分析したのであるが、理解行為は、これを逆に辿ることによつて、その構造を理解することが出来る。この場合の主体は、聞手であり、読手である。聞手或は読手に対して、音声・文字が、それぞれ、表現の媒材としての意味を持つことも同じである。

以上は、表現行為及び理解行為を、各々別に取上げて説明して来たのであるが、具体的な言語事実としては、表現が表現だけ、理解が理解だけとして、孤立して行はれることはなく、常に表現は理解を予想し、理解は表現を前提として行為されるものである。これは、言語行為の著しい特色であつて、人間の行為のすべてが、さうあるのではなく、散歩とか、食事とかは、対者の行為を予想しない、また前提としない行為であつて、我々は、このやうな行為を、他から切り放し、ただそれだけとして観察することが可能である。言語過程説において、言語のこのやうな事実、即ち表現より理解への流れを対象として観察することが可能であることの根拠は、第二章第一節に、言語成立の外部的条件、特に、場面の概念を導入したところにあるのである。

言語の最も具体的な事実は、表現より理解へと流れて行くことであり、言語が、人生に重要な意義を持つといふことも、言語が、このやうな事実として成立するところにある。表現より理解への流れを、一般に伝達と呼んでゐる。言語過程説は、伝達の事実を、国語学の最も枢軸の課題として位置づけようとするのである。

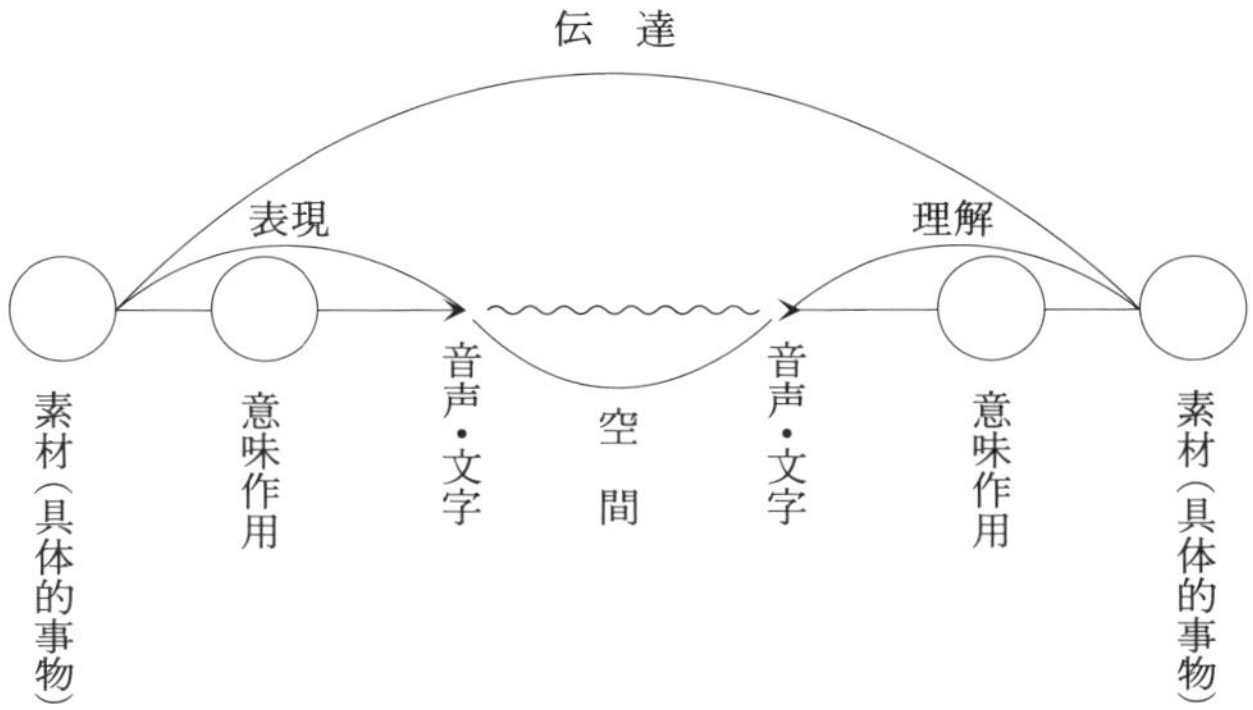

伝達を図示すれば、上のやうになる。伝達は、図解のやうに、常に、空間を中にはさんで、表現過程と理解過程とから成立してゐる。空間の大小といふことは、音声言語と文字言語との成立に、重要な関係を持つてゐる。空間の距離が大であれば、音声言語は、その機能を果し得なくなる。勿論、今日では、機械の媒介によつて、通常の、音声の伝達距離以上に、空間が拡大されるやうになつたが、一般に、そのやうな場合は、文字言語がその機能を発揮する。

次に、空間が、距離的空間である場合と、時間的空間である場合とがある。甲と乙とが、テーブルを隔てて相対する場合、或は、百里を隔てて互に通信する場合の空間は、距離的空間である。古人の書いたものを読むといふ場合の空間は、時間的空間である。文字は、そのやうな空間を短縮するために、効果的であるが、表現と理解との落差を完全に解消させることは出来ない。それが、五年である場合、百年である場合、更に千年である場合がある。我々が、源氏物語を読み、万葉集を読む場合も、一つの伝達事実であるが、その間にある時間的空間の大きさによつて、伝達の成否に差等が生ずる。

伝達において空間を重視するといふことは、それが、言語の機能、即ち伝達の成否の条件の一に数へられるからである。従つて、空間と言語との調整をはかるところに、言語の一つの重要な技術があることは、日常の経験がこれを示してゐる。例へば、電車中の広告に、細字を多く用ゐたとしたならば、それは、文字と観衆との間の距離的空間に対する顧慮を無視したことになる。対談の際に、必要以上に大声を張り上げたり、広い講演会場に、殆ど聴衆を度外視したやうな小声で話をするなどもその例である。これらのことは、言語技術としては、常識的な事実であるが、この技術論を、学問的に裏付けするためには、やはり、伝達の事実、特に、その空間が言語考察の正面に据ゑられなければならないのである。

第二節　伝達は表現者と理解者との合作

伝達が、表現より理解への流れとして成立すると考へるならば、表現は表現者の行為であり、理解は理解者の行為であつて、それぞれ、別個の行為として成立する。従つて、伝達が完全に成立するといふ外部的な保証は何もないのである。そこには、屢々食ひ違ひが生ずる。漫才や落語は、屢々この伝達の食ひ違ひを、笑ひの材料にするが、ある意味において、伝達の食ひ違ひといふことは、伝達における一般的な事実であつて、伝達を完全に成立させるためには、表現者と理解者との相互の努力を必要とするのである。伝達の食ひ違ひが一般的であるといふことは、言語行為が、根本的に云つて、個人個人の行為として成立し、その個人が、銘々、その出生、体験、経験、教養等を異にするからである。しかも、我々が、相互に言語によつて、曲りなりにも、伝達を成立させることが出来るのは、社会生活によつて、個人個人の言語行為の偏差を、絶えず、相互に矯正した結果である。このやうな偏差の矯正が行はれるといふことは、原理的には、話手と聞手との間に制約関係があり、話手は、聞手に分つてもらはうと思ひ、聞手は、話手を分らうとする意志があるからである。言語が、共通社会の成立の契機となると同時に、言語の共通化といふことが、社会生活の普遍化に基づくことは事実である。このやうな言語の共通化を、人為的に意識的に計画的に行はうとするのが、標準語教育である。

また、伝達が、種々な原因によつて妨げられるところに、国語問題が生まれ、それを解消するために、国語政策論が立案される。これらの国語教育や国語政策等の根拠として、伝達が、どのやうにしたならば成立し、どのやうな事情によつて妨げられるかの事実が、詳細に分析され、究明されることが先決問題である。その際、重要なことは、伝達は、常に、表現者と理解者との行為の合作によつて成立するものであることが、考へられてゐなければならないことである。表現者の立場だけ、或は理解者の立場だけから、国語政策論を考へることは出来ないのである。

第三節　近代言語学における伝達の問題

近代言語学は、実体的な言語を想定し、その系譜関係や歴史的変遷の事実を記述し、説明することを、主要な課題とした。また、ソシュール言語学においても、言語学の対象は、表現以前の、記憶体系として脳中に蓄積されたラングであるとしたために、伝達事実が、正面の対象に据ゑられることなく、また、それを対象とする理論的根拠も持ち合はせなかつた。第一部第六章第三節「国語問題と国語学」の項で、近代言語学を解剖学的と評し、人体の機能に相当する言語の実際問題を処理するための基礎科学としては、不適格であるとしたのは、主として、右のやうな理由によるのである。ソシュールは、伝達に関して、ただ、次のやうに述べてゐるだけである。

言が人に理解され全き効果を収めるには、言語が必要である（「言語学原論」三一）。

右の説明中の「言」は「パロル」、「言語」は「ラング」であつて（第一部第二章第三節（一））、ここの意味は、「ラング」の実現であるパロルは、個々別々で、それは、伝達の保証にならない。伝達の当事者相互が、共通の「ラング」を蓄積してゐるから、相互の理解が成立するといふのである。そして、ソシュールに従へば、我々の社会には、「ラング」が一つの社会事実として成立してゐると考へるのであるから、ソシュールにおいては、伝達の成否の条件を考へるなどといふことは、全く問題にならないことである。ところが、実際問題としては、伝達に関して種々な問題が発生するのであるから、言語学は、当然、これを問題にする必要があるのであるが、近代言語学が、そこに到達し得なかつたのは、近代言語学の言語に対する考へ方と、その研究課題が、余りに、生物学的であつたためである。

伝達は、言語過程説の中心課題として、なほ重要な問題があるが、詳細は、「国語学原論」続篇（第二篇各論第一章）に譲る。左に内容目次を掲げて置く。

右は、伝達に関する諸問題を、およぶかぎり網羅的に取上げたものであつて、言語における音声および文字の位置づけ、更に、言語の過程的構造を明かにすることによつて、言語と他の表現との伝達機能の相違の点を明かにし、伝達の成否の条件を究明することによつて、日常生活における言語の実践、国語教育論、国語政策論に、理論的根拠を提供しようとしたものである。伝達事実が、鑑賞の対象とされるといふことは、我々の生活においては、極めて日常的なものであるにも拘はらず、未だ学問的考察が加へられてゐなかつたものである。

第四章　言語生活の実態

第一節　言語生活の体系

言語を、表現より理解への流れ、即ち伝達として捉へることによつて、言語の具体相に迫まることが出来るであらうといふことは、前章に述べたことである。しかしながら、言語を、ただ伝達として捉へたのでは、まだ、本当に、その具体相に徹したものとはいふことが出来ない。何となれば、例へば、甲が乙に向つて、「散歩しよう」といふ勧誘の言葉を表現した時、乙がそれを理解しただけでは、即ち、伝達が成立しただけでは、無意義である。この場合の甲の表現は、乙がそれを理解して、甲の欲するやうな行動に出ることを期待して表現がなされるのである。同時に、そのやうな期待が実現するやうに、甲は表現を工夫するのである。「散歩しませんか」「散歩して下さらない」「散歩しませうよ」などの表現の相違は、すべて、表現が、伝達以上のものに関連し、交渉することを意味する。ここにいふ、伝達以上のものとは、伝達の当事者の生活である。ここで、簡単に、「生活」の意味を規定して置く必要がある。ここで「生活」といふのは、人間の生きるためのすべての営みであるといふことが出来る。最も卑近な生活として、生きるために、食料を獲得する営みをとつて考へてみよう。人間の社会では、動物の場合のやうに、自分自身、直接に食物を獲得するのではなく――山野で木の実を拾つて食料とするのは、この部類に入るが――一般には、他人から購入する形式をとる。その場合、言語が重要な機能を持つ。それは、次のやうな手続きをとつて実現される。甲が乙に、「これこれのものを売つて呉れ」といふことを表現する。次に、乙の理解が成立する。以上が伝達である。乙が、その理解に従つて、甲の希望するやうな行動をおこす（乙が、甲に物を売り渡す行動の如き。これは、乙の生活目的でもある）。このやうにして、始めて、甲の最初の表現の目的が達成されることになるのである。して見れば、右の伝達は、このやうな生活事実の中に置いて見ることによつて、始めて、その具体的なありかたを把握することが出来るのである。今は、極めて卑近な例をとつたのであるが、いかなる場合をとつてみても、伝達が、伝達だけで、完了することはあり得ないのであつて、既に述べたやうに、言語といふ人間的事実は、必ず他の人間的事実に支へられて成立するものであるといふ根本的な事実から出て来たことである（第二部第一章第四節（六））。言語生活が、このやうに、他の生活との関連において成立する事実を、言語生活の実態と名づける。

こゝで、実態の語の意味するものを明かにして置かうと思ふ。実態といふのは、生物学でいふ生態に対する語で、生物学で、生物の生態といふのは、生物と自然、環境との関係、或は他の生物との関係をいふやうに、人間的事実と、自然環境或は他の人間的事実との関係を、その人間的事実の実態といふ。従つて、そのものを分析して記述しただけでは、そのものの実態記述とはいふことが出来ない。文法的記述を、その言語の実態記述といふことがあるが、適切ではない。

言語を人間的諸事実の中で捉へ、これを、その中に位置づけるといふことは、言語過程説における言語研究の根本的態度として、ソシュール言語学の方法などに対して、著しく相違してゐる。ソシュールは、言語の外的事実、例へば、政治史、教会、学校等の諸制度、方言を分裂させる地理的現象等は、言語の内部組織とは無関係であるとし、言語研究の焦点を、潔癖に、その内部組織の体系に限定しようとした（「言語学原論」三三―三六）。これは、人間に対立した存在としてのラングと、その体系とを言語研究の対象と考へるソシュール的立場としては当然かも知れないが、言語過程説が、言語を人間の行為と考へた時、それは必然的に、言語を人間的諸事実の中で捉へるべき方法論が約束されてゐたのである。

言語生活が、他の人間的事実と交渉連関を持つやうに、言語生活は、また、他の言語生活に交渉連関を持つてゐて、ここに言語生活の体系が成立するのである。言語生活の実態といふ時、右に述べたやうな言語生活の体系をも含めて意味してゐることは、実態の概念から当然出て来ることである。言語生活と、他の人間的事実との交渉を明かにするには、先づ、言語生活の体系を明かにして置く必要があるのである。

言語行為が、必ず個人の行為として成立するものであることは、第一章第三節の基本的な考へ方の中で述べた。その個人において成立する言語行為は、表現理解の媒材に従つて、音声を媒材とする音声言語と、文字を媒材とする文字言語とに分れる。更に、表現と理解の二つの方向の相違を加味すれば、言語行為は、次の四つの形態に類別される。

音声を媒材とする表現形態――話すこと
音声を媒材とする理解形態――聞くこと
文字を媒材とする表現形態――書くこと
文字を媒材とする理解形態――読むこと

我々が言語生活といふ時、右のやうな四つの行為の総合を呼んでゐるのである。我々の研究の焦点は、個々の言語行為の過程的構造から、進んで各言語行為の総合である言語生活の体系の解明に移らなければならない。

言語行為に、右の四つの形態を区別したのであるが、これは、言語行為に本来備つたものではない。文字の発明の無かつた時代には、人々は、ただ、音声を媒材とする「話す」行為と、「聞く」行為しか持たなかつた。文字の発明は、言語行為の効果を、一層増大させようとする意図から出たもので、それは、生活の拡大に対応するものである。

このことは、音声言語と文字言語との区別についてだけいはれることではない。音声言語についても、対談とか討論とか会議とかいふ形式は、源始的な形式とは思はれない。やはり、社会生活の進化に対応するものであらう。文字言語についても同様で、記録、書簡、論文、小説などの形式は、今日、見られるものであるが、本朝文粋などに見られる表、起請文《キシヤウモン》、願文《グワンモン》、諷誦文《フジユモン》などは、当時の社会制度、政治機構、信仰生活などに対応するもので、それらが、変遷すると同時に、そのやうな言語生活も、また、亡びてしまつたものである。これらの言語生活の諸形態が総合されて、一個人、一時代の言語生活の体系を形作つてゐるのであるが、それら諸形態の各々は、決して等比率に対立してゐるのではなく、あるものは数量的に、あるものは質的に重要視されてゐたであらう。もし、現在の言語生活について、種々な言語形態の比率を、数量的に算出する方法が考案されるならば、国語教育或は国語政策の一の基準を示すものとして有効であらう。勿論その方法は、決して容易なものとは云へないが、常識的に考へてみても、新聞を読む生活や、小説を読む生活は、かなり一般的であるが、新聞や小説の原稿を書く生活は、特殊の職業人にしか意味がないのであるから、これらが、一様に重要視される理由はないのである。

第二節　言語生活と生活との関係

言語生活の体系は、それ自身の中に体系を形作る原理を持つてゐるのでなく、それらは、生活に応じて分化発達して来たもので、生活の体系に対応して生まれて来るものである。このことは、一の言語形態が、他の言語形態に代用されないといふこと、一の言語形態は、一の特定の生活に結付いてゐることを意味する。我々は、いつでも、文字言語の代りに、音声言語を代用させるわけには行かない。また、記録の形態を、小説の形態に代用させるわけには行かない。例へば、論文は、音声言語を、ただ、文字に写したものでなく、それは、音声言語では、果すことが出来ない特殊の機能を持つてゐる。結局、論文には、それを生み出す生活――日常の食生活とは異なつた――が、その根底にあるのである。従つて、言語生活の体系を、考へるといふことは、それと結びつく生活の体系を考へることを意味する。生活の体系がどのやうなものであるかの調査は、言語生活の体系を明かにする以上に、困難な問題であるが、何等かの方法で、それを解明することが要請されるのである。最も簡単な方法は、個人個人が銘々自己の一日、或は一ヶ月の生活を内省し記述することである。例へば、朝起きる――顔を洗ふ――新聞を読む――朝食をとる――家族と話をする――出勤する――途中で週刊誌を読む――広告を見る……小説を読む――手紙を書く――日記をつける等々。そして時に、悔状を書き、出産の祝状を書く。また、家庭の主婦、商人、医者、弁護士、炭坑夫等、その職業人の特殊な生活を記述する時、それらが、言語生活と交渉なく行はれることは、極めて稀であることが明かにされるであらう。また、それらの生活に、対応する言語生活といふものが、決して一様でないといふことも明かにされるであらう。ここでいふ生活の調査といふことは、国立国語研究所の行つたやうな「二十四時間調査」を意味しない。右は、あらゆる場面における、その人の言語生活において、共通語がどれだけ使用されてゐるかを調査しようとしたもので、必ずしも、生活の相違といふことが問題にされてゐるわけではない。右の調査では、問題を、むしろ、言語の内部的な要素、即ち言語量（文の数、文節の数、語数）に、或は、時間数に、或は、文の長さ等によつて表はさうとしたものである。言語過程説が期待するものは、言語と生活との機能的関係である。どのやうな生活に対して、どのやうな言語行為が要求され、また、どのやうな言語行為が、どのやうな生活を達成するかの、両者の相関々係を明かにすることを目標としたところの生活の調査である。恐らく、生活の体系といふものは、かなり大きな個人差を持つてゐるものであることは想像される。例へば、私個人の生活を顧みてみる。――これは、恐らく特異な例であらうが――私は、野球とかプロ・レスリングとかの試合の場に全く近づかない。さうかと云つて、読書三昧に日を送るといふのではない。読書の時間といふものは、意外に少いのではないかと思つてゐる。私の生活の大部分を占めてゐるものは、考へることである。殆ど強迫的に、私の学説の行方について考へさせられてゐる。さもなければ、知人と酒に親むことである。この変態的な生活にも拘はらず、私と一般の人の生活の間には、何か、基本的な共通点があるに違ひないと思つてゐる。これらの生活の最大公約数を、もし、求めることが出来たならば、それは、言語生活のためばかりでなく、社会生活を成立させる契機に触れることが出来るに違ひないのである。

この最底基本の生活体系については、（精密な科学的調査に基づいてゐるといふことは出来ないかも知れないが）従来でも着目されてゐなかつたのではない。例へば、庭訓《テイキン》往来（室町時代初期成）は、春夏秋冬の年中行事とか、社交に必要な文学的、遊芸的教養に関するものとか、家具・調度・衣服・飲食・建築に関するものとか、士農工商に関するものとか、訴訟・仏事・医薬に関するものといふやうに、種々な生活事実を、月々に配当して、それに必要な語彙文字を示さうとしてゐる。

これらは、事物や語彙文字の知識の習得を目的としてゐるのであるが、単に知識の体系として配列されてゐるのでなく、生活との関連においてなされてゐることは、本書が、全く実用的意味の製作であることによるのであるが、言語の学問的記述としても、考慮されなければならないことであらう。

言文一致の運動以来、言即ち音声言語を、文即ち文字言語に一致させることが、言語生活の理想と考へられ、更に、言語の階級性の打破といふことが主張されるやうになり、言語生活の水平化といふことは、明治以後の一の大きな傾向となつた。このことは、生活そのものの水平化に伴ふ当然の傾向と認められることであるが、その反面、生活の特異性を無視した言語生活の一様化といふことが現れてゐることも否定出来ない。我々の生活には、種々特異な生活の位相があつて、言語が、それぞれに、特異な機能を要求されてゐる事実も無視されてはならないことを知る必要があるのである。

第三節　方言問題と方言の調査研究

第一部第四章第二節に、同じ題名で、明治以後の方言問題と方言の調査研究との関係を述べて、明治以来の方言研究は、方言問題の解決とは、殆ど無関係の方向に展開したものであることを述べた。もし、国語研究の課題を、現実の国語の事実の中に、もつと厳密に云つて、国語の実践的意識（国語を用ゐる個人個人の意識）の中に求めるといふ方法論に立つ時、方言問題に応へる国語研究といふものが考へられなければならないことを知るのである。そこで、先づ最初に、方言問題とはどのやうな問題であるかを、明かにする必要がある。方言問題とは、国語問題の一つであるが、要するに、方言による言語生活の悩みと、その解決のための施策である。このやうな悩みは、方言社会内にだけ生活してゐる場合には、起こり得ない。方言社会を出て、他の社会に接した場合、他の方言、或は標準語（共通語）との落差が大きいために生ずる問題である。方言問題は、また、一方、国家の文教政策に伴つても起こる。教育、文化の普及といふ国家社会を一単位としての政策の遂行のために、共通の言語（標準語）の確立と、その普及といふことが、前提条件になるが、その際、やはり、右のやうな、方言と標準語の落差が、方言生活者にも、標準語教育者にも、問題として意識されて来る。方言問題が、切実になつて来るのは、それが、ただ言語の問題としてばかりでなく、生活の問題と交渉して来るからである。例へば、標準語を習得してゐなければ、一定の職に就くことが出来ない。他郷に出ても、軽蔑される。知己を求めることに困難する。ラジオを聞いたり、書物を読むことが出来ない。また、一方、方言を離れては、家族や同郷のものと、親しく談笑することが出来ない。要するに、二重言語生活者としての負担を課せられ、そして、それを克服することが容易でない。このやうな現実の悩み、問題に、解決の道を見出さうとするのが、方言政策である。以上のやうな現実の事実に焦点を合はせるところに、本項で述べる方言の調査研究といふ課題が生まれて来るのである。

方言問題を、二重言語生活者の問題であるとするならば、先づ、方言における二重言語生活といふ事の意味を明かにして置く必要がある。二重言語生活といふことは、二つの言語習慣を併有することである。そして、方言生活者の場合、一方の方言は、生得の言語習慣であるのに対して、他の標準語は、学んで後に習得するものである。従つて、それは、我々の外国語の習得に近いのであるから、方言問題は、厳密な意味における二重言語生活とはいへない。次に、方言における二重言語といふことは、同一場面において、言語習慣が二重になつてゐるのではなく、それぞれに、場面と生活とを異にしてゐるといふことが出来る。方言生活の交渉する生活と、標準語生活の交渉する生活とは、異なつてゐる。以上は、方言生活者の言語生活の実態に関することである。

次に、方言問題は、方言と標準語との落差に基づくので、落差の大小によつて、問題の深刻度が異なるのは当然である。落差は、音韻、語彙、文法に亘つてあるのであるから、標準語を基準にして、落差の角度を精密に調査することが必要になつて来る。これは、一種の対訳辞書を作製するやうなもので、古語が難解で困難な場合には、極めて一般的な方法として採用されて来たものである。落差は、分析的な音韻、語彙、文法にあるだけでなく、言語表現の根底となる発音基底（註一）にもあるのであるから、それの記述といふことも重要な課題である。

次に、方言問題の解決策としての方言政策であるが、政策論の立て方も、方言や標準語に対する考へ方に左右されることが多い。標準語の普及確立といふことは、方言を撲滅するか、方言を改良することによつてのみ可能であるとするのが、方言撲滅論であるが、一体、言語的習慣の獲得といふことは、一方の習慣を破棄しなければ、他方の習慣が獲得出来ないといふやうに、相互に矛盾したものであるのか、どうかといふことが明かにされる必要がある。もし、言語の習得といふことが、運動競技の熟達のやうに、一の技術が、他の技術の妨害になるのでなく、一つの技術の習得が、他の技術の習得に一層有効に作用するといふことになれば、方言撲滅論は根拠を失ふのである。方言に対する意識を明かにすることが、同時に標準語に対する習得の効果を高めることにもなるのである。

次に、方言問題の重要な要素の一つをなしてゐる、方言に対する卑屈感で、それが方言生活を暗くしてゐることが多いといふ実情についてである。このやう《ママ》卑屈感を持つといふことが、当然なことであるのか否か、といふことも、学問的に究明して置く必要がある。明治以後、方言問題が起つて来た時代に、一方で方言撲滅論が叫ばれてゐる傍で、言語学者、国語学者は、標準語と方言との間には、言語として、何等優劣がないといふことを説いた（例へば、藤岡勝二「国語研究法」三四）。

これは、勿論、近代言語学の思想を承けたもので、そこでは、むしろ、方言に、言語の自然の姿が存してゐるとして、研究的価値を認めてゐたのである。しかしながら、この考へ方は、言語を人間生活から切離して、それ自身発達し成長すると考へる言語有機体説の名残であつて、もし、言語を人間生活との関連において、或は、言語の社会的文化的機能の点から考へるならば、標準語に、特定の価値を認めるのは当然で、それ故に、明治以後において、標準語教育といふことが強調されるやうになつたのである。この教育の理念と、言語学的立場との矛盾が、理論的に止揚されることなく、今日に至つたのが、方言研究の現状であると云つてよいであらう。標準語は、文化を支へるものとして、また、広い社会生活に応ずるものとして、価値ある言語と考へなければならない。同時に、方言は、また、別個の生活に応ずる言語として、標準語とは異つた価値において見られなければならない。これは、丁度、我々の礼服や平常着について、その布地の価値や、値段の高低とは別に、それぞれ、生活との関連において、別個の価値を認めてゐるやうなものである。方言に対する卑屈感は、何等の理論的根拠にも基づかず、これを悪い言葉、正しくない言葉と判定するところから来たものであらう。一体、言語に対する価値観の基準を何に置くかといふことは、むづかしい問題であつて、近代言語学のそれと、近世国学者のそれとは、甚しく相違してゐる。今ここで考へられてゐる価値の基準は、言語と生活との機能的関係の如何に求めたことになるのである。

註一　調音基底ともいはれる。Basis of articulation. ある言語の調音法の総体的な傾向であるから、ある言語に習熟するためには、その基底を理解することが大切であるとされてゐる。

第五章　言語の機能

第一節　言語の社会的機能

言語と生活との交渉といふことは、結局、それは、話手と聞手との交渉といふことに、還元することが出来る。話手と聞手との間に、伝達が成立するといふことは、話手と聞手との間に機能的関係が存在することを意味する。

ここに、機能的関係或は単に機能といふのは、ある事柄と他の事柄との間に存する相互制約関係であつて、言語の機能といふのは、単に言語が、話手のある思想内容を表現する活動をいふのではなく、そのやうな表現活動と、それを受取る聞手との間に相互制約関係があることをいふ。

言語について機能を考へるといふことは、第二部第二章において、言語の成立条件の一つに、「場面」（その焦点は、話手に対立する聞手、または、聞手に対立する話手）を考へ、話手と場面との間に、機能的関係があるとしたことに基づく。話手と場面との間に、機能的関係が成立するが故に、話手の表現活動である言語行為も、当然、場面との間に機能的関係が成立する。

言語行為と場面との間に、相互制約の関係があるといふことは、結局、言語伝達の当事者である話手と聞手との間に、相互制約の関係があることを意味し、その関係は、言語行為が成立する原因ともなり、また結果ともなる。話手と聞手とは、言語行為を媒介として、常に、新しい関係を構成して行くのである。これを、「言語が社会を作る」といふのである。例へば、甲と乙とが、見知らぬ人として道を歩いてゐるとすれば、甲と乙との間には、無縁の人といふ関係が成立つてゐる。今、甲が、訪ねるべき家の地理が分らず、乙に尋ねようとするには、無縁の関係にある人を、被質問者の関係に立たさなければならない。

お尋ねします。〇〇町はどちらへ行つたらよろしいでせうか。

ここで、乙は、この問ひに答へるべき関係に置かれたことになるのである。甲と乙との間には、新しい関係が成立したので、言語は、その契機となつてゐる。

「言語が社会を作る」といふ命題には、未決定な概念を含んでゐる。それは、「社会」をどのやうに考へるかといふことである。社会を、個人を超越して存在するとする社会有機体説、或は、社会実在説に対して、社会を、個人相互の関係と見る考へ方があるが、ここでは、後者の考へ方に従ふこととする。従つて、この命題の意味は、「言語が、人間の種々な関係を作る」といふことになるのである。

「言語が社会を作る」といふことは、言語を表現と見た場合、他の表現に比較して、言語の特異な機能と見ることが出来る。音楽や絵画や舞踊等は、勿論、これを受容する聴衆或は鑑賞者を豫想する。しかし、それらの場合、これらの表現が、作者と鑑賞者とを特殊な関係に結びつけるといふことはない。鑑賞者と作者とを結びつける媒介として生産されるといふことはない。鑑賞者は、表現に対する鑑賞的立場に立たされるだけである。作者の人間性といふものを問題にしなくてもすませる。ところが、同じ表現の中でも、文学になると、作者が重要な問題になる。読者は、作品に対して、鑑賞的立場に立たされると同時に、或はそれ以上に、作者との魂の交流を意識する。これは、文学が、根本において言語であり、言語の芸術的表現だからである。文学研究において、作家論が、重要な位置を占めるのは、右のやうな理由によると見てよいであらう。

言語は、表現者と理解者との間に、ある結びつきを構成するものとして、本質的に社会的であるといふことが出来るのであるが、その中で、特に、人間関係だけを構成する機能を、言語の社会的機能と名づけることとする。そのやうな機能を表はす言語形式として、助詞、助動詞、感動詞、その他の文法形式が挙げられる。これらは、第二部第二章第五節文法論の体系の項に述べたやうに、「辞」に属する語であり、話手の直接表現に属する語である。素材を表現する「詞」は、聞手に受渡される素材的な内容の表現に関する語で、これは、話手と聞手とを結びつける機能を持たない。これは、甲から乙へ贈物として受渡される菓子のやうなものである。この贈物が、甲と乙とを結びつけるやうに考へられるが、甲と乙とを結びつけるものは、実は、贈物ではなくして、贈物に託された甲の厚意である。即ち甲の主体的なものによつて、両者が結びつけられるのである。我々は、屢々この贈物に、「御礼」とか、「薄謝」とかいふ主体的なものを表はす言葉を添へるのは、それらを、物とは別のものと考へるからである。言語において、社会的機能を果すものとして、辞を問題にするところに、言語の機能論と文法論とが交渉する。辞は、素材を表はす詞と結合して、素材間の秩序を表はす。例へば、

水を庭にまく。

においては、「を」「に」は、素材である「水」「庭」の関係を表はすのであるが、

雨が降つてゐるか。

といふ表現においては、「か」は、素材的事実である「雨が降つてゐる」ことが、話手において不明確であることを表現しつつ、同時に、聞手である人に対して、問ひかけてゐることを表はす。このやうに、「か」を用ゐることによつて、この話手と聞手との間に、質問者と被質問者の関係が成立するのである。言語がこのやうな表現形式を持つてゐることは、言語が、人類文化の発達に、甚大な役割を果す所以であつて、もし、質問形式といふものが無かつたならば、そのやうな人間関係も成立しないであらうし、文化の伝承といふことも成立しなかつたであらう。動物の世界に、言語が無

いといふことは、このやうな相互関係が成立しないことを意味する。

言語は、右の質問形式の外に、命令、要求、強要、禁止、依頼、注文、勧誘等を表はす語形式があつて、社会関係を構成する基礎となつてゐる。

第二節　言語の実用的、共感的、社交的、鑑賞的諸機能

一の実用的機能といふのは、話手の表現行為が、話手・聞手の生活目的達成のための手段として行為されるやうな場合で、例へば、ある知識を伝達する表現行為が、それによつて、聞手のある行動を促すやうな場合である。文学といへども、それは、決して、その作品がただ鑑賞の対象とされることに意味があるのでなく、作者が、それによつて読者の生活目的や人生観にある影響を与へようとし、読者もまた、その作品から、そのやうな示唆を与へられたとするならば、これまた、実用的機能といはなければならない。恋愛に関する和歌の贈答の如きも、それによつて相手の行動を左右しようといふのであるから、やはり実用的といはなければならない。ここに実用的といふのは、言語が、ただ日常の衣食住の生活に重要な機能を持つてゐることだけを云ふのではない。

二の共感的機能といふのは、聞手を同調者の立場に置かうとする表現で、多くの「話し」が、このやうな目的で語られる。これらは、相手を説得するのでもなく、相手を行動に駆り立てるのでもなく、話手が、自分の経験を語ることによつて、相手を同じ感情（喜び、悲しみ、恐怖等）に誘ひ込めばよいのである。未経験者である聞手に、同じやうな感情を起こさせるには、そのやうな感情の原因となつた素材的事物を、聞手に再生させる必要がある。素材の描写、誇張といふやうなことが、表現の技術として考へられる。このやうな機能は、言語における素材の表現によつて達成されるので、文学的作品の中にも、このやうな機能を目ざしたものが、少からずある。或は、文学作品の重要な機能といへるかも知れない。

三の社交的機能といふのは、言語を交はすことによつて、当事者間の気分を温め、心と心とが触れ合ふことを目的とする。人間は、お互に沈黙のまま対座してゐることに、ある無気味さを感ずる。無言が、相手との間に、気づまりな関係を構成することを打開するために、実用的な意味からいへば、全く不必要な言語を交換することが多い。日常のあいさつ、雑談にこの種のものが多い。このやうな言語の機能は、言語行為を、双方から交はすことによつて成立するのであるから、落語家や漫談家の話を一方的に聞いてゐるのでは、そこに社交的機能が成立したとは云へない。連歌や俳諧の興行に、社交的機能があるのは、当事者が、皆それぞれ発言者となり受容者となつて、一座が進行するからである。

四の鑑賞的機能とは、以上述べた諸機能に対立するといふよりも、以上の諸機能とからみあつて存在するもので、言語行為に対して、ある鑑賞的立場をもたらすものである。ある事物の名称は、その事物を聞手に喚起させるならば、その実用的機能は達せられるのであるが、一般に、命名に際して、そのやうな実用的機能以上のものを期待して、名称を与へることが多い。特別急行列車に「つばめ」といふ名称を与へると、それが、何時何分発車の列車を理解させるだけではない――それだけのためならば、第〇号列車と呼ぶだけでよい――その名称に、ある快適な感じを伴ふ。これは、表現そのものが、そのやうな快感をおこさせる機能を持つからである。

以上、言語の諸機能を列挙して来たのであるが、我々の生活において重要なことは、その表現の持つ機能を正しく理解することである。日常の言語生活においても、時として、この機能を取り違へて、問題が重大化することがある。例へば、満座の中で、ある人を侮辱する言葉を表現したとする。これが、その人を陥入れようとするものであるならば、実用的意味において機能したことになるのであるが、これが、ただ座興として表現したものであるならば、一座の気分を和げる社交的意味で機能したことになる。表現者の意図が、正しく実現するためには、それ相当の表現上の技術を必要とする。その工夫が欠けてゐた為に、本人は冗談のつもりで云つたことが、相手の気分を害し、周囲の人に不愉快な感じを与へることもある。同時に、この表現を受取る理解者の側にも問題がある。冗談として受取るべきものを、真正面から受取つて腹を立てるといふことも屢々おこることである。言語を、その機能のものとして理解出来るといふことは、経験にもよることであるが、その人の生れつきにもよることである。いはゆる勘の悪い人、冗談のわからぬ人といふのが、それである。

第六章　国語の歴史

第一節　言語過程説における言語史観

本章は、第一部第三章の近代言語学の基礎の上に立つ国語史研究に対して、言語の歴史そのものに対する考へ方において相違してゐることを明かにしようと思ふ。それは、結局、言語に対する考へ方の相違に出発するものである。従来の国語史研究と、本章の国語史研究を対比すると、前者は、原子論的（要素史的）であるのに対して、後者は、全体主義的（形態説的）であり、前者は、自然史的であるのに対して、後者は、文化史的であるといふことが出来る。

ソシユール理論に従へば、言語の歴史は、言語を構成する要素である音韻と概念とのずれであり、従つて、その各々について、音韻の歴史、概念即ち意味の歴史が成立するとする。これに文法の歴史を加へたものが、従来の国語史の見方である。これは、いはば、要素史的国語史研究といふことが出来る。この立場では、個々の言語行為は、瞬間に成立して消滅するものであるから、そこには歴史的事実を認めることが出来ない。それは、個別的事実の連続に過ぎない。歴史は、歴史的変遷の荷ひ手である永続的なる何ものかがなければならないとする。ソシユールは、それが、ラングであり、音韻であるといふ。そこには、自然史的観点の類推が見られるのである。地球の歴史は、地球といふ、変遷をそれ自身に荷ふものがあつて始めて、可能であるとするのと同じである。

言語過程説は、言語の具体的なものを、個人個人における行為過程として考へる。しかも、それは、具体的にいへば、「話す」「聞く」「書く」「読む」の四つの形態の総合として成立つ。そこで、国語の歴史といふことがいはれるならば、それは、このやうな形態の総合、換言すれば、国語生活の実態（第二部第四章）の変遷として把握されなければならないといふことになる。このことは、言語過程説の基本的な考へ方から、演繹的にいはれるだけではなく、言語的事実そのものからも帰納することが出来る事実である。我が国では、太古に文字が無かつた。人々は、ただ、「話す」「聞く」生活だけで用をたしてゐた。従つて、その生活圏も、極めて狭い範囲に限られてゐた。大陸から文字が輸入されて、文字を媒介とする言語行為が始められたといふことは、我が国における言語生活の大きな革命といはなければならない。文字言語が加はることによつて、政治活動も知的活動も、全く面目を改めるやうになつたといふことが出来る。文字が輸入され、仮名が創作されても、書物が手写されて伝へられてゐる間は、読書の生活は、極く限られた人々しか享受することが出来なかつた。印刷術が発明されることによつて、「読む」生活の比率は、一段と拡大し、多くの人々がこれに参加するやうになる。これらの言語生活を向上させるために、一方では、国語の教育が促進させられた。音声言語についてみても、日常会話の言語の外に、人を集めて物語る「おはなし」の形態は、読みものとしての童話が、子供たちの読む生活を占領するまでは、広く一般に普及してゐたに違ひない。私たちの子供の時代の記憶でも、田舎から都会へ出て来た若い雇女が、どんなに「おはなし」の所有者であつたことか。この小さな一事例を見ても、そこに言語生活の実態の変遷といふことが、うかがはれるのであるが、このやうな変遷は、既に述べたところで分るやうに、その時代の政治、社会、文化の変遷に即応し、言語の変遷は、また、その時代の政治、社会、文化の進展を促するものであることが分る。国語の歴史は、時代の歴史の一環をなしてゐるといふことが出来るのである。

国語の歴史は、各時代において、新しいものを加へて、別個の体系を創造して進展する。既に述べた文字の摂取が、その一例である。ソシュール的見解に従ふならば、国語史は、ラングの変遷であるから、歴史は、ただ、ラングを構成する要素の体系の変化としてしか、これを把握することが出来ない。しかしながら、一般に、文化史的事実を記述する時、歴史は、常に、新しい要素が流れ込んで、従来のものをどのやうに変化させたかを問題にする。言語史も、一つの人間的事実の歴史として、一般文化史の記述の方法に従はなければならない筈であるにも拘はらず、言語史記述にそのことが無かつたのは、言語史を、自然史と同様に見る考へ方が強く作用したものと見られるのである。ソシュール的歴史観を、樹幹図式的（註一）と名づけるならば、ここに述べる歴史観は、これを河川図式的（註二）といふことが出来るであらう。国語の歴史が、河川図式的に研究されねばならない理由として、国語に大きな影響を及ぼしたシナ言語の流入といふ事実を取上げてみようと思ふ。

註一　樹幹図式といふのは、植物が、根から茎を出し、枝や葉を茂らせるやうに、ある根源から分岐発展する状況を図に表はしたものである。生物の進化は、一般に、この図式によつて表はされる。

註二　河川図式といふ名称は、一般に使用されてゐるかどうかは知らないが、「国語学原論」続篇第六章第五項に用ゐたものである。それは、河川が多くの支流を集めて海に注ぐ状況を図に表はしたものである。日本語についていへば、今日の日本語から、溯源的に原日本語に溯り、そこから、日本語と同類の言語が分岐して来る状況を記述しようとするのが、樹幹図式的研究であり、それに対して、日本語の中に流れ込んだ、異質的な言語を明かにし、今日の日本語の構成を明かにしようとするのが、河川図式的研究である。文化史的研究には、一般に、この方法がとられてゐる。

第二節　外国語の摂取とその影響

外国語を学習し、それを読み或は話すといふことが、日本人の言語生活の重要な部分を占めて来たことは、大陸との交通が開けて以来、摂取した外国語の種類は異なつてゐるが、今日まで続けられて来たことであり、将来も、また、続けられて行くであらう大きな言語的事実である。それは、日本の置かれた文化的環境と、外国文化を摂取することに対する謙虚さと、新奇なものに、異常な好奇心を持つ日本人の性僻とが然らしめたものであらう。

外国語に習熟することを、国語生活の一部とすれば、それは、国語の歴史の中で説くべきことで、日本語の中へ、外国語的要素を加へたといふことは、同じ系統の言語であるヨーロッパ諸国語が、相互に交渉するのと異なり、シナ語の流入を始めとして、近代のヨーロッパ諸国語を含めて、すべて、日本語とは、異質の言語であつて、その流入の現象は複雑であり、国語の構造に及ぼした影響も、重大であると考へられるので、これを特立させて、一節とすることに意味があるのである。

一体、外国語を摂取するといふことは、どのやうな事実をいふのであらうか。言語を一つの習慣的な行為と考へるならば、それは、日本在来のものとは異なつた、外国の風俗習慣を移入する事実に匹敵するといへるであらう。それらの移入は、必ずしも、外国の風俗習慣の全面的移入といふことは稀で、その一部分を摂取して、日本在来の風俗習慣の体系の中に位置づける場合が多い。例へば、靴を輸入して、これを下駄の代用とし、靴と袴といふ服装の体系を作り、更に、背広を輸入して、和服に代へたのであるが、現在では、和服と併用して、これに外出着、仕事着としての意味を与へ、背広本来の意味の外に、別の用途を加へた。キリストの降誕を祝ふクリスマスを、歳末売出しのアクセサリーとしてしまふのも、それである。歴史的に見るならば、これらの外国の習俗の輸入には、種々複雑な現象を伴ふのであらうが、言語の摂取についても、同じことが云へるのである。日本人が、外国語に習熟するといふことは、日本人が、日本語とは異なつた別の言語行為の習慣を身につけることであつて、それが自国語の媒介なくして機能を発揮するやうに習熟した時、二重言語生活といはれるのであるが、日本における外国語の習熟は、特定の人以外は、学習の域に止まつてゐる。学習の域に止まつてゐるといふことは、外国語が、絶えず、飜訳を通して摂取されるといふことである。即ち、外国語的習慣が、そのまま直接に受取られるのでなく、日本語的習慣に置換へられて受取られる。そのために、本来の国語に対する影響も大きいといふことになる。その上、両言語の性質の開きが大きい場合は、一方を他方に換算するには、非常な努力が要ることであり、簡単に対応関係が見出せないことがあり得る筈である。ここに、国語学において、飜訳の事実が、体系的な事実としても、国語史的な事実としても、もつと理論的に考究されなければならない理由がある。従来のこの方面の研究は、外来語の研究として、語誌的に記述されたに止まつて、飜訳の手続きや、方法を、問題にするところ《ママ》にまでは到達しなかつた。これは、従来の国語学が、飜訳といふ事実を、正当に対象として位置づけるための理論を持合せてゐなかつたことと、国語の系譜関係を明かにすることが、国語史研究の正統と考へる国語史観に基づくものと考へられる。

　飜訳の問題を考へるに当つて、先づ顧みるべきことは、古来の飜訳の事実である。飜訳の事実は、古くは、漢和辞書或は点本の成立として見ることが出来る。点本は、原漢文に、訳読の国語を註記したものであつて、それ自体が飜訳の事実を物語るものである。点本が、国語学の研究対象とされたことは相当古くからであるが、それは、仮名字体、音韻、字音、語彙、語法、文体等について、他の国語文献には見出せない、確実性を持つた資料を提供するからである（第一部第三章第二節(三)）。我が国の文献は、古くは、漢文或は準漢文の形式を借りて国語を表現したものが多く、従つて、そこから、確実な国語の状態を帰納することは困難である。また、多くの文献は、たとへそれが、音韻、語法を知る上に有効な仮名書きのものであつても、成立当時のままが伝へられてゐるものは稀であつて、多くは第二次第三次の転写を経たもので、後世の手入れが無いと保証出来るものが少い。以上のやうな資料の不備を補ふものとされたのが、点本である（春日政治「国語資料としての訓点の位置」昭和十年二月国語国文五ノ二。「古訓点の研究」に収む）。

　以上のやうに、点本は、国語資料の欠漏を補ふところの資料と考へられたので、学者の考察の対象となつたのは、主として、国語資料の欠けてゐる平安鎌倉期のものであつた。今これを飜訳の事実そのものと見るならば——点本を飜訳の事実と見ることは、これを資料としてでなく、対象として見ることである（第二部第二章第六節）——問題が、また自ら変つて来るであらう。点本は、他の国語文献には見出せない珍しい語彙を提供する一面、純粋の国語としては用ゐられない転用のもの、即ち創造の国語を載せてゐる場合がある。「いだく」といふ語を、「心に思ふ」意味に用ゐるのは、国語本来の用法ではなく、漢語における転用を、そのまま国語に適用したもので、飜訳に属する現象であると云つてよい（春日「同上論文」第七項）。

点本を、翻訳作業そのものと見れば、辞書とともに、鎌倉、室町、近世を通じて、その翻訳の方法の変遷をそこに見る必要がある。そして、それが、国語そのもの、特に文語的表現にどのやうな影響を及ぼしたかを見る必要がある。このやうな研究課題が成立つためには、既に述べたやうに、点本を研究対象として扱ふ態度、及び、中世以後の文語が、研究対象として位置づけられるといふことがなければならない（第二部第二章第三節音声言語と文字言語）。

外国語の摂取の方法といふことは、語彙の面ばかりでなく、外国語をそのまま移入した場合の、音声の変容にも見られる。ink を「インキ」とするやうに、閉音節を開音節とする事実は著しい。「律」「罰」が「リチ」「バチ」として国語化された。国語を表記した漢字に基づいて、漢字原音をどのやうに変容して、国語表記に借用したかの事実を精査して、これに法則を見出さうとしたのが、本居宣長の「地名字音転用例」、義門《キモン》の「男信《ナマシナ》」、関政方《マサミチ》の「傭字例」、白井寛蔭の「音韻仮字用例」等の書である。これらは、純粋に、漢字音、或は国語音韻の書とはいひ難く、漢字音の摂取、移入における問題を捉へたものといふべきである。法制史学者宮崎道三郎は、漢語が国語訳される場合の手続きによつて、これを、字註訓、字形訓、別訓流用等に類別した。「涯」「銀」に対する「みぎは」「しろがね」の訳訓は、「玉篇」に「涯《ハ》水際也」とあり、「爾雅」に「白金曰レ銀」とあるやうな辞書の説明によつて創造したもので、字註訓に属し、「聚」「屍」に対する「めとる」「しかばね」の国語訳は、それぞれの文字を分解して「娶」を「取」「女」、「屍」を「戸」「死」として出来た訓で、字形訓に属し、「商」に「あき」（「商人」を、「あきひと」と訓むやうな）の訓があるのは、「商」字に「秋季」の意味がある場合の訳訓「あき」を転用したもので、別訓流用に属するといふのである（「宮崎博士法制史論集」の中、「都加佐名義考」「漢字の別注流用と古代に於ける我邦制度上の用語」。安藤正次「国語学通考」第六章七）。

清水浜臣の「拠字造語抄」（文政五年。未定稿三ヶ尻浩謄写本）は、漢語や、漢字表記の国語の、字面からの直訳によつて成立した和語を、分類体に排列して、例証したもので、例へば、地儀の部に、「鹿苑」を挙げ、その和訓として、「かせぎのその」「しかのその」を出し、例歌を示してゐる。これも、翻訳を扱つた一つの事例に数へることが出来る。

以上は、的《ママ》するに、従来、国語の音韻・語彙・語法を明かにする資料として扱はれて来た漢字漢語を、外国語移入の事実として扱ふべきことを提唱したもので、それは、また、国語にとつては、一つの重要な国語史的事実と考へなければならない所以を明かにして来た。このやうな事実を、国語史的事実とするためには、前項で述べたやうに、国語史といふものに対する考へ方を、根本的に改訂することが要求されるのである。

あとがき

本書の執筆を進めて行くうちに、その「はしがき」に示したやうな方針、即ち本書を、現代国語学の総覧として役立たせるやうに、記述するといふことは、大変な仕事であると同時に、そのことに、どれだけの意味があらうかといふ疑ひの気持ちが起きて来た。最初の方針を実現するには、なほ多くの問題と、学者とその研究業績とに触れなければならないのであるが、それは、短時日で成就出来るとも考へられず、多くの重要事項を省略してしまつたので、入門書として見れば、極めて不完全なものが出来上つてしまつた。しかし、その目的のためならば、今日、「日本文学大辞典」（新潮社刊）や「国語学辞典」（東京堂刊）等が、その要望を、十分に満たして呉れるであらう。

最初の方針にも拘はらず、私が、ひそかに意図したものは、それとは、全然、別のものであつたやうである。そのことを、稿を進めて行くうちに、次第に自覚するやうになつて、筆は、自ら、その方向を変へて行つた。その方向の一つは、本書によつて、現代の国語学を概説する場合の、一つの方式を試みてみたいといふことであつた。そのためには、一つの学問の体系としての現代の国語学を、それを成立させてゐると考へられる諸要素に分析することである。このことは、学史的に辿ることによつても記述することが出来るのであるが、もつと体系的に、国語学の全機構を解体してみることが必要であると感じた。

次に、考へられたことは、現代の国語学を、冷酷なまでに、そのぎりぎりの線に追ひつめ、その成立の根源をつきとめようとすることである。このやうな仕事は、今までに、誰かによつて、既に試みられてゐなければならない筈のことであつたのであるが、それが、なされなかつたのは、今までの国語学の体系が、一つの至上命令のやうに、殆ど疑はれることなく、過ぎて来たためである。もし、読者が、現代の国語学に踏み入つて、そこに、突き破ることも、乗り越えることも出来ない壁を見出し、慄然たる感を抱くであらう時には、恐らく、第二部の言語過程説の理論は、それらの人々に、一つの突破口としての役を果すであらう。第二部は、いはば、現代の国語学から脱出しようとする、私のあがきの記録でもあるのである。

結局、本書は、最初の方針に反して、読者を、知識の世界よりも、思索の世界へ誘ひ込む書になつてしまつたのである。しかし、私は、これをも、敢へて国語学の入門書と呼びたいのである。

Ⅲ

主要書籍序文ほか

日本文法口語篇

はしがき

日本語は非常にむづかしい言語のやうに思はれ、また云はれてゐる。特に外国語を学習した人たちには、外国語との比較の上から、さう思はれることが多い。これには色々な理由が考へられるが、第一に、日本語では、漢字と仮名といふ、全く異質な文字が併用され、かつ一語一語の表記法が浮動して固定してゐないといふこと、次に、同類の思想を表現したり、それの派生的観念を表現するのに、固有日本語と漢語とが複雑に交錯してゐて、簡明な一の体系によつて貫かれてゐないこと、敬語の使用が複雑であること等々が挙げられるであらうが、日本語には、文法的法則が確立されてゐないのではないかといふ感じも、国語に対して不安の念を抱かせる一の重要な理由になるのではないかと思はれる。日本語に、はたして文法があるのだらうかといふ疑問は、明治初年にヨーロッパの諸国語を学んだ人たちのひとしく抱いた不安であつた。その後多くの文法学者が出て、日本文法に関する研究が盛んになつては来たが、今日まだ標準的日本文法が確立されてゐないことは、右のやうな不安を裏書きすることにもならないとは限らない。しかしながら、今日、日本文法に関して、決定的な結論が出てゐないといふことは、日本文法学がまだ建設の途上にあるためであつて、日本語に文法が存在しないためでないことは明かである。

日本語について、結論的な文法書が出てゐないといふことは、一面、国語学の未熟なことを思はせるのであるが、ヨーロッパの文法学が、ギリシア以来の伝統の重圧のために、革新的な科学的文法学説の出て来る道が妨げられてゐるのに較べて、日本文法学の前途には、これを阻むやうな固定した伝統も標準もないといふことは、この道に携る学者に明るい気持ちをさへ与へてゐるのではないかと思はれる。ただ私たちは、日本文法に関心を持たれる人たちに、次のやうなことを期待したいのである。

今日、文法学の基礎知識は、日本語についてよりも、むしろ英、仏、独等のヨーロッパの諸国語について与へられる方が多い。そこで、日本語の文法についても、ヨーロッパの諸言語の文法を基準にして考へたがる。その結果、割切れない多くの現象に行き当るのであるが、言語は伝統的なものであり、歴史的なものであつて、思考の法則が普遍的であるやうには、言語の法則は一般的な原理で律することが出来ないものを持つてゐる。日本語の文法は、日本語そのものに即して観察されないかぎり、正しい結論を得ることは困難なのである。ヨーロッパの言語の法則が、一般文法の原理であるかのやうな錯覚を打破することが何よりも大切である。

右のやうな考へは、また次に述べる日本語は変則的、例外的な言語であるといふ偏見につらなつてゐる。変則的、例外的であるから、ヨーロッパの言語の原理的法則に照らして割切れないところがあるのも当然であるといふやうな考へに安住してしまふのである。確かに、今日文化的言語として世界を支配するものは、英、仏、独等の印欧語系の言語である。日本語と同系統、同語族の言語で、これに拮抗し得るのは、ただ日本語だけである。群がる獣類の中の一羽の鳥のやうなもので、数の上から云へば、たしかに例外的、変則的存在に違ひない。日本語の文法現象の一々が破格であり、奇異であると感ぜられるのも当然である。しかし、そこに真理を見出し得ないかぎり、日本語の文法は完全に記述することは困難であらうし、更に世界諸言語の文法現象の奥にひそむ、より高次な言語的真理を把握することは不可能となるであらう。世界諸言語の文法的真理の探求といふことは、日本文法学のヨーロッパ文法学への近寄せといふやうな安易なことで達成出来るとは思へないのである。明治以後の文法研究者の悩みはそこにあつた。最初は、ヨーロッパ文法の理論に忠実に従ふことによつて、日本文法を完全に記述することが出来ると予想したのであるが、やがてそれが不可能であることが分つて見ると、原理は結局日本語そのものの中に求めなければならないこととなつたのである。これは誰にも頼ることの出来ない、また既成の学説や理論にすがることの出来ない、日本の学徒が、日本語と真正面から取組んで始めて出来ることなのである。しかし、ここで日本文法学が始めて正しい意味の科学として出発することになつたと云ふことが出来るのである。ただここで考へ得られる一の足場は、古い日本語研究に現れた学説と理論とである。鎌倉時代（西紀第十二世紀）或はそれ以前から、日本学者が日本語について考察し、思索して来た理論や学説は、まさに日本語そのものの一の投影として、私たちの行手を照らす灯であるに違ひない。本書は、右のやうな研究方法に立脚して、日本語の理論を遠い過去の先学の研究に求め、それを理論的に展開して日本文法学を組織しようとしたものである。その意味で、本書は、拙著『国語学史』（昭和十五年岩波書店刊）の研究を前提とするものであることを附加へて置きたい。

私の見るところでは、その基礎的構造の理論をつかみ得るならば、日本語は、印欧語に比して、比較的簡明な文法を持つた言語であると云ふことが出来るのではないかと考へてゐる。ただし、ここに云ふ日本語の基礎的構造を、理論的に把握するためには、問題を言語そのものの本質的究明にまで掘下げて考へる必要があるのである。本書は、それらの点について詳論する暇が無かつたので、大体の記述に止めて、詳しくは拙著『国語学原論』（昭和十六年岩波書店刊）に譲ることとした。

今日の日本文法学は、その組織の末節にある異同を改めたり、言語学の最高水準に照して理論をより確実にしたりすることによつては、もはやどうにもならない、もつと基本的な問題にぶつかつてゐるのである。それは、言語そのものをどのやうに考へるかの問題である。本書は、そのやうな根本問題を出発点としてゐるので、日本文法の大体の輪廓を知らうとする人たちにとつては、煩はしいまでに、理論のために頁を割いてゐるが、日本文法を日本語の性格に即して観察されようとする人たちにとつて、或は言語と人間精神、言語と人間文化の交渉の秘奥を探らうとする人たちにとつては、何ほどかの手がかりを示すことが出来ると信ずるのである。

ちなみに、本書に用ゐた学術用語は、殆ど古来の使用と現在の慣用のものを用ゐ、その概念内容を改めて行くことに力を注いで、努めて新造語を避ける方針をとつた。しかし、現在の用語がすべて適切であると考へてゐる訳ではなく、それに対する試案は、本論、文法用語の項目の中にも述べて置いた。

以上のやうな理由に基づいて、本書では、日本文法の組織の骨組を作ることに追はれて、充分な記述にまで手がのびなかつたことを、諒承されたい。

また、本書に用ゐた「かなづかひ」については、私は「現代かなづかい」の根本方針に疑ひを持つてゐるので(一)新かなづかひ法が、確実な理論の上に制定されるまでは、暫く旧来の方式に従ふこととした。私一己の試案(二)もあるけれども、かりそめに、そのやうなものを実行することは、徒に混乱の種を増すことであると考へて見合はせることにした。

(一)　国語審議会答申の「現代かなづかい」について(国語と国文学　第二十四巻第二号、『国語問題と国語教育』に収む)

(二)　国語仮名づかひ改訂私案(国語と国文学　第二十五巻第三号、『国語問題と国語教育』に収む)

目次

(四) 打消の助動詞　ぬ
(五) 打消の助動詞　まい
(六) 過去及び完了の助動詞　た
(七) 意志及び推量の助動詞　う　よう
(八) 推量の助動詞　だらう
(九) 推量の助動詞　らしい
(一〇) 推量の助動詞　べし
(一一) 敬譲の助動詞　ます　です　ございます　でございます

ホ　助詞

(一) 総　説
(二) 格を表はす助詞
(三) 限定を表はす助詞
(四) 接続を表はす助詞
(五) 感動を表はす助詞

第三章　文　論

一　総　説
二　詞と辞との意味的関係
三　句と入子型構造（一）
四　句と入子型構造（二）

第一章　総　論

一　日本文法学の由来とその目的

日本文法がどのやうなものであり、また日本文法研究がどのやうな目的と任務を持つものであるかを明かにするには、まづ、日本文法を研究する学問である日本文法論或は日本文法学の成立の由来を明かにすることが便宜であり、また必要なことである。

今日見るやうな日本文法の研究は、江戸時代末期に、オランダ語の文法書が舶載され、それに倣つて国語の文法を組織しようとしたことに端を発し、明治時代になつては、主として英文法書の影響を受けて、多くの日本文法書が作られ、また日本文法の研究が促されるやうになつた。

当時輸入された外国の文法書は、学問的な文法研究書といふよりは、外国語の学習の手引きとしての教課文法書であつたため、国語の文法書も専らそのやうな見地で編まれたものであつた。即ち、文法書は、国語の、特に文語の読解と表現とに役立つものといふことが、主要な任務とされた。また日本文法の組織の立て方、説明の方法も、専ら外国の文法書のそれに倣つたことも止むを得ないことであつた。

日本文法の全面的な組織と体系化は、右に述べたやうに、外国の文法書の影響によるものではあつたが、それに類した研究や、その部分的研究に属するものは、従来の国語研究に全然無かつた訳ではなかつたので、江戸時代の国語学者の研究にも捨てがたいものがあり、見るべきものがあることが顧みられるやうになつて、ここに日本、西洋の研究を取入れた折衷文法書も現れるやうになつて来た。更に進んで、ヨーロッパの言語学の理論に立脚し、日本語の文法を根本的に研究しようといふことになり、従来の実用主義を離れて、全く純科学的精神に立脚し、日本文法を言語学或は国語学の一環として研究するやうになつたのが、近代の日本文法学の大体の状況であるといふことが出来るのである。しかしながら、日本でも西洋でも同じことであるが、文法研究の淵源に溯つて見ると、文法研究は、古典の読解、表現の技法のために存在したものであつて、単に学問のための学問として存在したものではなかつた。云はば、人間の言語的実践に対応するものとして存在したのであつた。何となれば、古典の言語は、現代に於いては意味不通のものとなつて、先づ言語的に解明して行くことが必要とされたからである。文法学が必要とされるのは、理解の場合だけではない。古典言語によつて表現することが、唯一の表現方法であつた時代に於いては、文法学はまた表現の重要な武器でもあつたのである。このことは、今日外国語学習に於ける外国語文法学の関係と全く同じであると云ふことが出来る。

近代になつて、言語研究の課題が、古典言語から、現代語へと移つて来た。現代口語の文法が研究されるやうになつたのは、我が国では明治三十年代のことである。ところで、外国人は別として、我々は、現代語については、その文法的知識なくしても、一往の理解と表現に事欠くことはないと考へてゐる。確かにそれは事実である。もし口語文法の研究と教授が、文語文法のそれの意味なき伝承に過ぎないものではないと考へるならば、そしてまた、それが単なる学問のための学問以上の意義があると考へるならば、それにどのやうな意義が附与されるであらうか。今、これを教育の立場に於いて考へて見よう。昭和六年中学校令施行規則及び教授要目が改正され、中学校の低学年に口語文法が課せられるやうになつた時、橋本進吉博士は次のやうに述べて居られる。

現代に於ては、口語文が一般に行はれて文語文は甚だ稀にしか用ひられません。まして中学校に入つて始めて文法を学ぶものは、口語文にかなり親んで居りますが、文語文には甚だ疎いのであります。既知から未知に入り、易から難に及ぶのが、教育の根本原理であるとすれば、かやうな実情の下にあつて、文語の文法から始めるのは順序を顚倒したものであつて、既に習熟してゐる口語について文法を説き、然る後、文語の文法に及ぶのが最も自然な道筋であると考へます。(一)

博士は、口語文法の教授を以て、文語文法に入る階梯準備として考へられた。博士はまた同時に、口語法の教授に、ただ文語法への階梯としての意義だけでなく、更に別個の、独立した意義のあることを述べて居られる。

広く国語教育の立場から見れば、文法の知識は、我が国語の構造を明かにし、国語の特色を知らしめ、又、文法の上にあらはれた国民の思考法を自覚せしめるに必要である事は既に述べた通りである。(二)

口語法の教授は、言語の表現、理解のためといふ実用的見地を離れて、国語の構造、更に国民の思考法に対する自覚を喚起させるところにあることを主張されたもので、これは昭和六年の教授要目にある「文法ノ教授ニ於テハ国語ノ特色ヲ理解セシムルト共ニ国語愛護ノ精神ヲ養ハンコトニ留意スベシ」といふことと揆を一にするものである。橋本博士は、更にその考を進めて、

国語教育といふ立場だけからでなく、一般に教育といふ立場からして、国文法の学修といふ事を考へて見る時、ここにまた別種の意義が見出されるのではなからうかと思ふ。組織的の教育に於て課せられる種々の学科は、それぞれの領域に於ける特殊の知識を与へる外に、種々のものの見方考方取扱方を教へるものである。（中略）精神や文化を研究する専門の学としては文科的の諸学があるが、これ等は普通教育に於ては十分に学的体系をなした知識としては授けられないやうであり、（中略）唯国文法のみは、かやうな所まで行きうるのでなからうかとおもはれる。(三)

文法科の任務を、ただ国語についての認識を高めるばかりでなく、文化現象を観察する唯一の学科として考へるやうになり、その後の国定文法教科書は、右の線に沿つて、生徒自ら国語の法則を発見し、これを組織する研究的、開発的な方法によつて行はれるやうな組織に改められた。

普通教育に於ける文法科は、以上述べたやうに、文化現象としての国語の法則を観察する認識学科となつたのであるが、その理由は、口語文が国語教育の主要な内容となつて来たためである。口語文が重要視された結果、口語法が文語法教授にとつて代はることになつたが、同時に、従来、文語法教授の主要な任務であつた古典講読のための文法教授と

いふ実用的意味も当然改められ、以上のやうな新しい意味を口語法教授に附与することとなつたのである。それも文法科の一の行き方ではあらうが、中等学校の諸科目が、大学、専門学校に於ける学科別の縮図である必要はなく、またあつてはならないことを思へば、文法科を認識学科として見る現今の取扱ひ方には大きな問題があると見なければならない。

文法学は、確かに人間の精神や文化を研究する学問の一つではあるが、中等学校に於ける文法科の目的は、必しも小国語学者、小文法学者を養成することではない筈である。中等学校に於ける文法科の任務を正当に理解するには、もう一度これを国語科の中に引戻して、国語教育全体の立場から、文法科を考へて来る必要があるのである。普通教育としての国語科の任務は、何と云つても、国民の国語生活である、読むこと、書くこと、聞くこと、話すことの訓練、学習にあることはまちがひないところであらう。この四の国語生活の形態は、人間一生の生活を通じて、片時も離れることの出来ないもので、これを円滑に実践することが出来るやうにすることは、国語教育に課せられた根本的使命である。これらの実践を有効にし、適切にするためには、国語に対する或る程度の自覚と認識が必要であつて、国語要説とか文法学は、その意味に於いて中等学校の教科目として意味があるのであつて、それ自身独立した学問としてあることが必要なのではない。

口語法の教授に、実用的見地が否定されるやうになつたのは、文語法の組織がそのまま口語法に踏襲されたことが重要な原因をなしてゐると見ることが出来る。動詞・形容詞の活用形と、その接続する語との関係のやうな事実は、古語の場合には非常に重要な事柄であらうが、現代語の場合には、殆ど問題にならない自明の事柄である。従つてそこから、口語法を実用的意味に於いて課することが否定されるやうになつたのも、当然であると云へるのであるが、そのことから、直に口語法を精神観察のための認識学科として位置付けることには大きな飛躍がある。本来から云へば、口語文教授に即応して口語法が学科目として取上げられた時、先づ考へられなければならなかつたことは、現代語生活に文法教授のやうなものが必要であるかどうか、もし必要であるとしても、そこに取上げられる問題、または文法書の組織といふものは如何にあらねばならないかといふことが仔細に考究されねばならなかつた筈なのである。ところが、そのやうなことは殆ど問題にされることなく、文語文法の方法と組織がそのまま口語法に踏襲されたが為に、口語法教授が文語法教授の持つてゐる実用的意味を持ち続けることが出来なくなり、文法教授の任務に大転換を行ふことを余儀なくされたのである。その根底には、文語文法教授の内容と組織とは、凡そ文法学の絶対的な規範であるといふ考へが存してゐたと見ることが出来るのではなからうか。文語文法の組織は、文語文のために必要な組織であり、口語のためには、またそれとは別個の文法組織と問題とが当然考へられなくてはならない筈なのである。文語文の理解と表現には文語法の知識が必要であるが、現代語生活に於いては、もはや文語法の組織をそのまま教授するやうなことは必要ないのであつて、現代語生活をよりよくするためには、それを助ける何等か別の形に於ける文法学の教授といふことが必要とされるのである。これは今後の口語法研究の重要な課題である。

学校教育に於いて、文法学科を研究的に、開発的に行ひ、生徒自ら言語の法則を発見するやうに導く教授法が不適当であると考へられることには、以上のほかに猶次のやうな理由が考へられる。その一は、言語現象は自然現象と異なり、極めて複雑な人間の精神現象であるから、中学校の低学年に於いてこれを課することは、生徒の智能の発達段階から見て不適当であるばかりでなく、これを無造作に行ふことは、言語に対する誤つた観念を植ゑつけてしまふといふ危険が生ずることである。その二は、言語に対する認識は、言語の自覚的な実践の上にはじめて築きあげられるものであることは、文学の学問的認識が、文学的体験をまつてはじめて可能であるのとひとしい。文学的体験なくして文学論を云々することが危険であるやうに、言語的経験を自覚的にすることなくして、言語の法則を問題にすることは本末を顚倒したことになる。

以上のやうな理由によつて、学校教育に於ける文法科は、生徒の言語的経験を自覚的にし、確実にするといふ実用的見地に於いて課せられるといふことが望ましいので、このやうな実践的経験をまつて、はじめて国語に対する認識も、自覚も高められることとなるのである。このことは、一見、文法科の教育的意義を無視して、旧来の暗記的学科に逆転させるやうに受取られるかも知れないのであるが、学校教育に於ける文法科は、それ自身独立した一学科としての意義があるのでなく、国語科の一翼を荷ふものとしてのみ存在価値があることを理解するならば、当然のことであると云はなければならないのである。

私は余り文法学の教育的な面ばかりを述べ過ぎたやうであるが、純粋の学術的な文法学の任務についても同じやうなことが云へるのである。一個の科学としての文法学についても、究極に於いてそれは実用的意義を失ふものではないのである。実用的意義を考へることによつて、学問自体が歪められることは、厳に戒めなければならないことであるが、一方文法学の実用的意義を考へることによつて、文法学の正しい発達を促す面のあることも忘れてならないことである。文法学とその実用的意義との交渉は、単に文法学の理論が、言語的実践に効果があるといふ、学理とその応用との関係に於いて交渉があるばかりでなく、実はもつと深いところで交渉してゐると見なければならない。それは、言語は本来人間生活の手段として成立するものであり、常にある目的意識を持ち、それを達成するに必要な技術によつて表現されるものである。従つて、このやうな言語の投影である文法学は、当然実践的体系として組織されなければならない筈である。また実践的体系を持つた文法学にしてはじめて真の科学的文法学と云ひ得るのである。

私は本書に於いて、以上述べたやうな文法学の体系を組織することを企図したのであるが、現実はその半にも到達することが出来ない結果に終つたやうである。それらの点については、今後の研究にまつこととした。

（一）『新文典別記』（初年級用）の新文典編纂の趣意及び方針の項

（二）『国語学と国語教育』（岩波講座　国語教育、橋本進吉博士著作集　第一冊）

二　文法学の対象

文法学は、言語の事実全般を研究対象とする言語学の一分科として成立するものであることは明かであるが、それならば、言語の如何なる事実を研究するものであるか。言語の学問としては、文字を研究する文字学、音声を研究する音声学、意味を研究する意味学、或は言語の方言的分裂の事実を研究する方言学、歴史的変遷の事実を研究する言語史学等々を数へることが出来るが、それらの種々な分科に対して、文法学は如何なる言語の事実を研究するものであるのか。文法学の対象が、文法であるとするならば、文法とは、言語に於ける如何なる事実であるのか。先づこの点を明かにしなければならない。

文法を以て、言語構成に関するすべての法式、または通則と解する考方がある。橋本進吉博士は、次のやうに述べて居られる。

すべて言語構成の法式又は通則を論ずるのが文法又は語法であるとすれば（筆者註、ここでは文法、語法といふことを、文法学、語法学の意味に用ゐてゐる）、右に挙げた音声上の種々の構成法や、単語の構成法や、文の構成法は、すべて文法（語法）に属する事項といふ事が出来る。(一)

事実、文法研究の中に、音声組織の研究や語源研究をも含めてゐる多くの文法書もあるが、それは、言語についての一切の法則的なものを文法とする考方に基づくものであらうが、さうすれば、結局、文法学は言語についての一切の法則的なものを研究対象とする言語学と同意語となつてしまつて、文法学の真の対象を決定することが困難になるおそれがある。

右のやうな説に対して、山田孝雄博士は、文法学の概念を限定して次のやうに述べて居られる。

これ（筆者註、文法学を指す）は語の性質、運用等を研究する部門なり。（二）

即ち文法学は、語の研究に限定されることになるのである。博士に従へば、語は言語に於ける材料であるから、当然その静止態の研究と同時に、その活動態の研究も含まれるが故に、いはゆる文の研究もこれに含まれると見るのである。安藤正次氏が語法を定義して、

語の相互間の関係を規定する法則をさして語法といふ。（三）

といはれたのは、山田博士の意味するところと大体同じであると考へて差支へないのであつて、かくして文法学に於いて、一般に語を研究する語論或は品詞論、及び語の運用或は語の相互的関係を論ずる文論、文章論或は措辞論に大別されることになるのである。

このやうな語及び語の相互関係の研究に対して、文字或は音声の研究の如きは、語の分析された個々の要素についての研究を意味するのであつて、文法研究が、常に言語を一体と見て、それら一体である語の相互関係を研究対象とする点に於いて著しく相違するのである。

以上述べたところによつて、文法研究の対象が、言語の要素に関する研究である文字論、音声論、意味論などと異なり、言語自身を一体として、それの体系を問題とし、研究する学問であることが、明かにされたと思ふのであるが、一体としての言語とは如何なるものであるかについて、それが語であるか、文であるかといふことになれば、今日までのところ、まだ明確な理論の基礎が築かれてはゐないやうである。一体としての言語が如何なるものであり、その体系が如何なるものであるかを明かにしようとするならば、先づ何よりも言語とは如何なるものであるかといふこと、即ち言語の本質が何であるかといふことが問はれなければならないのである。次に私はこの点を明かにしようと思ふ。

（一）『国語学概論』（橋本進吉博士著作集　第一冊　二九頁）

（二）『日本文法学概論』一五頁
（三）『国語学通考』二九五頁

三　言語の本質と言語に於ける単位的なもの（一）

言語の本質が何であるかといふ言語本質観には、今日、全く異なつた二の考方が対立してゐる。その一は、言語は思想と音声或は文字が結合して出来上つた一の構成体であると見る考方である。これを構成的言語観、或は言語構成観と名づけることが出来る。言語の研究にあたつて、対象の観察、分析に先立つて、このやうな本質観が問題にされるのは、何故であるかといふならば、言語は我々にとつて極めて親近なものであるにも拘はらず、それは、我々の周囲にある動物や植物などのやうに直接に手に触れ、目に訴へて観察することの出来るものと異なり、その正体を捉へることが困難なものであるからである。そこで言語の現象的な事実から、言語はこれこれのものであらうといふ臆測のもとに、一の仮説を立てて理論を構成して行かなければならないのである。この仮説が、言語のあらゆる現象を残すところなく説明しおほせるならば、その時、この仮説は一の言語理論として定立され、更に種々な言語現象を説明する根本理論となることが出来るのである。右に述べた言語構成観は、言語は種々な要素の結合体と見るのであるから、言語研究はこれらの要素を抽出して、それが如何に結合されてゐるかを研究することになるのである。言語に対するこのやうな見方及び研究方法は、物質を原子に分析し、その結合の状態を研究する自然科学の物質観とその方法とに類似してゐると見ることが出来るのである。このやうにして言語から、音声と思想との二要素が抽出される。音声を更に分解すれば、音節が抽出され、音節は更に単音に分解されることになる。しかしながら、このやうに分解を推し進めて行けば、それは結局言語の一面しか明かにすることが出来ないと考へられるところから、思想と音声との結合したものを単位として分解を施して行く時、句、或は橋本進吉博士のいふところの文節なる単位が得られ、更に之れを思想と音声との相関関係を破壊することなく分解して行く時、単語に到達する。単語の性質と、単語相互の関係の法則を文法といふならば、文法は、単語を究極の単位として、それが結合される場合の法則をいふものであると見ることが出来るのである。文法の概念は、一般に右のやうに考へられてゐるのであるが、右のやうな考方の特質は、言語の音声に於いて、究極の単位として単音を分析し、単音の結合に於いて音声を説明し、理解して行かうとする考方と全く同様で、言語に於いて、究極の単位として単語を抽出し、単語の結合に於いて言語を説明し、その結合法に於いて文法なる言語事実を認めようとするのである。従来の文法学が、単語論、品詞論を基礎とし、或は中心として、その上に、文章論、或は措辞論が組織されたのは、右のやうな理由に基づくのであつて、根本は、言語を要素或は単位の結合から構成されてゐると見る言語構成観の当然の結論であると見ることが出来るのである。

言語構成観は、既に述べたやうに、自然科学的物質構成観から類推された言語観であつて、それがはたして、人間的事実に属する言語のあらゆる現象を説明し尽すことが出来るかどうかといふ疑問から次の別個の言語観が成立するのである。

次に挙げるところの言語観は、言語を人間が自己の思想を外部に表現する精神・生理的活動そのものと見る考方である。これは、言語を要素の結合としてでなく、表現過程そのものに於いて言語を見ようとするのであるから、これを過程的言語観、或は言語過程観と名付けることが出来るであらう。

言語過程観は、日本の古い国語研究の中に培はれた言語本質観であつて、それはヨーロッパに発達した言語構成観に対立する全く異なつた言語に対する思想である。この言語観の由来とその理論体系、また言語構成観との相違については、私の『国語学史』（岩波書店、昭和十五年十二月刊）及び『国語学原論』（同、昭和十六年十二月刊）に詳説したので、委細はそれに譲つて、ここでは極めて簡単にその概要を述べることとする。

一　言語は思想の表現であり、また理解である。思想の表現過程及び理解過程そのものが言語であると考へるのである。

二　思想の表現がすべて言語であるとはいふことが出来ない。思想の表現は、絵画、音楽、舞踊等によつても行はれるが、言語は、音声（発音行為）或は文字（記載行為）によつて行はれる表現行為である。同時に、音声（聴取行為）或は文字（読書行為）によつて行はれる理解行為である。

三　言語は、従つて人間行為の一に属する。言語を行為する主体を言語主体と名付けるならば、言語は、言語主体の行為、実践としてのみ成立する。そして、それは常に時間の上に展開する。時間的事実であるといふことは、言語の根本的性格である。絵画や彫刻も行為としてまた実践として成立するが、それは平面或は空間の上に展開する事実である。

四　言語が人間的行為であり、思想伝達の形式であるといふことは、表現の主体（話手）、理解の主体（聞手）を予想することであり、話手、聞手は、言語成立の不可欠の条件である。

五　構成的言語観で、言語の構成要素の一と考へられてゐる思想は、言語過程観に於いては、表現される内容として、言語の成立にはこれもまた不可欠の条件ではあるが、言語そのものに属するものではない。

六　構成的言語観で、言語の構成要素と考へられてゐる音声及び文字は、言語過程観に於いては、表現の一の段階と考へられる。

七　言語は、常に言語主体の目的意識に基づく実践的行為であり、従つて、表現を調整する技術を伴ふものである。

八　言語を実践する言語主体の立場を主体的立場といひ、言語を観察し研究する立場を観察的立場といひ、この両者の立場を混同することが許されないと同時に、この両者の立場の関係を明かにして置くことは重要である。

九　言語の観察者が、他の言語主体によつて生産された言語を観察する場合でも、これを観察者自身の主体的活動に移行して、内省観察する以外に、言語研究の方法は考へられない。他人の言語をそのままに観察するといふことは出来ないことである。奈良時代の言語を観察するといふことは、奈良時代の言語主体の言語的行為を、観察者の主体的活動として再現することによつて観察が可能とされるのである。これを別の言葉でいふならば、「観察的立場は、常に主体的立場を前提とすることによつてのみ可能とされる。（一）」といふことになる。

一〇　言語研究者の観察の対象となるのは、常に特定個人の個々の言語である。その中から特殊的現象と普遍的現象とをよりわけ、原理的なもの、法則的なものを帰納するのは、言語研究者の任務である。このやうな普遍化的認識と同時に、特定個人の言語の特殊相を明かにする個別化的認識も言語研究者の重要な任務である。この二つの方向は、相寄り相助けて完全な言語研究の体系を構成する。

以上は、言語過程観の最も根本的な言語に対する考方であつて、本書の論述の基調をなすものである。

（一）『国語学原論』二九頁

四　言語の本質と言語に於ける単位的なもの（二）

言語構成観に対立する言語過程観の概略は、以上述べたやうなものであるが、本書に於いては、日本文法を専ら右に述べた言語過程観の立場に於いて概説しようと思ふ。従つて、言語の究極的単位として単語を考へ、単語を基本とし、出発点として、その結合に於いて言語を考へて行かうとする構成的な考方をとらないで、分析以前の統一体としての言語的事実を捉へ、それを記述することから出発しようとするのである。このやうな研究対象としての統一体としての言語的事実を、言語に於ける単位と名付けるならば、言語に於いて単位と認められるものはどのやうなものであらうか。言語に於ける単位的なものとして、私は次の三つのものを挙げようと思ふ。

一　語

二　文

三　文章

ここにいふ語及び文は、従来の文法研究に於いて取扱はれたものであるが、文章は、従来、語及び文の集積或は運用として扱はれたもので、例へば、芭蕉の『奥の細道』や漱石の『行人』のやうな一篇の言語的作品をいふのである。これらの文章が、それ自身一の統一体であることに於いて語や文と異なるものでないことは明かである。

今、この三つのものを文法研究の単位と称する時、ここに用ゐられた単位の概念を明かにして置くことは、右の対象設定の推論を明かにする上に有効であらうと思ふので、以下そのことについて述べようと思ふ。

一般に、語が言語に於ける単位であると云はれる場合と、私が右に語を単位とするといふ場合の単位の概念には、相当の距離があるのである。一般の用法では、言語の分析の究極に於いて見出せる分析不可能なものとして、これを言語の単位といふのであつて、それは原子論的単位としての単位の意味である。そこには全体に対する部分の意味が存在するのであつて、それは構成的言語観の当然の帰結である。私がここに云ふ単位といふのは質的統一体としての全体概念である。人を数へる場合に単位として用ゐられる三人、五人の「人」は、長さや重さを計量する場合に用ゐられる尺や瓦が、量を分割するための基本量を意味するのと異なり、また全体を分析して得られる究極体を意味するのとも異なり、全く質的統一体を意味するところの単位である。言語の単位として挙げた右の三者は、音声または文字による思想の表現としての言語であることに於いて、根本的性質を同じくし、かつそれぞれに完全な統一体であることによつてこれを言語研究の単位といふことが出来るのである。このやうな単位の概念は、例へば、書籍に於いて、単行本、全集、叢書を、それぞれに書籍の単位として取扱ふのと同様に考へることが出来るのである。

語と文とを言語研究の対象とすることは、従来の文法学に於いて行はれたことで、既に相当の業績を収めたことであるが、ここに云ふ文章については、従来、専ら修辞論に於いて取扱はれて来たことであつて、それが果して、文法学上の対象となり得るかどうかについて疑ふものが多いのではないかと思ふ。文章が国語学の対象となり得るかどうかについて疑はれるといふことは、それが専ら個別的な技術に属することで、そこから一般的な法則を抽象することが不可能ではないかといふ考へに基づくのである。もちろん文章成立の条件は、個々の場合によつて異なり、そこには一般的法則が定立しないやうに考へられるが、文章が文章として成立するには、それが絵画とも異なり、音楽とも異なる言語の一般的原則の上に立つて成立するものであることは明かであるから、そこから一般的法則を抽象し得ないとは云ふことが出来ない訳である。文章の構造或は文章の法則は、語や文の研究から帰納し得るものでなく、文章を一の言語的単位として、これを正面の対象に据ゑることから始めなければならないのである。

文章が、今日専ら修辞法の問題として取上げられてゐることは、語や文が嘗ては修辞法の立場から論ぜられたのと同じである。規範を論ずるには、その根底に、事実の科学的な研究や分析が必要であるところから、語や文の修辞論の前提として、科学的な語研究や文研究が成立するやうになつた事情を思へば、規範的文章論が成立するためには、当然科学的な文章研究が起こらなければならないことが分かるのである。文章のことは、修辞論に属することで、科学的な言語研究の対象とするに値しないもののやうに考へることは正しいことではない。

文章を対象として研究することは、一個の教材をそれ自身一の統一体として取扱はねばならない国語教育の方面から、現実の問題として強く要請されてゐることである。それは、国語教育の当面の問題は、語でもなく、また文でもなく、実に統一体としての文章(音声言語の場合も含めて)であるからである。国語教育に於いては、問題は文章の理解と表現との実践、訓練にあることは勿論であるが、そのやうな教育活動の根底に、文章学の確固たる裏付なくしては、その教育的指導を完全に果すことが出来ない訳である。

ここで再び最初の文法学の対象は何であるかの問題に立返つて見るならば、文法学は、言語に於ける単位である語、文、文章を対象として、その性質、構造、体系を研究し、その間に存する法則を明かにする学問であつて、同じく言語研究ではあるが、言語の構成要素である音声、文字、意味等を研究する学問とは異なるのである。文法学は以上のやうなものであるから、古来、それが言語研究の中枢的な位置を占め、時には言語学と同意語のやうに考へられたのも当然である。音声、文字、意味の研究も、このやうな文法研究から派生し、その発展として分化して来たものであると見ることが出来る。これは国語学の歴史に於いても認め得ることであり、語法或は文法といふやうな名称も、その間の事情を物語るものである。近代言語学は、言語の歴史的変遷や方言的分裂を主要な言語研究の課題にして来たために、文法研究は圏外に置かれたかのやうな観があつたけれども、文法研究が、常に言語を言語としての統一体の姿に於いてこれを把握し研究する部門であることに於いて、言語学の基礎的で、かつ中枢的な領域であることは動かせないであらう。

以上のやうな単位設定の方法に対して、著しい対照をなすものは、従来の文法研究に於ける単位の概念である。そこでは、単位は言語の分析に於いて到達する分析不可能な究極的なものとして考へられた。そこには、自然科学に於ける物質構造の考方が反映して居ることを見出すのである。文法は、これら単位である語の運用上の法則として考へられて来たのである。しかしながら、自然科学的な単位の概念を、言語の研究に適用することは、そもそも無理なことであつて、次第に、統一体としての単位概念に移行するのは自然であつた。そのことは、文法研究の歴史を見れば、明かであつて、語を文法研究の単位として設定することに既にそれが現れて居る。山田孝雄博士が、語を言語に於ける単位と考へ、その単位の意味を述べて、

　単位とは分解を施すことを前提としたる観念にしてその分解の極限の地位をさすものなり。(一)

といはれる時、その単位の意味は、正に原子論的単位の意味であるが、

　単語とは語として分解の極に達したる単位にして(二)

といはれる時は、既に「語として」といふ質的統一体としての単位の概念が混入してゐるのである。語を質的統一体として見るならば、ここに当然起こらなければならない疑問は、文もまた語と同様に言語に於ける単位ではないかといふ

ことである。この疑問に対して山田博士は、

語といふは思想の発表の材料として見ての名目にして、文といふは思想その事としての名目なり(三)

といふやうに説明して居られるのであるが、文の中の語が、思想発表の材料として考へられるべきものであるかといふことには、疑問が残るのである。文法研究に、質的統一体としての単位概念を導入するならば、文及び文章も、語に劣らず、言語に於ける厳然たる単位として認められなければならないのである。

(一)『日本文法学概論』二九頁
(二)『改訂版日本文法講義』九頁
(三)『日本文法学概論』二〇頁

五　文法用語

今日文法学上用ゐられてゐる用語には、体言、用言、係《かかり》、結《むすび》、その他、用言の活用形に関する未然形、連用形等、或は、活用の種類に関する四段活用、下一段活用、上一段活用等の名称のやうに、古い国語学上の用語を継承したものもあるが、品詞名の大部分は、ヨーロッパ諸国語特にオランダ、イギリス文法の用語の飜訳に基づくものが多い。それら、外国文法の用語の飜訳については、大槻文彦博士に、『和蘭字典文典の訳述起原』(一)の論文があつて、詳細に述べられてゐる。文法上の用語のやうなものは、その実用的見地から云つても、世界共通であることは、望ましいことであるが、言語は本来歴史的伝統的のもので、言語によつて、その性格を著しく異にし、その体系も従つて相違するので、これを一律に統一してしまふことは、理論的に殆ど不可能のことである。同じく印欧語族に属する言語の中でも、英語とオランダ語とはその性格を異にしてゐるので、例へば、英語の adjective に相当するものは、オランダ語では、By Voeglyke Naam Woorden として、名詞に近いものとして取扱はれてゐるのは、それが名詞と同じやうな格変化をするためである。

して見れば、印欧語とは著しく性格を異にする国語の文法用語にそれ独特のものがあるのは、当然のことと云ふべきで、一端の類似から同一名称を借用する時は、却つて誤解と混乱をひき起こす原因とならないとも限らない。ただし国語内部で、同一文法的事実に種々な用語が用ゐられることは、決して望ましいことではないから、適当にこれを整理統一することは必要であるばかりでなく、徒に奇を好んで新用語を創作することは、厳に戒める必要があると思ふのである。ただここで注意したいことは、用語は便宜的なものに過ぎないとは云つても、名称が事実を反映してゐることは、実用上極めて便宜であるから、用語の制定に当つては、文法理論、学説の厳密な検討の上に立つてなされなければならないことは云ふまでもない。

今日の文法用語の大部分が、外国文典の飜訳に起原するものであることは既に述べたことであり、そしてその中のあるものは、習慣が固定して、確固として抜くことの出来ないものになつてゐるものがあるが、もともと、性格を異にしたヨーロッパ文法の用語をそのまま飜訳借用したために、今日、国語の正しい認識に妨げになつて居るもの、或は不便を感ずるやうなものが少くない。これらについては、再検討をする必要を感ずるのであるが、習慣が久しいために、これを変改することは容易でないのであるから、国語の文法について考へようとするものは、さしあたり、用語にひきずられることなく、事実そのものについて深い洞察を怠らないやうにする必要がある。

次に、現在の私の見解に基づいて、問題とすべき文法上の用語を列挙して見ようと思ふ。

一　形容詞

本来、adjective 或は attributive の訳語として出来たもので、それはこれらの語の持つ機能の上から、実質概念を表はす名詞に対して、属性概念を表はす語として、名詞に附属する語であると考へるところに成立した名称である。従つて、この品詞名には、多分に文論に於ける文構成要素の考へを交へて居ることは明かである。これに反して、国語に於いて形容詞と呼ばれる語は、元来、用言中の一部として認められたもので、それは、語形の変らぬ体言に対して、語形の変るやうな名称が与へられた結果、国語の文法操作の上に、少からぬ混乱を招いたことは事実である。その一は、全く異なつた性質を持つた語として理解されたものであるにも拘はらず、これに形容詞といふ属性概念の表現を意味する語として認められたものである。勿論、古く国語学上に於いても、これを形状の語といふやうに命名したものもあるが、それが動詞と一類をなして、用言であると認められたことは同じである。国語に於いては、以上のやうに、語の機能的関係からではなく、全く語そのものの持つ性質上から分類されたものである。このやうに、adjective と形容詞とは

(三)

イ　美しい鳥

ロ　飛ぶ鳥

イの美しいが形容詞と呼ばれるならば、ロの飛ぶも当然形容詞と呼ばれなければならないのではないかと云ふ疑問である。事実英語に於いて、a flying bird の傍線の語は、participial adjective と呼ばれて、形容詞として取扱はれてゐるのである。国語に於いては、更に進んで以上のやうな形容詞、動詞の連体形を、形容詞的修飾語などと呼ばれることがあるが、かうなると、もはや用言の一類としての形容詞の名義を逸脱して、英語に於ける attributive の概念そのままで用ゐたことになる。これは甚しい概念の混乱であつて、国語の形容詞の本質的性格を確認するためには、むしろ、形容詞の名称を避けて、用言の名称に立帰る必要があるのである。そして、この形容詞の名称は、近時学者によつて指摘されるやうになつた特別の語、即ち連体修飾語にのみ用ゐられる「或る」「あらゆる」「件の」等の語のために保留して置くことが望ましいのではないかと思ふ。形容詞の原義は、文の成分としての意味を含めてゐるのであるから、このやうにして保留された形容詞の名義の中には、時に一切の連体修飾語として用ゐられた語を含めて云ふことが出来るのである。本書では、暫く従来の慣用に従ふこととしたので、英語等に於ける adjective の概念は、形容詞よりも、近頃使はれるやうになつた連体詞に相当するものと考へてほしいのである。

二　助動詞

この品詞名も今日広く行はれてゐるものであるが、その起源はやはり英文法などの auxiliary verb に発してゐるものである。大槻文彦博士の『広日本文典』には次のやうに説明してある。

　助動詞ハ、動詞ノ活用ノ、其意ヲ尽サヾルヲ助ケムガ為ニ、其下ニ付キテ、更ニ種々ノ意義ヲ添フル語ナリ。

これは全く、英文法などの概念に従つて、動詞の意義を補助するものと考へたのであるが、今日、助動詞として取扱はれてゐる大部分の語は、古く、「てにをは」「てには」「辞」などの名称によつて取扱はれて来たもので、それは、決して、動詞に種々の意義を添へるものとして、考へられたものではなかつた。むしろ今日の助詞と一括して、助詞が活用のないてにはであるのに対して、これらの語は、活用のあるてにはと考へられたので、近世の国語学者は助詞に対して語辞体言（東条義門『活語指南』）、静辞（富樫広蔭『詞の玉橋』）の名称を用ゐ、いはゆる助動詞に対しては、語辞用言或は動辞の名称を用ゐた。ところが明治以後になつて、辞の中の活用あるものを、助動詞と概念して、助詞とは全く別のカテゴリーに所属させたために、これらの語の真義が全く忘れ去られてしまつた。てには或は辞に属する語は、国語に於ける重要な語として、国語研究の中枢をなして来たのであるが、これらの語の真義が忘れ去られたといふことは、同時に、国語の真の性格が理解出来なくなつたことを意味するのである。『広日本文典』は既に述べたやうな見解であるから、助動詞を、動詞、形容詞の次に論じ、山田博士の『日本文法論』『日本文法学概論』は、助動詞といふ名称は用ゐられなかつたが、むしろ積極的に動詞の語尾として、動詞内部の構成部分のやうに取扱はれて、これを複語尾と名付けられた。助動詞が助詞と全く異質なものとして考へられたことは同じである。橋本進吉博士は、その文節論の立場から、文節構成に於ける助詞と助動詞との機能が同一であることを認められて、これを古来の名称である辞の名義に一括されたのであるが、それは専ら単独で文節を構成し得るもの、常に他の語に伴はれるものといふ語の分類原理に従つて、辞を附属する語として考へられ、助動詞をその中に所属させたので、古来の辞としての助動詞の真義を復活されたのではなかつた。

本書では、助動詞の真義を古来のてにには研究の中に求めて、これを辞の一類としたのであるから、助動詞の名称そのものが、既に内容の実際を示さないことになる。そこで、もし適切な名称を求めるとするならば、動辞、活用あるてには、動くてにには等の名称を選ぶのであるが、習慣を尊重して暫く助動詞の名称を存置することとした。代名詞の名称とその内容についても問題とすべきことが多いが、それについては、その項目の中で論ずる予定である。文節の名称も、橋本進吉博士の提唱以来、国定教科書などにも採用されるやうになつたが、このことについても問題があるので、文論中、「句と入子型構造」の中に附説することとした。

（一）　明治三十一年三月、『復軒雑纂』に収む。

（二）　富士谷成章の『装図《よそひ》』に於いては状《さま》といひ、鈴木朖の『言語四種論』に於いては形状の詞といふ。

六　用言の活用と五十音図及び現代かなづかい

五十音図はもと梵語学の影響の下に作られた国語の音韻表であるが、その組織がよく国語の音韻、語法の性質を反映してゐたがために、近世になつてから、国語の現象、特に用言の活用研究に利用されるやうになつた。動詞、形容詞の分類も、全くその活用と五十音図との関係から出て居り、特に動詞の活用の種類は、全く五十音図の行と段とに配当されて、何行何段と呼ばれるやうになつて居る。そこで五十音図の性質を明かにして置くことは、活用研究の真意を理解する上からも大切なことであらうと思ふのである。

近世以来、五十音図が国語の活用現象をよく説明するところから、五十音図は国語学上、動かすことの出来ない鉄則のやうに考へられ、近世末期に至つては、五十音図を神秘化する思想まで生まれるに至つたが、元来、五十音図は国語の音韻、語法現象の観察から帰納されたもので、これを絶対視すべきものではないのである。かつ、五十音図は、国語の音韻が或る程度崩壊した時代に成立したもので、その成立の年代は、凡そ平安時代前期と推定されてゐるのである。しかし、この音図が仮名で書かれるやうになつてから、既に消滅したア行ヤ行のエの区別は、この五十音の中に現はれて来なくなつた。そのやうな次第であるから、もしこのやうな音韻表が、奈良時代或はそれ以前に作られたとしたならば、その組織はよほど変つたものであつたらうと想像されるのである。更に中世、近世に至つては、国語の音韻は五十音図成立時代よりも更に減少したのであるから、今日このやうな音韻表を作るとするならば、それはまた五十音図とは相違したものが出来るであらうと云ふことは想像に難くない。このやうに、五十音図は、相対的価値において見られねばならないのである。ただ近世国語学の扱つた国語資料と五十音図成立の年代とが、それほど隔つてゐなかつたことが、五十音図の利用を有利に、また効果的にしたのである。もし上代国語を、その厳密な音韻体系において整理しようとするならば、時代を異にして成立した五十音図の利用は恐らく困難であつたらうと想像されるのである。同様の理由を以て、後代の国語を、その音韻に即して整理する場合には、当然後代国語の音韻体系に基づいた音韻表によつて整理し、組織しなければならないのであるが、近世国語学者の活用研究は、活用をその音韻によらず、専ら文字によつて組織したために、五十音図の利用は効果的であつたのである。活用について、ハ行四段活用などと云はれてゐるのは、その音韻に即して云はれてゐるのではなく、ハ行音の文字に即して云はれることで、音韻に即して云ふならば、当然ワ行何段と云はれなければならないのである。

国語を純然たる表音主義によつて記載しようとする場合には、まづ現代国語の音韻体系に基づく音韻表が作られることが何よりも大切なことである。国語の活用現象もそれによつて組織されることになるのである。

「現代かなづかい」は、その根本方針として、国語の表音主義を採用してゐるのであるが、同時に、音韻とは関係のない文字の使用を規定してゐるので、「現代かなづかい」による国語表記の基礎となる音韻表は、音韻体系と文字体系との両者をにらみ合はせてこれを制定しなければならない。旧来の五十音図を保存し、その上に立つて「現代かなづかい」による国語の文法体系を説明しようとするのは甚しい矛盾であり、また国語を混乱させる原因となるものである。

今試みに現代語の音韻文字表を作製して見ると別表のやうになる（次頁参照）。

表の解説

一　表に於いて、片仮名は音韻を表はし、平仮名は、その音韻に相当する文字を示したものである。従つて、左の表は、根本に於いて国語の音韻表であるといふことが出来る。従来の五十音図は、音韻表でもあり、また仮名表でもあつて、その区別が明かでなかつた。

二　〔ア〕〔ワ〕〔ヤ〕三行の音は、これを母韻と認めて、表の先頭に掲げることとした。この三行は、〔イ〕段に於いては、すべて〔イ〕音に統合され、〔ウ〕段に於いては、〔ア〕〔ワ〕行は〔ウ〕音に統合され、〔エ〕段に於いては、すべて〔エ〕音に統合され、〔オ〕段に於いては、〔ア〕〔ワ〕行は〔オ〕音に統合されてゐる。

三　右のやうに整理することによつて、〔ア〕行と〔ワ〕行との相違は、単に〔ア〕段に於いて、相違があるのみとなつた。

四　〔ア〕〔ワ〕〔ヤ〕三行の音は母韻であるから、〔カ〕行以下の音は、すべて拗音であることも許されるのである。例へば、〔カ〕は、〔キャ〕或は〔クヮ〕として認められるのである。

五　音韻に相当する仮名は、歴史的仮名づかひの場合を上段に、現代かなづかいの場合を下段に置いて示した。表について見れば明かなやうに、歴史的かなづかひに於いては、ヮ音に対して「わ」「は」二文字が当てられ、イ音に対して「い」「ゐ」「ひ」三文字が当てられてゐる。この複雑性を除く「現代かなづかい」の方針に従へば、ヮ音に対しては専ら「わ」字を用ゐ、助詞のヮ音に対してのみ「は」を用ゐることとし、イ音に対しては、「い」を用ゐて「ゐ」「ひ」を用ゐない。ゥ音に対しては「う」、ヱ音に対しては、「え」を用ゐ、助詞のヱ音に対してだけ「へ」を用ゐることとし、ォ音に対しては「お」を用ゐ、助詞のォ音に対してだけ「を」を用ゐることとしてゐる。音韻と文字との関係

五十音図による音韻と文字との対照表

行／段	母韻			音節							備考
	ア	**ワ**	**ヤ**	**カ**	**サ**	**タ**	**ナ**	**ハ**	**マ**	**ラ**	
	あ	わ は	や	か	さ	た	な	は	ま	ら	「は」は語中語尾の〔ワ〕の音及び助詞の〔ワ〕に用ゐられる
	あ	わ は	や	か	さ	た	な	は	ま	ら	助詞の〔ワ〕に用ゐられる
	イ			**キ**	**シ**	**チ**	**ニ**	**ヒ**	**ミ**	**リ**	
	い ゐ ひ			き	し	ち	に	ひ	み	り	「ひ」は語中語尾の〔イ〕の音に用ゐられる
	い			き	し	ち	に	ひ	み	り	
	ウ		**ユ**	**ク**	**ス**	**ツ**	**ヌ**	**フ**	**ム**	**ル**	
	う ふ		ゆ	く	す	つ	ぬ	ふ	む	る	
	う		ゆ	く	す	つ	ぬ	ふ	む	る	
	エ			**ケ**	**セ**	**テ**	**ネ**	**ヘ**	**メ**	**レ**	
	え ゑ へ			け	せ	て	ね	へ	め	れ	
	え へ			け	せ	て	ね	へ	め	れ	「へ」は助詞の〔エ〕に用ゐられる
	オ		**ヨ**	**コ**	**ソ**	**ト**	**ノ**	**ホ**	**モ**	**ロ**	
	お を ほ		よ	こ	そ	と	の	ほ	も	ろ	
	お を		よ	こ	そ	と	の	ほ	も	ろ	「を」は助詞の〔オ〕に用ゐられる

をどのやうにするかといふことは、仮名づかひ問題の論の分かれるところであるが、表音主義を徹底させる立場をとるかぎり、助詞の〔ワ〕〔オ〕〔エ〕の音に対して、「は」「を」「へ」を用ゐるといふ規定は矛盾である。もし、歴史的仮名づかひの訂正によつて新仮名づかひを制定する方針をとるならば、この表に於ける音韻と文字との関係を訂正して行けばよろしい。例へば、イ音はすべて「い」と書き、動詞の語尾の「ひ」だけを保存するといふことになれば、イ音に対しては、「い」「ひ」の文字が残ることとなる。現代かなづかいに即して云ふならば、ハ行四段活用はワ行四段活用となり、次のやうに活用する。

思う　—わ　—い　—う　—え

問題は意志の表現「思はう」（現代かなづかいは、「思おう」と書く）の処理である。この処理には二の方法が考へられる（動詞活用形の項参照）。一は、表記そのものに即して「思お」を活用形とすることである。さうすれば、この動詞の語尾は、オ段にも活用するので、ワ行五段活用の動詞であるといふことになる。この方法は、「書いて」といふ助詞接続から、「書い」を一の活用形と認める方法と一致するのである。ところが、このやうな処理方法には、一の難点がある。「おもおう」といふ記載は、「おもお」と「う」の結合ではなく、「う」は長音の記号であるから、或は「おもおー」と記載してもよい訳である。さうなると、「おー」を「お」と「ー」とに分析して、「おもお」を一の活用形とすることが困難になるのである。表音的記載法は、どこまでも音声現象の記載であるから、その記載が常に必しも文法的事実をそこに反映してゐるとは限らない。あたかも、美的鑑賞の立場から、或ひは生活に便利であるといふ立場から仕立てられた衣服が、人間の五体の生理的状況を反映してゐないのと同じである。かくて、動詞と意志表現との結合した「おもおう」といふ語句から、記載のままに活用形を抽出することは困難なのである。

次に第二の方法は、「書いて」の「書い」を一個の別の活用形と立てずに、連用形の音便とする方法である。この場合には、記載法は問題にならない。文法的事実を、言語の音声現象の奥にひそむ法則の体系と考へて、助詞「て」の一般的接続関係を求めるならば、それは連用形に接続するものであることが分かる。して見れば、「書いて」の「書い」も連用形でなければならない。「書く」の連用形「書き」が「書い」となるのは音便現象としてさうなるに過ぎないのである。このことは、単に観念的にさう云はれるばかりでなく、歴史的事実からもそのやうに云はれるのである。動詞につく意志の表現は、「見よう」「受けよう」のやうに動詞の未然形に附くものであることは、他の動詞の場合からも、また歴史的にも、証明することが出来るといふことになれば、「おもおう」といふ表現は、動詞「思う」の未然形「思わ」に「よう」に相当する意志の助動詞「x」が附いたものと見ることが出来るのである。この「x」は、歴史的に溯れば、「う」或は「む」であるから、このやうな助動詞と「思う」との結合が、音便的になり、それを「おもおう」と記載するのであると説明しなければならない。ただこの場合注意しなければならないことは、「おもおう」の「う」は長音記号であつて助動詞ではないが、歴史的仮名づかひにおける助動詞「う」の類推から、これをも助動詞と誤認する錯覚に陥ることである。厳密に云ふならば、口語四段活用に接続する意志を表はす助動詞は、それがどのやうな語であるかは抽出することが出来ないのであつて、ただ歴史的に従来これを「う」として取扱つて来たに過ぎない。この「う」と現代かなづかいの長音符号「う」を混同してはならないのである。そこで現代かなづかいに基づく動詞の接続には次の注意書を加へる必要がある。

四段活用の未然形に意志を表わす助動詞が附いた場合はこれを次のように記す。

書か—意志の助動詞………書こう
買わ—意志の助動詞………買おう

（この三行は「現代かなづかい」による）

日本文法文語篇

はしがき

本書は、前著『日本文法口語篇』とともに、日本文法記述の一環をなすものである。従つて、前著の「はしがき」及び第一章の「総論」は、本書にも適用されるのであるが、重複を避けて、ここには繰返さなかつた。ただ、本書は、記述の対象が前著と異なり、また、その目的や方法において相違するところがあるので、第一章に総論を設けて、特に、それらの点について述べることとした。

前著『口語篇』は、言語過程説の理論に基づく文法体系の枠を設定するために、煩しいまでに理論のために紙数を割いた。それは、新しい文法体系の組織を試みるために、止むを得ないことであつた。『文語篇』は、理論的な部分を、出来るだけ前篇に譲り、専ら、文語を、既に設定された文法体系の枠に、配当することを試みると同時に、古文の解釈と、文法体系との関連に意を用ゐた。

この『文語篇』においては、歴史的文法を、記述することは、その目的でなかつた。文法書は、その実用的意義からいへば、辞書と同様に、新古に亙る文法的事実が、一の体系の中に網羅されてゐることが望ましいと考へるのであるが、今日の研究段階から考へて、本篇では、記述の対象を、専ら、上代・中古に限定し、近古・近世については、これを別の稿に譲ることとした。近古・近世の文語法は、今後に残された重要な研究課題であることを、強調して置きたいと思ふのである。

『口語篇』に述べた文法理論の中で、未熟と思はれる部分について若干の補訂を加へた。第二章語論において、体言相当格、用言相当格を加へたことは、第三章四の「活用形の用法」とともに、解釈への文法の接近を意図した一つの新しい試みである。第四章文章論に、前篇の計画を、幾分、具体化して若干の項目を加へたが、もとより試案の域を出ないものである。

本篇の稿を草するに当つて、特に、「助詞」の部分は、東京大学大学院学生青木伶子氏の協力によるところが多かつた。

第二刷に際して

重版に際して、出来るだけ誤植、失考の点に訂正を加へた。特に、最後の「注意すべき動詞活用例」は、大野晋氏の補訂の草稿に基いて、全面的に筆を加へることが出来た。大野氏並に示教を賜つた多くの方々に、感謝の意を表する。

目次

チ　体言留め
リ　用言の連体形
(二)用言及び用言相当格
イ　動　詞
ロ　形容詞
ハ　動詞的接尾語
ニ　形容詞的接尾語
ホ　不完全用言
ヘ　用言相当格
(三)接頭語と接尾語
イ　接頭語
ロ　接尾語
(四)敬　語
イ　辞に属する敬語
ロ　詞に属する敬語
二　辞
(一)助動詞
イ　指定の助動詞「に」「の」「と」「あり」「なり」「たり」「す附いふ」
ロ　打消の助動詞「ず」「なし」「なふ」「まじ附ましじ」「じ」

第一章　総　論

一　『日本文法文語篇』の目的

文法を記述する目的は、文法を科学的に体系づけ、これを説明することにあるのであるが、『口語篇』総論の中でも述べたやうに、それが、理論的であると同時に、言語の実践（表現と理解）に寄与するやうに、組織立てられることが大切である。そのことは、決して、文法記述の科学的であらうとすることを妨げるものではなく、むしろ、それが実践的に有効であらうとするところに、真に、科学的文法が組織されると考へるのである。ある意味において、その文法学説が、実践に効果があるか否かによつて、その学説の当否が判定出来るとも云ひ得るので、すべて、言語の学問的体系は、言語の実践的体系を、理論的に投影するところに成立すると、私は考へてゐる。以上のやうな趣旨に基づいて、この『文語篇』の記述は、それが、古典の読解に役立ち得るやうにといふことを、主要な目的と考へた。実用文法としての役目を、この文法書に負はせることは、その成否は別として、私が終始念頭に置いたことであつた。

文法の記述が、言語の実践体系の反映でなければならないやうに、文法の教育も、また、実践的見地を離れてはならないといふことは、既に『口語篇』総論に述べたことであるが、ここでは、主として文語文法の教育のありかたについて述べようと思ふ。先づ、実践的見地に立つた場合、口語文法と文語文法の内容、領域のことが問題にされなければならない。このことについては、前著に次のやうに述べて置いた。

文語文の理解と表現には、文語法の知識が必要であるが、現代語即ち口語の生活においては、もはや文語法の組織を、そのまま口語の教授に適用するやうなことは必要ないのであつて、現代語生活をよりよくするためには、それを助ける何等か別の形における口語法の体系といふことが必要とされるのである（八頁、原文を若干補訂す）。

として、口語文法のあるべき組織については、今後の研究に委ねたのであるが、『口語篇』の部門の中に、従来の文法学の部門である「語論」「文論」の外に、新しく、「文章論」を設けたことは、その一端を具体化したものである。文語文法においては、「文章論」は、勿論、考へねばならない重要な部門には違ひないが、更に重要なことは、語論における語の性質上の相違や、活用の種類や、接続上の法則であつて、これらのことは、口語文法では比較的軽く、文語文法においては、特に強調して教授されなければならない点である。一般に口語文法において、語論の詳細な記述が設けられてあるのは、実践的必要から口語文法に要請されたものであるといふよりは、云はば、文語文法の形式を踏襲したものに過ぎないのである。これに反し、文語文法において語論が詳細であるのは、江戸時代の国語学の業績が示すやうに、それらの知識が無ければ、古文を正確に読解することが出来ないといふ実際的な要求に基づいて出て来たことである。

文語文法書のありかたは、一般的に云つて、古文の読解のためといふ実践的要求によつて規定されるものであるが、問題を、学校教育に限定し、その立場から文語文法書と、その教育の問題を考へてみようと思ふ。

昭和二十六年版国語科学習指導要領に従へば、文語文法は、高等学校の国語科中の他教科、特に古典講読に隷属させて、その読解を助ける意味で課せられることが要求されてゐる。これは、従来、国語科中の他教科に対して、文法が、独立した一学科として取扱はれて来たことに対する大きな変革とみることが出来るのである。従来でも、文法は独立して課せられては居つたが、それが古典講読のために必要であり、また、そのやうな意味を発揮するやうに教育されねばならないことは、当然のことと考へられてゐたのであるが、学習指導要領は、更にこれを積極的に推進めたものであるといふことが出来るのである。一方、教科書検定基準では、「言語篇」の中に、文法を織込み、読み方、作文等の方法と並んで、古典読解の方法として文法を位置づけ、特に独立教科書としての文法教科書は認めないことになつたのである。

以上のやうに、文法科を独立させないといふことは、文法科に実践的意味を持たせるといふ点から考へれば、当然のことであるが、ここに一つの問題は、右のやうな実践的意味において課せられる文法の教育的効果についてである。文法は、一つの体系的知識として修得されることによつて、始めて実践的効果が得られるので、必要の都度、断片的に教授されたのでは、その効果を充分に発揮することが出来ないといふのである。これは、至極尤もな意見であつて、今後、考究されなければならない、重要な課題である。講読に即しつつ、しかも文法を体系的に修得させる為には、何よりも教師自身が、体系的に文法を身につけて置くことが先決問題である。もしそのやうな教師であるならば、断片的な文法的事項を、その都度、適当に体系の中に位置づけて教授することも可能になつて来るわけである。さうすることによつて、文法教育も始めて実践的意味を発揮することが出来るのである。

『日本文法文語篇』は、以上のやうに、古典の読解といふ実践的用途に応ずる意味を持つと同時に、文語文法を教授される教師の基礎知識の参考として提供しようとするものである。

本書の基礎となつてゐる言語理論については、すべて、前著『口語篇』の総論及び『国語学原論』に譲つて、ここでは繰返さなかつた。

二　口語・文語及び口語法・文語法

前著『日本文法口語篇』では、口語及び口語法の意味について、別に厳密な概念規定を行はなかつた。ただ、そこに暗黙のうちに考へられてゐたことは、「口語文法」といふことを、「現代語文法」と同義語に用ゐたことである。即ち、口語文法の名称を、話し言葉或は音声言語の文法の意味ではなく、広く、現代の書き言葉或は文字言語の文法をも含めて、意味したことである。例へば、推量の助動詞に「べし」(『口語篇』二一〇頁)、指定の助動詞に「である」(『同上書』一八九頁)を加へたやうなのがそれである。これらの語は、日常の話し言葉には殆ど用ゐられない、文字言語に属する語である。「口語文法」の名目を、このやうに拡げて用ゐることは、科学的記述において許されることであるのか、もし、許されるとするならば、どのやうな意味で許されるのであるか。そのやうな点を、先づ明かにして置きたいと思ふのである。

口語と文語との別については、口語は口に云ひ、耳に聞く言語で、文語は読み書きする言語であると云はれてゐる。(一)従つて、音声言語を口語、文字言語を文語と呼ぶことがあるが、右の見解に従へば、口語を文字に書き表はした、いはゆる口語文は、文語の一種であるといふことになるのである。(二)しかしながら、文法の点について云へば、口語も、口語文も大差が無いので、これを一括して口語といひ、広い意味での文語の中で、口語文を除いた特別の文字言語を、文語と呼び、これを口語に対立させる考方も出て来るのである。(三)一般に、口語文語の類別は、右のやうな考へに立脚してゐるのであつて、それは、必ずしも、音声言語と文字言語との別に対応するものでないことを知るのである。私が、前著『日本文法口語篇』で用ゐた「口語」の意味は、大体以上のやうな通念に従つたので、そのやうな点から、口語文法の中に、現代の音声言語、文字言語の両者の文法を含めて記述することにしたのである。

現代語に関して、以上のやうに、音声言語の文法と文字言語の文法とを区別しないのは、明治中期以後、言文一致運動が普及して、文字言語の文法と、音声言語の文法とが、ほぼ一途に帰するやうになつた国語の実情に基づくのである。

口語、口語法或は文語、文語法の名称の字面から云へば、これを音声言語、文字言語及びそれらの文法といふやうに呼んだ方が、より合理的であり、科学的ではなからうかといふ疑問も出て来るのであるが、元来、音声言語、文字言語の別は、音声を媒介とする言語、文字を媒介とする言語を意味するのであつて、その中には、文法上の相違といふものは、勘定に入れられてゐない。(四)少くとも、文法上の相違といふものは、音声言語と文字言語とを区別する根本的基準とはすることが出来ないのである。両者の文法体系は、相互に交流する可能性を持つてゐるのである。たまたま、言文一致以前においては、音声言語と文字言語との対立が、文法体系の著しい対立に対応してゐたが為に、言文の対立は、即ち文法体系の対立であるかのやうな錯覚を生んだに過ぎないのである。このことは、音声言語と文字言語との機能上の相違についての認識を妨げた大きな原因にもなつて来たと考へられるのである。口語、文語の名称は、起原的には、音声による言語、文字による言語の意味に用ゐられてゐたのであらうが、次第に、それらの言語を著しく特色づけてゐる文法体系の相違を意味するやうになり、口語は、現代語法に基づくすべての表現を意味し、文語は、それとは異なつた文法体系に基づく表現を云ふやうになつた。ここに至つて、口語、文語の名称は、実は二つの文法体系に与へられた名称として理解されるやうになつたのである。(五)

口語、文語の概念が、音声言語、文字言語の別に対応しないものであることは、以上の説明によつて明かにされたと思ふのであるが、そのことから、次のやうなことが云はれるやうになつた。口語は、口語法の歴史的系譜を含めて、これを口語といひ、文語は、文語法のそれを含めて文語と云はれてゐることである。例へば、天草本イソポ物語や狂言記は、現代語法とは異つたものであり、また、それは書かれた言語であるにも拘はらず、現代語法と系譜的につながつてゐるとして、これを口語の中に所属させる。同様にして、万葉集や源氏物語、特にその会話の文法が、当時の音声言語の文法であつたにしても、我々は、これを文語法の系列の中に置くのである。口語、文語の名称が、文法体系の相違を意味するものとするならば、右のやうな取扱ひ方にも合理性が認められるのである。

以上のやうな口語、文語の概念には、一つの重要な考へ方が前提とされてゐるのである。それは、我々の言語生活における主体的意識に基づく類別である。(六)口語法と文語法とは、国語史的観点に立つならば、それは、当然、史的序列の中に位置づけられるべき文法史的事実である。私が、今問題にしてゐる口語、文語の概念は、このやうな歴史的な事実としての概念ではないのである。それは、今日の言語生活の中で対立して意識せられる二つの文法体系の概念である。我々が源氏物語や万葉集を読むといふことは、それは、今日の言語生活の一つの形態である。それは、日常の会話が、今日の言語生活の一つの形態であると同じ意味で云へることである。それは、客観的には、時間の経過を中に挿んでゐるとは云へ、主体的には、一般の思想の伝達（コミュニケーション）と、少しも変りはないのである。そして、そこに経験される、一般の文法体系とは異なつた文法体系が、即ち文語であり、文語文法と云はれるものである。観察的には、歴史的事実として認識されるものが、主体的には、体系的事実として意識されるといふ事実は、例へば、神社の建築様式は、源始時代における一般の住宅建築の様式として、後の建築様式に対しては、歴史的事実であると認められても、別の観点からすれば、それは、住宅や工場や学校などと相並んで、特殊な機能を持つ建造物とされるやうなものである。

文語法が、国語史的観点とは別に、現代の言語生活における一つの特殊な文法体系として講ぜられなければならない理由は、以上の如くである。

(一) 「話に用ゐる語と文章に用ゐる語とは法則がいくらか違ふ場合がある。かういふ時にはその話に用ゐる方の語を口語といひ、文章に用ゐる方の語を文語といふ」(山田孝雄『日本口語法講義』二頁)。

(二) 「日本語を委しく分ければ、次のやうになります。

(一) 談話に用ひる言語、即ち口にいひ耳に聞く言語

(二) 筆録に用ひる言語、即ち読み書きする言語

(a) 現代の談話に用ひる言語に基づくもの

(b) 筆録に用ひるものとして、以前から伝はつて来た特別の言語によるもの」(橋本進吉『新文典別記口語篇』の中「口語と文語」)

そして、橋本博士は、(一)を口語といひ、(二)を文語といつて差支なからうと云つて居られる(なほ、『橋本博士著作集』第一冊「国語学概論」第九章、日本の文語を参照)。

(三) 「口語文も文語文も共に文字に書くものでありますから、どちらも文語に属します。(中略)とはいふものの、口語と口語文とは、文字に書く書かぬの点を別にすれば、言語として大部分一致したもので、その文法も、大抵は同一であり、之に対して、文語文は、言語としてよほど違つた点があり、文法も差異が多いのですから、口語と口語文とを一つにして、文語文に対照せしめるのが便利です。そこで、この書では、便宜上

口語＝口語と口語文
文語＝文語文

と見做しました」（橋本進吉『新文典別記』）

（四）　文字言語の音声言語に対する特質は、単に、音声言語に文字といふ要素が加つたものであるとは見ることが出来ない。音声言語は、音声を媒介とする言語表現であり、文字言語は文字を媒介とする言語表現で、その相違は、両者において、言語の機能を異にし、表現技術を異にしてゐることを意味する。両者の相違は、それらの文法体系とは、本質的には無関係である（拙稿「かきことば」『国語教育講座』第一巻参照）。

（五）　口語体、文語体の文体上の名称は、音声言語、文字言語の別とは全く異なる。文法体系の相違に基づく文字言語の文体の名称である。

（六）　『国語学原論』総論第四項「言語に対する主体的立場と観察的立場」を参照。主体的立場といふのは、「我々が言語の発音を練習したり、文字の点劃を吟味したり、文法上の法則を誤らない様に努力したりするのは、かゝる立場に於いてであり、又談話文章の相手に応じて語彙を選択したり、敬語を使用したり、言語の美醜を判別したり、標準語と方言との価値を識別してこれを使別けたりするのもこの立場に於いてである」（『国語学原論』二二頁）と述べて置いたやうに、例へば、「花を折つてはいけません」「花を折るべからず」の二つの表現の中、一つを選択するのも主体的立場においてなされることである。そして、右の二つの表現において、それが文法体系の相違に基づいてゐるといふ意識が、即ち主体的意識である。口語、文語の別は、右のやうな主体的意識に属するものとしたのである。観察的立場における認識としては、「花を折つてはいけません」と「花を折るべからず」との表現には、歴史的な序列が認められるであらうが、主体的意識としては、一方が親しみ易い表現として、他方が厳めしい表現として意識されるのである。雅語、俗語の別も、観察的には、歴史的序列における新古の別であつても、主体的意識としては、一方が雅であり、他方が俗であるといふことになるのである。

三　文語法の研究史と文語の系譜

国語の研究史において、文語法の研究が、どのやうな位置を占めて来たか、また、それが今後どのやうに開拓されなければならないかを明かにしようと思ふ。

文語法の研究は、明治以前の国語研究において、ほぼその骨格が作り上げられた。それは、主として、江戸時代の国学者の手によつて、専ら古代文献を研究する手がかりとして、或は、和歌、連歌、擬古文を制作する場合の言語的規範として研究されて来たものである。その研究の対象とされた文献は、近世国学の理念から、殆ど、奈良、平安時代のものに限られ、従つて、文語文法の研究といつても、右の時代の言語の範囲を出でなかつたのである。それは、国学者の立場からいへば、当然なことであつたのである。明治以後になつて、国語学が、ヨーロッパ言語学の組織に従つて再建されるやうになつた時、文法研究は、全く新しい観点から発足するやうになつた。

ヨーロッパ言語学では、口語或は音声言語の研究が、文語或は文字言語の研究に優先しなければならないと説く。なぜならば、口語或は音声言語は真の言語であり、自然の言語であるが、文語或は文字言語は人為の言語であつて、そこには、言語の如実の姿を見出すことが出来ないとするのである。また、言語は常に変遷するもので、ある時代の言語をとつて、例へば、江戸時代の国学者のやうに、平安時代の言語をとつて、これが規範であると考へるのは、誤つた考方であると説くのである。このやうにして、言語学の主要な任務は、真であり、自然である口語、音声言語について、その歴史的変遷を跡づけることであるとしたのである。これは、明かに、江戸時代の国学における国語研究の否定である。明治以後の国語学は、右のやうな言語学の命ずるところに従つて、現代口語と、その源流を探索し、国語の歴史、特に音声言語の歴史的研究に全力を注いだ。[一] 文法研究の主題も、従つて鎌倉期以後の、文献言語の底を流れてゐる口語の研究にあつたといふことも当然といはなければならないのである。奈良、平安時代の言語の研究も、国学的意味とは別の角度から、即ち専ら歴史的観点に立つて研究されたことは、注目すべきことである。[二] 勿論、その間にも、万葉集、源氏物語等の上代中古の文献を解釈するために、それらの文献の言語研究が促されたことは、云ふまでもないことであり、文法史的研究が、これに寄与した点も認めなければならないが、明治以後の国語学の立場から云へば、それらは、むしろ、応用部面であつたといふべきである。

以上述べて来た文法研究史でも明かなやうに、明治以後において開拓されたものは、中世、近世の口語法の史的研究であつて、それは、今日、文語といはれてゐるものの研究ではなかつたのである。しかしながら、ここに注意しなければならない点は、中世以後、言文の乖離が著しくなり、口語に対して、中古以来の言語が、文章言語としての伝統を持ち続け、明治の言文一致の時代にまで及んでゐたといふことである。和歌、連歌、俳諧は勿論のこと、小説、記録、随筆、論文等、およそ中世以来、文化の発達に重要な関係を持つ文献は、皆、文語の系譜の上に成立したものであると云つてよいのである。明治以後の国語研究が、この重要な国語生活の面を見落して来たといふことは、既に述べて来たやうに、言語学の対象を、音声言語に限定して考へるヨーロッパ言語学の言語観と言語史観に基づくものではあるが、学問研究の対象設定についての方法論から云へば、大きな錯誤であつたことは認めなければならないのである。しかしながら、中世以来の文献言語を、真正な研究対象として、正面に据ゑるためには、文字言語も、音声言語と同様に、或は文化の継承といふ点から云へば、それ以上に、言語の一形態として、国語生活を構成する重要な要素であることが認められなければならないことである。ここにおいて、言語過程説は、言語を次のやうに規定するのである。(三)

一　言語は、思想の表現であり、また理解である。思想の表現過程及び理解過程そのものが言語である。

二　言語は、音声（聴取行為）或は文字（記載行為）によつて行はれる表現行為である。同時に、音声（聴取行為）或は文字（読書行為）によつて行はれる理解行為である。

右の規定に従へば、文字言語は、文字を媒介とする表現行為であり、理解行為であつて、それは、音声を媒介とする音声言語に対立する言語である。即ち文字言語は、言語学の対象から除外されるべきものではなく、これもまた、真正な対象として取扱はれなければならないものであるといふことになるのである。

江戸時代の国学者は、その国学的理念から、上代中古の言語については、詳密な研究業績を残したのであるが、それ以後の文献言語については、規範的価値観の上から、これを研究対象とすることを拒んだ。明治以後の国語学者は、また別の言語観の立場から、これを取上げようとしなかつた。ここに、中世以後の文語研究は、空白のままに放任されたのであつた。中世以後の文語は、中古の伝統を継承してゐると云つても、それは決して、中古の法則をそのまま継承してゐるのではなく、独自の変遷を経過して来てゐると考へられるのである。中世以後の文語がどのやうに変遷して来たか、またそれはどのやうな性格の言語であつたかといふやうな問題は、恐らく今後に残された重要な課題であらう。

以上のやうな、文語法研究史の状況にかんがみて、本書は、先づ、上代中古の文法の記述を主とし、中世以後については、これを後の研究に委ねることとしたのである。

本書の記述の対象を、上代、中古の文法的事実に限定した場合、その学問的恩恵の半を、明治以前の国学者の研究に、その半を、明治以後の国語学者の研究に受けてゐる。明治以前のそれは、主として係結《かかりむすび》と、用言の活用と、てにをはの研究において、精密詳細を極め、明治以後のそれは、西洋文法の組織に倣つて、国語の文法体系を樹立することに苦心が払はれて来た。しかしながら、既に、『日本文法口語篇』総論第三、四項において述べたやうに、日本の伝統的国語研究と、明治以後の新しい国語研究との間には、言語本質観の点で、越えることの出来ない大きな断層が認められるのである。私は、ヨーロッパの言語理論に比較して、日本の伝統的な言語理論に、科学的優越性を認めるところから、明治以後の多くの文法研究の労作を飛び越えて、江戸時代の文法研究の継承と発展の上に、この『文語篇』を記述しようとしたのである。従つて、明治以後の研究に習熟した多くの読者にとつては、本書の体系そのものが、奇異な感を与へるであらうといふことを懸念するのである。それらの点については、『日本文法口語篇』総論第三、四項に解説したので、本書では、これを省略することとした。

（一）　国語調査委員会編（大槻文彦担当）『口語法』及び『口語法別記』（大正五、六年）は、口語法史研究の最初の成果である。

（二）　山田孝雄博士『奈良朝文法史』『平安朝文法史』、安藤正次氏『古代国語の研究』の如きものをその代表として挙げることが出来る。そこに見られる著しい点は、歴史的観点である。

（三）　『日本文法口語篇』一七―一八頁。

四　文語文法における語の認定

『日本文法口語篇』第二章語論には、「語の認定」の項を設けて、語の認定は、表現主体の意識に基づいてなされなければならないことを述べた。このことは、単に語の認定の問題として重要であるばかりでなく、本書における、すべての文法的記述の原則である。（一）しかしながら、このことは、現代語の文法を記述する場合と、古文の文法を記述する場合とでは、方法や手続きの上に、大きな相違があることを意味する。現代語の文法記述においては、観察者の主体的意識を以て、表現者の主体的意識とみなすことが許される。何となれば、観察者自身、現代語の社会圏に属する一員として、その意識には、客観的な妥当性があると認めることが出来るからである。もし観察者の意識に、客観的な妥当性がないとしたならば、彼は、その属する言語社会圏の人々と、思想を交換することが出来ない筈だからである。古文の場合には、事情は非常に違つてくる。古文の表現主体（話手）は、我々と同じ言語社会圏に属するものであるとは云ふことが出来ない。例へば、我々と山上憶良とは、全く異なつた社会圏の人である。故に、我々の意識するところのものが、そのまま、憶良の言語意識であるとすることは出来ない。ここに古文の文法記述の困難な点があるのであるが、憶良の文法記述は、憶良の主体的意識を前提とすることが要請されるのである。本居宣長が、「すべての詞、時代によりて、用ふる意かはることとあれば、物語にては、物語に用ひたる例をもていふべきなり（二）」といつたことは、語の意味の解釈についていつたことであるが、そのまま、文法記述にも適用出来ることである。古文の文法体系を、今日の言語意識を以て推すことの出来ないことは、例へば、「心得《う》」といふ語は、今日の主体的意識では、一般に一語として意識されてゐるのであるが、中古人の意識としては、「心―得《う》」と、二語に意識されてゐたかも知れないのである。もし、さうであるならば、中古文法においては、これを二語の結合した複合語として記述しなければならなくなる。また、例へば、

鈴虫のこゑのかぎりをつくしても、長き夜あかずふる涙かな（源氏、桐壺）

における傍線の語は、現代語では、「雨が降つても出かける」「話しても駄目だ」のやうに、「ても」が一語として、逆態条件を表はすために用ゐられるのであるが、中古文においては、「も」は「て」と分離して、意味を強めるために用ゐられてゐると見ることが出来るのである。

以上のやうに、古語の文法的記述をするためには、古人の主体的意識が明かにされることが先決問題であるが、これを明かにすることは、一般に解釈作業と云はれてゐることである。解釈とは、観察者の外にある言語的事実を、観察者の意識的事実として取込むことであると同時に、第三者の経験を、忠実に、観察者の意識の中に再生することを意味するのである。ここに、解釈とは、一般に古典研究の前提作業と云はれてゐる解釈と、全く同じ意味である。

古文の文法的記述のためには、古文の完全な解釈作業が前提とならなければならないことは、以上述べた如くであるが、前項にも述べたやうに、古文の解釈のためには、古文の文法体系が明かにされてゐなければならないので、方法論的には、循環論法になるのであるが、そこにこそ、文語文法記述の真の行くべき道があると同時に、文法研究の困難な点もそこにあるのである。

（一）『国語学原論』には、この原則を次のやうに述べて置いた。

「観察的立場は、常に主体的立場を前提とすることによつてのみ可能とされる」（二九頁）と。ここに観察的立場とは、文

法を記述する文法学者の立場であり、今の場合は、私自身の立場である。また、主体的立場とは、言語を実践する立場であつて、今の場合は、古文の筆者或は古歌の作者の立場を前提としなければ、文法的記述は不可能であることを述べたのである。

（二）『源氏物語玉の小櫛』五の巻。ここで、宣長は、源氏物語の語の意味を、古代文献における用法によつて解釈した契沖の『源注拾遺』の如きものの方法を批判してゐるのである。

文章研究序説

序

文章研究といへば、一般には、文章の作り方、組立て方、そして、文章の巧拙のやうな、文章の表現上の修辞・技巧の問題、換言すれば、文章の価値評価を論ずる学問のやうに考へられてゐる。従つて、それは学問といふよりは、技術 art に属することである。本書で文章研究といふのは、文章の価値技術を論ずるのではなく、文章といふものが、どのやうなものであるかを、客観的に解明することを意味するのである。

それならば、文章研究の対象である文章とは、どのやうなものであるかといへば、形式的には文法学でいふ「文」の集合体であるが、同じく文の集合体である文章の中の「段落」のやうなものと区別される点は、段落が、文章の一部分であるのに対して、文章が、一つのまとまり、統一を形作つてゐるところにある。たとへば、一編の論文或は小説等は、文の集合から出来上つてゐると同時に、それに加へることも、そこから削ることも出来ない、それ自身まとまりを形作つてゐる、一つの統一体であるところから、これを文とは区別して文章と名付けることとしたのである。そのやうな統一体としての文章の性質構造に関する研究をここに文章研究といふのである。

我々が、日常読んだり、書いたりするもの、また、音声言語に属する談話講演等をも含めて、すべてこれを文章といふことが出来るのであつて、文といふものは、文章から抽象されたものとしてしか考へられないのであるから、文章は極めて具体的な言語事実であるといはねばならない。もし統一体としての文章の構造が、文と同じものであるならば、特に文章研究といふ部門を設定する必要はないのであるが、文章には、文とは異なつた別個の統一原理とでもいふべきものが存在するやうに考へられる。文章研究の必要である所以が予想されるのである。

従来、国語学でも言語学でも、文章といふものを正面の対象に据ゑることはなかつた。今ここに新しく文章研究といふものを設定するについては、従来の「語」研究、「文」研究に更に一つの新しい領域を付け加へたといふ以上に、対象設定に対する考へ方の大きな転換を意味するのであつて、そのことについては、別項で述べることとして（第一篇「総論」一「言語研究の一部門としての文章研究」）、本書は、文章に関する最も根本的な問題が何であるか、そして、それはどのやうに展開されるか、文章研究には、どのやうな研究課題があるか、そのやうな研究課題は、どのやうにして設定されるかといふやうなことを、文章の根本的性格から引出さうと試みた。或はそのやうな問題を引出す根拠を思索しようとした。本書に、「序説」の名を与へた理由の一つはそこにある。

既刊の『国語学原論』『同続篇』において、私が「言語」といふことを云つた時、それは、決して、文章を除いた語、または文にこれを限定して論じたのではなく、文章を含めた、一切の言語について、その基本的な問題を論じたのであるから、本書は、『原論』『同続篇』の発展或は延長線の上に位置するものと見るべきではなく、むしろそれらの既刊の著書に述べた原理の一つの具体化であると見るべきものである。このやうな具体化は、既に岩波全書の『日本文法口語篇』の中でその一端を試みた（第四章「文章論」）。そこでは、従来の文法学において論ぜられた語論、文論に加へて、文章論の一領域を新しく設定すべきことを提案した。しかし、それは文法学における文章論を提示したに止まり、文章研究の一般的課題がどのやうなものであるかについては、これを明かにするまでに至らなかつた。それ以後、私はこの問題の基礎理論の確立と、課題の探求とに、私の大部分の努力を集中して今日に至つた。ここに纏めることが出来たものは、文章研究の結論的な成果の報告といふよりも、文章研究の旅に発足するに際して、予め取り揃へて置かねばならないと思はれる旅行用品と旅行日程とを書き出して見たやうなものである。それは、遂行される旅行を想像して割出されたものには違ひないが、実際に旅行をして見ると、不必要な、また見当違ひの旅行用品であつたり、旅行日程であつたりすることが発見されるかも分らない。それだから云つて、事前の準備や計画が不必要であるといふことにはならない。それどころか、準備や計画の疎漏が、旅行そのものを制約したり、予定を変更しなければならなくなつたりするやうな、本末顛倒に立至らないやうにするためにも、事前の準備や計画は、出来るかぎり綿密周到である必要があると同時に、その準備や計画は、旅行の一局部に偏することなく、その全面を覆ふものとして考慮されてゐなければならない。私は、本書において、文章研究に関する、考へ及ぶかぎりの問題を引き出すことに努力した。本書を「序説」と呼ぶ第二の理由はそこにある。

因みに、本書は、昭和三十二年の初め頃、山田書院に執筆のことを承諾し、三十六年三月、私が東京大学を定年退職するまでに刊行出来るやう、脱稿する旨を約束した。私の心組みでは、これを退職記念にするつもりであつた。

本書は、過去約十年間に発表した文章に関する論文を整理補筆し、これに体系を与へたもので、昨三十四年十二月から約二ヶ月間、神田猿楽町山楽荘の一室で、専らその仕事に従事した。その間、山田書院主山田米吉氏並びに山楽荘主人金子輝雄氏夫妻の厚情により、極めて平静にまた順調に仕事を進めることが出来た。私事ながら、ここに記して感謝の微意を表はしたいと思ふ。

昭和三十五年一月二十九日

著者

目次

三　言語の場面と文章
場面と表現——小説や劇における場面の意味——傍聴者を含めた場面——場面による文章の類別
四　言語の素材と文章
素材と表現——絵画と音楽の相違についての『草枕』の主人公の説——継時的素材と同時的素材との文章に対する関係——素材の改編、組替へ
五　文章の表現性
詞・辞の根拠——絵画と音楽との表現性の相違
(一)　詩歌における絵画性
絵画性といふことの意味——客体的表現の詩歌
(二)　詩歌における音楽性
萩原朔太郎における音楽性に対する見解——エドガア・ポーの見解——主体的表現の詩歌
(三)　詞・辞の相対性
『平家物語』「序章」——『方丈記』の冒頭
(四)　文章における思惟の表現
文章と絵画・音楽との相違点——文章は常に思惟性の表現
(五)　文章における思惟性の脱却
懸詞と附合の技法
第二章　文章史記述の構想
一　言語生活の体系における文章生活

第一篇　総　論

一　言語研究の一部門としての文章研究

最初に、言語研究において、文章研究といふ一領域が設定されるのはどのやうな根拠に基づくかを明かにして置きたい。文章研究の領域の設定は、『国語学原論』に述べた単位観を根拠としてゐる（第二篇「各論」第三章「文法論」一「言語における単位的なもの」）。一般に言語研究において単位といふことをいふ時、それは、分析の究極において見出せるところの原子論的単位を意味してゐる。言語におけるこのやうな分析単位は、単語であつて、物質を原子の結合として説明するやうに、言語を単語の結合として説明しようとするのである。このやうな単位観に立つならば、最も重要なものは、分析の究極において発見される単語と、その結合法則とであるから、言語研究の最初の操作は、先づ分析であるといふことになる。文法研究において、単語の認定と、その類別、即ち品詞分類が重要なこととされてゐる根拠は、以上のやうな単位観に基づくものと見ることが出来る。

文学研究において、この単位観が適用された例は、夏目漱石の『文学論』である。その「序」に、先づ漱石は文学研究の観点を述べて、

余は下宿に立て籠りたり。一切の文学書を行李の底に収めたり。文学書を読んで文学の如何なるものなるかを知らんとするは、血を以て血を洗ふが如き手段たるを信じたればなり。余は心理的に文学は如何なる必要あつて、此世に生れ、発達し、頽廃するかを極めんと誓へり。余は社会的に文学は如何なる必要あつて、存在し、隆興し、衰滅するかを究めんと誓へり。（昭和二十四年九月刊、『漱石全集』第十六巻一一頁）

と文学を心理学的社会学的に研究するものであることを明かにしてゐる。そしてその方法は、本論第一編「文学的内容

の分類」の項に示されたところによれば、文学の内容である意識の流れにおいて、その一瞬時をとる時、それは、焦点的印象或は観念であるFと、これに附着する情緒fとの結合から成るとする。文学はこのやうなF十fの結合である意識の連続であるとするのであるが、研究の第一着手を「其基礎たるべき簡単なる感覚的要素より説き起すべし」（同上書三七頁）とするのは、正しく原子論的方法の文学研究への適用である。同上書巻末の小宮豊隆氏の解説によれば、在英中の漱石は寺田寅彦に宛てて、

本日の新聞で Prof. Rücker の British Association でやつた Atomic Theory に関する演説を読んだ大に面白い僕も何か科学がやり度なつた（同上書五九一頁）

と述べ、また岳父中根重一に宛てて、

先づ小生の考にては「世界を如何に観るべきやと云ふ論より始め夫より人生を如何に解釈すべきやの問題に移り夫より人生の意義目的及び其活力の変化を論じ次に開化の如何なる者なるやを論じ開化を構造する諸原素を解剖し其聯合して発展する方向よりして文芸の開化に及す影響及其何物なるかを論ず」る積りに候（同上書五九五頁、傍点は筆者）。

と述べてゐるところから見て、漱石の文学研究の方法が、彼の自然科学に対する興味と、その方法の適用に胚胎したものであることは明かである。

言語研究におけるこのやうな単位観は、自然科学的単位観の類推に基づくものであるが、自然科学の対象とは、その構造を異にする人間的事実である言語に、この単位観を無批判に適用したところに、近代言語学の歪みをもたらしたと考へられるのである。人間的事実は、例へば絵画にしても、音楽にしても、建築にしても、常にそれ自身一体である一つの全体として与へられ、しかもその全体性といふことが問題なのであつて、それについて、究極不可分の原子論的単位が何であるかを問ふことはないし、また問ふことは無意味に近いであらう。ここにおいて、言語研究において単位をいふ時には、原子論的単位観を脱却して、質的単位観に移らなければならないのである。質的単位観といふのは、質的

統一体としての一全体が、分析の究極においてではなく、研究の出発点において既に与へられてゐるとする単位観である。ある個物が、他の個物にまぎれることのない一個の質的統一体として与へられてゐることを自明のこととして出発するところの単位観である。我々は目の前に置かれた一個の絵画を、それが一個の質的統一体であることを自明のこととして疑はない。言語研究にこの質的単位観を適用する時、言語における単位的なものには

(一) 語
(二) 文
(三) 文章

の三者を挙げることが出来る。文章は、語とも、文とも異なつた統一構造を持つた一全体であるとするところに、文章研究の領域を設定する根拠があるのである。問題は、それぞれの統一体を統一体たらしめる統一の原理を明かにすることである。この三者が、それぞれ、その統一の原理を異にするといふことは、文章は文に還元し、文は語に還元することによつて、その全体性を説明することが出来ないことを意味するので、もしそれが可能であるならば、語論と、語の結合法則が明かにされるならば、文も文章も説明することが出来ることとなり、特に文論、文章論の設定は不要となるのである。

従来の文法研究においても、質的単位観が全然無視されたのではなく、原子論的単位観から、質的単位観に転換する契機は既に存在してゐたのである。それは、文法学が語論から文論へ発展した時である。橋本進吉博士のやうに、自立語と附属語との結合によつて文節を説き、文節の連鎖によつて文を説明しようとする立場は、原子論的単位観による文の説明であるが、山田孝雄博士のやうに、文において、主位と賓位との二観念を認め、この二者の関係を判定する統覚作用の表現としての繫辞の概念を導入した時、それは、もはや単語の結合として文を考へたのではなく、文を一個の質的統一体として、その統一性全体性を説明しようとしたことになる。文を組立ててゐるものは、語ではなく、文の成分

である主語・述語・修飾語等である。あたかも、建築物の究極の材料は、鉄材や木材や石材であつても、家そのものの統一性全体性は、家を組立ててゐる玄関、応接間、居間、勝手等の配置結合によつて説明されなければならないのと同じである。その一つでも欠くならば、不完全な家といふことになるので、そのやうな判定が成立する根拠は、統一体としての家といふものが明かにされてゐることによるのである。質的統一体としての文の研究の成立根拠は、別の質的統一体である文章の研究の成立にも、そのまま適用することが出来るのである。

以上のやうに、文章研究といふ部門の設定は、言語研究における対象設定に対する考へ方の、根本的な変革によつてのみ可能なのであつて、ただ従来の語論、文論に、更に別の一つの領域を付け加へたといふものではないのである。

結

本書は、文章といふものを、種々の角度から光を当てて解体し、記述したものであるから、特に結論といふものがあるべき筈のものではない。ここでは、本書において残され、或は予定せられた研究がどのやうなものであるかを記して、文章研究のあるべき全貌を描いて見たいと思ふ。

第二篇「各論」第二章「文章史記述の構想」は、分量において、第一章との比重を失して特に一章を設けるに相応はしくないやうに見える。にも拘はらず、これを一章としたのは、その主題が、第一章とは全く次元を異にしたものであること、かつその重要性において、第一章と対等に並ぶべきものであるがためである。その分量において、第一章に比して権衡を失してゐるのは、この課題が、私にとつては全く未開拓の分野であつて、そこでは、今の処予測以上のことを述べる用意が全く欠けてゐるためである。恐らくこの問題は、今後国語生活史を記述する際に、重要な内容となるべきものと考へてゐる。

第二章に続けて、私は、文章研究と国語の実践或は国語教育との交渉を問題にしたかつた。国語の実践及びその教育の方法を規定するものは、国語の考察と、それから導き出された言語理論であるから、文章研究の成果を、絶えず国語の実践とその教育に適用して、その効用を検証して見ることは、必要なことである。しかしそのことは、本書の読者が、少しく注意して本文を読まれるならば、随所にその緒を見出すことは、さまで困難なことではないと考へたので、本書の記述を、国語の実践と教育とのために再編成する労を省いてしまつた。しかし、もし時日が与へられるならば、体系文法を、「古典解釈のための日本文法」(至文堂刊)に再編成したと同じことを、この文章研究に適用して見ることは、興味あり、また有益なことであると考へてゐる。第二篇「各論」第二章四「言語の素材と文章」の如きは、もともと、作文教育の方法の基礎理論として執筆したものなのである（明治図書、教育科学『国語教育』一ノ六）。

本書には、当然文章研究史の叙述を含むべきであつたが、これも用意不足のために省くことを余儀なくさせられた。従来の文章研究は、主として、実践のための規範を示すところに主眼点があり、かつ、文章といふものが、研究の対象として正面に据ゑられてゐたといふべきものではないので、研究史的系譜を辿るといふことが、今の場合、当面の問題に加らなかつたことにもよるのであるが、本書の研究の意義を、より的確に把握するためには、やはり、先行研究との関係を明かにすることは必要なことである。

執筆を終へて、始めて気が付きもし、不満にも感ぜられた点は、本書の篇目の配分が、均斉を失つて、甚だ不体裁なものになつてしまつたといふことである。しかしそのことは、文章研究といふ分野に、まだ未開拓の荒蕪の地が多く残されてゐることを、如実に物語るものであつて、今性急にその間隙を塡めることは、差控へるのが至当であるとも云へるのである。本書が、大方の厳正な批判によつて、更に進展の機を得るならば、それは著者一人の幸のみではないのである。

増訂版　国語問題と国語教育

旧版の序

本書は、終戦以来の国語問題と国語教育とに関する私の論文、随想を纏めたものである。

国語問題と国語教育とは、終戦後の国語に関する特に著しい事柄であつて、一は、国家社会の国語政策に関することであり、他は、教育上のことに属して、その問題の焦点も領域も異なるものであるが、国語政策案の教育面への実施に伴つて、この両者が、今日ほど、交渉と関連を持つたことはない。従つて、そこには、今日なほ解決されない重要な、また困難な多くの問題を孕んでゐる。本書に収めた論文と随想とは、国語問題と国語教育とに関する私の見解を述べたものであるといふよりは、国語問題と国語教育とをそれぞれに学問的対象として取上げ、国語問題といふ事実、国語教育といふ事実そのものを学問的に究明することを心懸けたものである。事実が明かになれば、自らそこに方策が立ち得るのであつて、事実を明かにしないで論を立てることは、事を徒に紛糾させるに過ぎないと考へたからである。

国語問題にせよ、国語教育にせよ、その方法の根底に、基礎理論がなければならないといふことが云はれてゐる。しかし、それは何も或る特殊の学問——例へば、哲学とか、心理学とか——を学ばなければならないといふやうなことではない。理論を持つといふことは、そのやうな他の力を借りて事を処理する他力主義を意味するのではなくて、与へられた事柄を、冷静に、理論的に考へて行くこと、それが即ち基礎理論を持つことにほかならないのである。まして、外国の理論や方法にばかり追随することが、これら諸問題の解決に資することにはならないばかりか、徒に流行と模倣を勧めることになり、問題の解決のための正しい方法を見失はしめることにもなる。解決の鍵は、常に事柄そのものの中に潜んでゐるのである。さういふ意味で、本書が幾分かでも、正しい解決の道を求める人々の参考になれば幸である。

次に、少しく国語専攻学者としての私の立場を述べさせて貰ひたい。

国語を研究するに当つて、その一つの方法は、国語学上の命ずる課題や未解決の問題を取上げて、これを解決して行くことである。他の一つの方法は、さういふ学問上の課題や宿題とは別に、或はそれを離れて、我々の現実に直面する国語に関する種々の事象や諸問題を取上げて、これを学問的に究明して行くことである。学問には、皆それぞれ宿題になつてゐるやうな問題があつて、その道に携る学者たちにとつては、さういふ問題を解決することが、第一の義務のやうになつてゐる。しかしながら、ただ、さういふ学問上の問題にばかりとらはれてゐると、いつしか学問の対象である実際の事実そのものを観察したり、それについて考へることを忘れがちになつてしまふことが多い。その結果、学問が人生から遊離して、学問のための学問といふやうなことになるのである。かうなると、学問が人生から遊離するばかりでなく、学問自体も枯渇してしまつて、健全な発展をすることが出来なくなる。これを救ふ道は、学問の枠から飛出して、物それ自体に目を放つことである。現実の世界と取組んで行くことである。私は敢へて国語学の枯渇を救はうといふ大勇猛心からではないが、終戦後、研究を進める道を、第二の方法にとつてみることとした。それは、一つには、文献の精密な調査や研究に没頭することが出来なかつた私の生活環境のためでもあつたのである。終戦後、私の眼に映じた国語に関する事象の中で、特に著しいものは、何と云つても、国語政策上の諸問題と、国語教育上の諸問題とであつた。私は、勇敢に大胆に、真正面からこれら現実の諸問題を取上げ、これを国語学的に処理することに努めて来たのである。

従つて、本書に収めたささやかな業績は、一面、国語学の新領域の開拓と発展とに資するといふ意味をも含めてゐるのである。

なほ、国語教育に関しては、長野県軽井沢町に疎開中、県教育会、国語研究会、国語同好会が、特に授業参観、研究座談会等を催して、私の研究に多大の便宜と機会を与へられたことに対して、深い感謝の念を捧げるものである。

昭和二十四年八月

時枝誠記

増訂版の序

「国語問題と国語教育」の旧版（昭和二十四年十一月刊）が出てから後、私は、その中の国語教育に関する論考だけを抜き出して、「国語教育の方法」といふ著書を公にした（昭和二十九年四月、習文社刊）。それは、主として、戦後の国語教育に対する批判と、今後の国語教育のあるべき形態についての私の構想に関するものであつた。今、旧版に手を入れて増訂版を出すに当つては、削除した部分を別にして、主として、国語問題に関するその後の論考を加へて、増訂版を編成することとした。私の立場においては、国語問題を考へるに当つても、その基礎に、その背景に、絶えず国語教育を考慮に入れてゐるといふ意味で、旧版の題名をそのまま保存することが適当と考へたのである。

国語問題を処理するに当つては、ただ、問題の処理に対する結論だけを取上げて、その是非を論じてゐたのでは大局を見失ふ惧れがある。国語問題に関連する諸事項の中にこれを位置付けて、全体を、体系的に考察する必要があるのである。第一に、国語問題は、言語に関する事柄であるから、言語学国語学の理論を離れることは出来ない。次に、国語問題の処理は、一つの政策であるから、その政策の実施が、よりよい言語生活を結果するものであることが必要なのであつて、治水政策の結果が、より不幸な水害の原因にならないやうにするために、結果に対する見通しに絶えず心を配る必要があるのと同様である。次に国語政策は、主として国語教育によつて実現されるのであるから、国語教育の軌道にこれを乗せ得るかどうか、乗せるためには、どのやうな方法によるかについての細心の調査研究を必要とする。最後に、国語政策の重要性とその性格とにかんがみて、その立案に関係する国語審議会の如きものの、権限、性格、政策決定の方法等に関して、これを明かにして置く必要がある。以上のやうな国語問題の展望を明かにするためには、本書に収載した論考を、今一度解体して、新しい体系のもとに叙述し直すことが必要であり、それが読者にとつてもより親切なやり方であると考へたのであるが、今のところ、体系の構想が、私に熟さないために、論集の形で公にせざるを得なかつた事情を諒承されたいと思ふ。ただ、読者がこれを一つの体系のもとに理解される便宜を考慮して、私の頭に浮んだ未熟の構想を、ここに記して参考に供した次第である。

昭和三十六年（一九六一）七月

時枝誠記

目次

一　「切替へ」か「手入れ」か

時代が急転回して一切の物事が新しく再出発を要求されるやうになり、近頃しきりに「切替へ」といふことが云はれてゐる。「幹部はもう頭が固定してゐて、仲々切替へが出来ない。」などと云はれる。私は別に語感が鋭いと自負する訳ではないが、言葉の問題を考へつけてゐると、かういふ言葉が妙に頭にひびいて来て、それからそれへと聯想が浮んで来る。切替へといふことはまことに便利なことである。ポイント一つの切替へで、東に行く汽車を、西に走らせることも出来る。人間の頭が、スキッチ一つで点滅したり、白から赤に、赤から白に転換する事が出来れば、これ程簡単で、又結構なことはない訳で、時代はそれを要求し、誰も彼も今は切替へに大童の態である。しかし私には何かこの言葉の持つ意味が物足らぬ感じを与へ、切替へといふことが、新しい時代、新しい生活に処して行くただ一つの又最上の方法だといふことになると、いささか考へざるを得ないやうな気がする。

切替へは確かに生活をさつぱりさせる方法である。昨日まで東へ向つて歩いて来たが、今日からは飜然と西へ向つて歩き出す。まことに未練がなくてよい。過去のことは悪かつたと懺悔して、一切を悪い夢だと諦めれば、もう今日の生活は新生第一歩で、気が晴々とする。汚いものは西の海へさらりと捨ててしまふのは、臭いものに蓋をして鼻をつまんでゐるよりはよいことだし、まして臭気ふんぷんたる中で平気な顔をしてゐるよりは清潔でいい。「畳と何とかは新しいのがいい。」と下世話に云はれるやうに、切替へ好きなのは、或は日本人の民族性に深く根ざしたことかも分らないのである。恐れ多い話であるが、伊勢大神宮は二十年毎に新しく御造営になるし、奈良朝以前には御一代毎に皇居が移らせられたと承知してゐる。伊邪那岐命が黄泉国からお帰りになつて、筑紫の日向の橘の小門のあはぎ原で禊祓ひをなされたことも、一つの生活の切替へと考へられる。法隆寺が創建以来千何百年か経つたといふことを誇りとするのは、はたして日本人の本来の感じであるのか。日本人の気持からいけば、古い建築物にしても、樹木にしても、凡そ過去の記念の籠つたものは、霊が乗り移つてゐるやうで、薄気味悪いに違ひない。かういふ気持は或は日本の風土性、いはゆる颱風的自然環境が養つた民族性の結果とも見られるのである。だがしかし、民族の歩み方は、ただ民族性のまにまに行くのが正しいのであらうか。それとも、その民族の元来持ち合せないものを新しく植ゑつけて、これを第二の民族性として育てて行くやうな努力が必要なのであらうか。人間個人を考へて見ても、しばしば子供の持ちまへとは反対の方向を辿らせようと、親は心を配る。気の弱い子供は気を強くさせようとし、乱暴な子供は柔和になるやうにと心配するのが親の情とあつて見れば、切替へを好む民族性に対しては出来るだけ切替へをさせまいとすることこそ、民族に対する親心であると云つてもよいのではなからうか。まして切替へ性が、日本民族の正しい発展の障礙と考へられる場合に於いては猶更である。切替へ性を捨てるといふのはどういふことかと云へば、ねばり強さを養ふことである。ねばり強さと云つても、ただ過去の伝統にしがみついて、それから離れまいとするやうなねばり強さではなく、伝統にしがみついて、それを新時代に適合するやうに工夫し、改造し、建て増して行く行き方である。

パリの町の中央部には、何世紀か前の建築物が古色蒼然と立つてゐる。この石造建築は一朝一夕に取壊して、別に新しく新様式の家をそこに建てようとしても、それは殆ど不可能に近い。そこでその一部を改造して、エレベーターを取付けたり、スチームの設備をしたりして近代生活に適するやうに改造して行く。想像しただけでもまことに容易ならぬことだと思つたが、それより外に致し方がない。日本の建築物はその点甚だ簡単で、今日、東京の如き、文字通り荒涼たる焼野原になつてしまつたが、ヨーロッパの戦災都市と比較したならば、その復興は比較的容易だと思へる。しかし新しく出来上る東京都には、恐らくもはや昔の江戸を偲ぶよすがは勿論のこと、旧東京を記念するやうなものも、殆ど残らないに違ひない。日本はこのやうにして、不断に新しくなり、若返る。それと同時に日本には古い足場といふものが皆無になつてしまふ。物質的なものが亡びるのはまだしも、それと同時に日本人の物事に対するねばり強さといふものが亡びてしまふのではないかと考へさせられる。日本の文化にしろ、学問にしろ、さういふ伝統に対する執着力といふものが無い。何でも簡単に切替へられると思つてゐるからである。かういふことは、日本の学問、文化にとつて一つの大きな致命傷になつて、明治以後、外国から色々な学問や文化が入つて来たが、従来日本に無かつたもの、外国に関するものが、新しい学問、文化として植ゑつけられるのは当然としても、在来の日本に芽生えた学問や文化が、そのまま放擲されて、外国の地盤の上に新しく建てられるやうになつた。

私の専門とする国語の学問について云へば、それは既に古く鎌倉時代から次第に盛んになつて来て、ずつと江戸時代にまで引継がれて来たのであるが、明治の国語学は、決してこの古い建物の改築でもなければ、建て増しでもなく、新しい地盤即ちヨーロッパの言語学の上に建設されたものである。そのため古い国語学は空家同然に見捨てられてしまつた。古着の縫直しが手間がかかると同様、かういふ空家の手入れよりは、新しい学問や文化をそのまま持つて来た方が手間が省けるに違ひない。しかし、そこに日本人の切替へ好きとねばり強さの欠乏が、明かに現れてゐるのである。私はかつてこの見捨てられた空家に手を加へて我々が住めるやうに模様替へをしたり、造作を入れたりして、国語学史(日本に於ける国語研究の歴史)を編んだことがあつた。我々の住むに適当した家は、やはり我々の祖先の残して呉れたもので、それを改造したり建て増しして行くことがふさはしいので、西洋風の家に住んで、一時は合理的に見えても、どこかに無理が生ずるのは当然である。古い学問や文化の矛盾を追求し、それを改造しながら、段々と合理的なものへと進めて行く、いはゆる「手入れ」といふことが、学問にとつて、又すべての文化にとつて、如何に重要であるか。かういふ態度が、日本の学問や文化の全般に欠けてゐたのではなからうか。だから表面的には外国の水準にまで漕ぎつけて行けたやうに見えても、その実ただの移植に過ぎない場合が多く、花も実も持たないでむだ花に終つてしまふことが多い。日本に流行する主義も思潮も、ただ新しいものの入れ替りに過ぎないのである。

日本の文化を、私は肩車的文化だと思つてゐる。人の肩車に乗つてゐるから高く見えるので、自分は依然として子供だつたと、今度の戦争で充分認識は出来ても、又別の背の高い大人の肩を探すのでは結局同じである。日本の学問や、文化を高めるには、肩車の乗換へをやるのではなくて、自分自身背を伸す算段をする必要がある。今現に持つてゐるもの、祖先の残して呉れたものの「手入れ」こそ肝腎である。日本の敗戦のどさくさ紛れに、種々な物売りが、珍しさうな便利さうな物を沢山持ち込んで我々の眼を眩惑しようとするであらう。だがしかし、破れた靴でも何とか手入れをして間に合せよう。着物の破れや綻びには丹念につぎをあてて役立たせよう。つぎはぎだらけの学問、文化こそ、本当に身についた学問、文化である。「庭の手入れ」「着物の手入れ」「時計の手入れ」「文章に手を入れる」など使はれる「手入れ」の意味を考へながら、新生日本に必要なことは、派手な軽薄な「切替へ」ではなくて、ぢみな目立たぬ「手入れ」であることを思ひ、我々の祖先がかういふ言葉を残して呉れたことに限りない感謝の気持を捧げたいのである。

国語問題のために——国語問題白書

序　本書作成の目的とその内容

戦後、国語審議会によつて立案され、新聞雑誌図書等の出版界に、さらに学校教科書等に採用実施されるやうになつた一連の国語政策は、発表当時、一部に批判の声があつたにしても、国民全体がこの問題に関心を持つ暇のないやうな、終戦直後の混沌とした社会状勢のためもあつて、殆ど無批判に一般に受入れられる状勢にあつた。ひとつには、これらの国語改革が、民主主義社会の形成に必要欠くことの出来ないものといふ気分的な肯定が先きに立つて、学問的に批判検討しようとする道を塞いでゐたかのやうにも見えたのである。ところが、昭和三十三年十一月十八日の国語審議会総会の議決を経て公表された「送りがなのつけ方」を契機として、俄然国語問題が再燃し、一般社会の関心と注視を浴びるやうになつた。更に第六期審議会委員の推薦方法を廻つて、審議会内部の意見の対立が激化し、宇野、塩田、成瀬、舟橋、山岸の五委員の脱退（昭和三十六年三月二十二日）によつて、問題が一層ジャーナリズムを賑はすやうになつたことは多くの人々の記憶に新たなことである。一般には審議会内部のこの対立を、表音派と表意派の対立と呼んでゐるのであるが、その意味するところが不明確であり、漠然としてゐるために、一般社会は、事の真相を的確につかむことが出来ず、国語の現在・将来に対して、少なからぬ不安の気持ちを抱くやうになつたのではないかと想像されるのである。かつ両者の論難攻撃が感情的になるにつれて、問題の核心がぼやかされ、枝葉末節に走つて行くやうに見えたことは、国語問題の解決に大きな障害となるのではないかといふ懸念を持たせたのである。国語問題が、感情論だけで裁かれるといふことは、国語問題の性質からも来てゐることであるが、国語問題を厳正に批判検討する学問的足場が示されてゐないことに最大の原因があると考へなければならないのである。およそすべての事柄の問題を解決するのに、その事柄の真相を的確につかむことなしに、表面だけでその問題の解決をはかるといふことは、基礎工事や地盤を確かなものにしないで建築を始めるやうなもので、危険なことになるか、あるいはその努力を無意味なものにしてしまふことにもなるのである。建築の場合は、基礎工事や地盤の学問的な調査研究を無視することが、無謀であることは、一般の常識となつてゐることであるが、言語の場合には、事情が非常に異なつてゐて、言語は、政治や法律や芸術や科学と異なり、誰しも経験してゐる普遍的事実であり、誰もが一応の発言権を持つてゐると考へてゐる。しかしながら、その経験も多くの場合に、限られたものであることが多く、その限られた経験を以て、全体を推さうとする傾向が強い。それならば、言語を学問的に研究してゐる言語学者、国語学者の発言はどうかといふのに、その拠所とする理論が、本文にも述べるやうに、特殊な課題に応ずるためのものであるために、これを国語問題解決のための基礎学と見るといふことになると、大いに問題があるのである。常識だけではどうにもならない。さりとて、今日の理論も、全面的には問題解決の支へになつて呉れないといふことは、何を意味するかといふのに、国語問題解決のためには、国語の実相、実態といふものが、どのやうなものであるかを、各人が改めて見なほしてみるといふ根本的な態度が要求されることを意味するのである。それほど言語の事実といふものは、複雑であり、多岐であり、混沌として居つて、しかも、学問的には、何ほども組織化され、体系化されてゐない、そのやうな事実なのである。要するに、言語は、誰もが発言出来るが、誰もが的確には発言出来ないものであるといふことになるのである。我々がここで試みようとしたことは、読者とともに、この困難な事実に対して、幾分かでもその真相に肉薄する道を開かうとしたことである。

国語問題協議会は、国語問題の解決に寄与するために、協議会内部に、研究調査小委員会を設け、特に「国語問題のために――国語問題白書――」を作成するために、時枝誠記（委員長）以下、阿部吉雄、石井勲、宇野精一、大野晋、塩田良平、田辺万平、成瀬正勝、舟橋聖一、福田恆存、山岸徳平、山本健吉の十二名を作成委員として、昭和三十六年七月以来、数回の委員会を開き、研究討議した結果、本書の成稿を見ることが出来るやうになつた。

本書の目的は、一つの国語政策案を示すことではなくて、およそ政策案を出すについては、その前提として、どれだけの事項をその基礎に踏まへてゐなければならないかを、理論的見地から、また実際的見地から明かにしようとしたものである。従つて、それは、一方では、戦後の国語政策案を批判する手がかりともなり、また他方、新しい国語政策案を打出すためのよりどころとなるべきものと考へてゐる。国語問題の紛糾を解決するには、末端的、現象的な問題だけに焦点をあてゝゐたのでは、解決の緒を見出すことは困難であつて、廻り道のやうではあるが、国語問題の深部にメスを入れてみることが必要であると考へた。本書に取上げた問題が、根本問題の全部であるとはいひ切れないが、少なくとも問題解決の方法の所在だけは示しえたと思ふのである。

本書は、内容を二部に分ち、第一部では、明治以来、今日に至るまでの国語政策の基礎になつてゐる言語学説と、その源流とを明かにして、特に戦後の一連の国語政策が、どのやうな点で破綻を来たし、また何故に国語の混乱を招くやうになつたかの、根本的な原因を追及しようとした。

第二部では、第一部で述べた明治以来の国語政策を修正し、更に別個の政策案を立てるために、その根拠を、主として時枝誠記の言語学説に求め、その主要な理論を解説しながら、具体的な政策案への一つの見通しを立てようと試みた。

本書は、「国語問題のために」の作成委員会の各委員が提出した資料及び意見を、時枝が取捨し纏めたものである。従つて、その内容についての責任は時枝が負ふべきものである。

本書は、「国語問題のために」の、いはば総説篇に当る部分であつて、国語問題の個別的な問題については、それぞれの担当委員が執筆し、逐次、刊行の予定である。

目次

あとがき

本稿を書き終へて、今更に感ずることは、本書が意図した国語問題の全面的解説、あるいは論評といふことは、筆者にとつて、誠に至難のことであつたといふことである。幾度か稿を改めてはみたが、結局、すつきりした形に定着させることが出来ず、たどたどしいものにしかならなかつたことを遺憾に思ふと同時に、読者に対して申訳なく思ふのである。もし辯解の言葉を述べさせてもらふことが許されるならば、それは国語問題・国語政策といふ事柄そのものが、極めて複雑な事実であり、現象であつて、従つて、その全面的解説は、緻密な分析力と、秀れた構想力なくしては、到底不可能なことであつて、すでにそれは、筆者の力の限界を越えたものであつたためである。読者の賢察によつて、筆者の意のあるところを汲みとつていただくことを期待して止まない。

附載した国語国字問題年表ならびに索引の作成については、国語問題協議会の主事近藤祐康氏の手を煩はした。ここに厚く御礼を申述べたい。

改稿　国語教育の方法

はしがき

本書は、旧版『国語教育の方法』（昭和二十九年四月習文社刊）を、全面的に改稿したものである。旧版は、専ら戦後の経験主義の国語教育とその理論とを批判の対象として、それに対して、新しく能力主義の国語教育を打出さうとしたものである。その後、私は、昭和三十年度と三十五年度の二回に亘つて、文部省の高等学校学習指導要領改訂委員会の改訂の仕事に参加し、引続き、右の改訂の趣旨を伝達する各種研究協議会に列席すると同時に、私の個人的見解を述べる機会を与へられた。これらの仕事に対する私の立場や、発言の趣旨を記録して置くことは、私の責任を明かにするためにも、必要なことと考へて、この改稿の仕事を計画した次第である。

旧版と新版とでは、私の根本的立場において相違するところはないのであるが、新版には、旧版以後において、それを布衍し発展させた幾つかの問題を含んでゐる。また、改訂指導要領に対しても、私の立場からすれば、全然問題が無いわけではなく、それらの点を明かにしようとするのが、この改稿のねらひでもあつたわけである。

近来、国語教育を、一つの学問として体系づけることの必要が、問題とされてゐる。しかしながら、国語教育は、一つの学問の対象となる前に、一つの教育的事実であり、教育的技術・方法であることが要請されてゐることも事実である。私は、「国語教育の方法」の題名の下に、国語教育の技術方法が立案される場合の根拠を、探索してみようとしたのである。国語教育は、一つの教育的事実であるから、その技術方法の一半は、教育の原理から導き出されるものであらうが、他の一半は、国語教育の教育内容である国語の言語的性質とその機能によつて、規定制約されるものであることも明かなことである。

国語教育の目的を考へ、国語の学習指導の計画を立案するにあたつて、その立案の根拠を何に求め、どのやうに考へたならばよいかといふことは、国語教育に携はる人々の最も大きな関心事であらうと思ふ。それは、国語教育への沈潜と、それに対する永年の体験とによつて、自然に、悟得出来るものかも知れないのであるが、また、一方、これを理論的に追及することも、強ち無益なことではないと思ふのである。それどころか、体験によつて、ものの真髄を把握することが出来るのは、天才あるいは達人にのみ許されることであるが、これを学問的に理論的に解明することは、十人にとつて、その峰を極めることが出来る平凡者の道である。私は、学問の効用といふものを、いつもそのやうに考へてゐる。国語教育の方法を、学問的に理論的に解明しようとする私の目的の第一の点は、そのやうな平凡者の道を求めるところにあるのである。

国語教育とその理論とは、屢々その時代の教育思潮や、社会的風潮に左右されることが多かつた。戦中戦後の国語教育の動向が、よくそれを物語つてゐる。国語教育が、一つの教育的事実とすれば、それもまた当然のことであり、時に必要なことであるに違ひないのであるが、また一方、国語教育の不動の立脚地といふものが、考へられなければならないのではなからうか。国語教育には、流行の面があるとともに、不易の面があるはずである。それにも拘はらず、国語教育において、従来、ややもすれば、流行の面にだけ関心が向けられる傾向にあつたのは、国語教育の方法に、理論的追及が足らなかつたためではなかつたかと私は考へるのである。私の目的の第二の点は、国語教育の不動の礎石を求めようとするところにあるのである。

今次の学習指導要領の改訂に際して、その基本方針として、教育課程審議会から打出された、国語教育の系統を明かにするといふことは、教育の方法の系統化であり、同時に言語的実践の技術方法の系統化であると解釈されるのである。そのためには、国語教育の目標を、戦後の「こと」（言語経験）の教育から、「かた」（技術方法）の教育へ転換させる必要がある。本書の目的の第三の点は、右のやうな国語教育の転換の基礎となるべき理論を提供するところにあるのである。

本書は、旧版とともに、言語過程説の理論の国語教育への応用として成立したものといふよりは、言語過程説の理論の追及、発展として成立したものである。従つて、それは、私の企図する国語学の体系の構築以外のものではないのである。ただ本書は、過程説の根本理論からの演繹、推論の上に成立したものであるために、現場教師の目から見れば、幾つかの実状にそぐはない、見当違ひの論を見出すであらう。それらについて、忌憚ない批判を賜はることが出来れば幸である。

昭和三十八年三月

著者

目次

第九章　国語教育と国語政策との関係

第十章　国語教育における古典教育の意義

国語教育関係著者著述目録抄

時枝誠記（ときえだ・もとき）

1900年生、1967年歿。国語学者。1925年東京帝国大学国文科卒業。京城帝国大学助教授（1927年）を経て1933年同大学教授。1943年東京帝国大学教授。同年文学博士。1961年定年退官し早稲田大学教授となる。言語過程説を提唱し、国語問題や国語教育にも力を入れた。主著『国語学史』（1940年）、『国語学原論』（1941年）、『国語学原論続篇』（1955年）のほか、『日本文法口語篇』（1950年）、『日本文法文語篇』（1954年）など。

時枝言語学入門　国語学への道　附　現代の国語学　ほか

刊　行　2018年7月
著　者　時枝 誠記
刊行者　清 藤　洋
刊行所　書 肆 心 水

135-0016 東京都江東区東陽 6-2-27-1308
www.shoshi-shinsui.com
電話 03-6677-0101

ISBN978-4-906917-81-5　C0081